Über dieses Buch

»Man kann Tarot-Karten zuverlässig deuten, wenn man sich an ihre Bilder und Symbole hält. Vorgefertigte Deutungsrezepte werden dem nicht immer gerecht; oft verstellen sie sogar den Blick auf die tatsächliche Symbolik. Andererseits sind Symbole vielschichtig und mehrdeutig; da ist es nicht immer leicht, den Überblick zu behalten oder überhaupt zu gewinnen. In dieser Situation leistet das vorliegende Buch eine willkommene Abhilfe: Für jede der 78 Tarot-Karten werden jeweils die zehn wichtigsten Symbole kurz und prägnant mit ihren wichtigsten Aspekten beschrieben.« *(kup-Pressedienst)*

»Das Buch ist wie eine unglaubliche Werkzeugkiste (oder Nähkiste). Man versteht endlich die Symbole und kann damit selbst sehr gut Karten deuten.« *(Pia Schneider)*

Die langjährige Erfahrung der Autoren machen *Tarot Basics* zu einem zuverlässigen Ratgeber und zu einem Praxisbuch mit vielen Insider-Tipps.

Über die Autoren

Evelin Bürger, am 03.05.1952 in Kiel geboren, studierte Sozialpädagogik und arbeitete viele Jahre in Frauenhäusern und Bürgerzentren in Köln, Mitbegründerin der Kölner Heiminitiative. 1989 gründete sie zusammen mit Johannes Fiebig den Königsfurt Verlag, der 2007 an die Königsfurt-Urania Verlag GmbH verkauft wurde. Ihre Schwerpunkte liegen in der intuitiven Arbeit mit Tarot, begleitet von Yoga, Gartenkunst und Tanz.

Johannes Fiebig, am 30.03.1953 in Köln geboren, studierte Sozialwissenschaften, Geschichte und Psychologie. Nach abgeschlossener Lehrerausbildung arbeitete er als Lektor. Seit 1984 ist er als freier Schriftsteller tätig, seit 1989 als Autor und Verlagsleiter. Seine Schwerpunkte liegen in der psychologischen Arbeit mit Tarot und anderen Symbolsprachen. Seinen »Energieausgleich« findet er beim Radfahren, Schwimmen, Kochen und in der Musik.

Evelin Bürger und Johannes Fiebig haben zwei erwachsene Kinder und leben in Klein Königsförde am Nord-Ostsee-Kanal. *www.fiebig-und-buerger.de*

Evelin Bürger und **Johannes Fiebig** in der »Steinburg« ihres Gartens. – Evelin Bürger mit dem Plakat **»Entdeckung des Zufalls«**, herausgegeben von der Deutschen Physikalischen Gesellschaft zum 100. Geburtstag der Quantentheorie im Jahre 2000. Johannes Fiebig mit der Vinyl-LP **»Desire«** von Bob Dylan (1975); auf deren Cover ist *Die Herrscherin* aus dem Rider/Waite-Tarot abgebildet; seinerzeit einer der vielen Anstöße für die neue, weltweite Verbreitung des Tarot.

Johannes Fiebig · Evelin Bürger

TAROT BASICS CROWLEY

Tarot-Deutung – leicht gemacht

KÖNIGSFURT-URANIA

Wir danken den Teilnehmerinnen und Teilnehmern unserer Veranstaltungen, die durch ihre Erfahrungen und Beobachtungen zu der Fülle der Symboldeutungen in diesem Buch wesentlich beigetragen haben. Außerdem danken wir allen Kolleginnen und Kollegen, von denen wir vieles lernen konnten, namentlich Margarete Petersen, Luisa Francia, Rachel Pollack, Marion Guekos-Hollenstein, Judith Bärtschi, Lilo Schwarz, Hajo Banzhaf, Gerd B. Ziegler, Charles F. Frey, Eckhard Graf, Jim Wanless, Klausbernd Vollmar und Ernst Ott. Ebenso danken wir Kirsten Kretschmer für die redaktionelle Mitarbeit an diesem Buch. – E.B. / J.F.

Bibliografische Information der Deutschen Bibliothek
Die Deutsche Bibliothek verzeichnet diese Publikation in der Deutschen Nationalbibliografie; detaillierte bibliografische Daten sind im Internet über http://dnb.ddb.de abrufbar.

Originalausgabe
Krummwisch bei Kiel 2008

D-24796 Krummwisch
www.koenigsfurt-urania.com

Umschlag, Satz, Lithos: Stefan Hose, D-24357 Götheby-Holm,
und Antje Betken, Oldenbüttel
Foto S. 2: Hermann Betken
Schreibarbeiten: Gabriele Rose-Keszler
Printed in EU

ISBN 978-3-89875-835-2 (Buch separat)
ISBN 978-3-89875-837-6 (Set: Buch & Karten in Pocket-Größe)
ISBN 978-3-89875-836-9 (Set: Buch & Karten in Standard-Größe)

Inhalt

Große Arkana/Trumpfkarten

Stäbe

Kelche

Schwerter

Scheiben

10 Gründe für dieses Buch

- Nach rund 25 Jahren als Tarot-Autoren und -Seminarleiter wollen wir die gesammelten Erkenntnisse (auch für uns selbst) zusammenfassen.
- Wir machen es gern (Tarot-Bücher schreiben)!
- Das Leben ist zu kurz für schlechte Deutungen.
- Es soll ein Gegengewicht gegen jene »Fernseh-Wahrsagerei« gebildet werden, die oft ein Zerrbild des modernen, kreativen und selbstständigen Tarot-Kartenlegens darstellt.
- Wir möchten Berührungsängste nehmen: Tarot ist kein Teufelszeug, und gerade das Crowley-Tarot macht dies in schöner Weise deutlich!
- In den Karten von Aleister Crowley und Lady Frieda Harris gibt es noch viel Unbekanntes, das wir gemeinsam entdecken können. (Wir hoffen auf Leserzuschriften!)
- Im Hauptberuf sind wir als Verlagsmenschen eingespannt und können nicht so viele Vorträge oder Seminare geben, wie angefragt werden. Mit diesem Buch versuchen wir einmal mehr, diese Lücke zu schließen.
- Bei vielen Karten halten sich immer noch Vorurteile. Wir möchten Mut machen, genauer auf die Inhalte der Karten zu schauen und sich eine eigene Meinung zu bilden.
- Aufgedruckte Etiketten müssen nicht immer die (ganze) Wahrheit sagen! Das gilt für die meisten Untertitel des Crowley-Tarot, und es gilt für viele Lebensbereiche. Die Schönheit, der Gehalt und die Kraft der Bildinhalte und der menschlichen Erfahrungen, die sich darin ausdrücken, gehen weit über Deutungsschablonen wie »Erfolg« oder »Niederlage« hinaus! Das möchten wir sichtbar machen. Und kaum ein Tarot ist dazu besser geeignet als dieses.
- Uns hat Tarot auch im Alltag oft geholfen, genauer hinzuschauen und zu verstehen, welche Bedeutungen sich hinter einem scheinbar »nur guten« oder »nur schlimmen« Ereignis verbergen können. Das möchten wir weitergeben.

Evelin Bürger & Johannes Fiebig

Tarot-Deutung – leicht gemacht

Die 10 besten Tarot-Definitionen

- »Tarot könnte man als Bilderbuch Gottes bezeichnen, oder man könnte es mit einer Art himmlischem Schach vergleichen, wobei die großen Karten nach ihren eigenen Gesetzmäßigkeiten auf dem gescheckten Brett der vier Elemente bewegt werden.« (Lady Frieda Harris)

- »Tarot ist eine von vielen möglichen Treppen in Deine Tiefe.« (Luisa Francia)

- »Zwischen traumfeindlichem Intellekt und mystischem Firlefanz spricht nun das Tarot spielerisch die Intuition an.« (Die Zeit)

- »Tarot ist Symbolik; andere Sprachen und Zeichen sind ihm fremd.« (Arthur E. Waite)

- »Tarot ist spiritueller Poker.« (Mario Montano alias Swami Prembodhi)

- »Tarot ist das Yoga des Westens.« (Robert Wang sowie Hans-Dieter Leuenberger)

- »Tarot ist ein guter Diener, aber ein schlechter Herr.« (Hajo Banzhaf)

- »Tarot funktioniert, weil die Botschaften der Bilder auf dein Bewusstsein einwirken, das gleichzeitig sowohl auf deine Lebensrealität Einfluss nimmt, als auch einen größeren Willen erkennt und sich mit ihm in Einklang begibt.« (Gerd B. Ziegler)

»Tarot ist ein idealer Brückenbauer: Da, wo Sie zunächst nicht weiter kommen, bauen Sie sich durchs Kartenlegen eine Brücke. Die Symbole auf den Karten zeigen Ihnen neue Wege. Die probieren Sie aus. Und dann tun sich auch im wirklichen Leben neue Möglichkeiten auf.«

(Johannes Fiebig)

»Mit Stolz und Selbstbewusstsein sollte die Alte Welt zur Kenntnis nehmen, dass sie mit dem Tarot ein eigenständiges esoterisches System hervorgebracht hat – eine Schule der emotionalen Intelligenz, der Weisheit des Herzens und der Seele, die weder von Priestern der Pharaonen noch von kabbalistischen Schriftgelehrten konzipiert, sondern gleichsam vom kollektiven Unbewussten des Abendlandes hervorgebracht wurde.« (Eckhard Graf)

Die 10 wichtigsten Informationen zum Tarot

1 Tarot ist ein Kartenspiel mit **78 Karten**, die einen typischen Aufbau zeigen: 22 große und 56 kleine Arkana (»Geheimnisse«). Die kleinen Arkana teilen sich auf in die vier »Farbreihen« Stäbe, Kelche, Schwerter und Scheiben (letztere auch Münzen oder Pentakel genannt).

2 Die Tarot-Karten entstanden in der italienischen Renaissance, um 1430 in **Mailand und Bologna**. Wer die ersten Tarot-Karten gemalt hat, ist heute offen; der hin und wieder erwähnte Bonifatio Bembo war es jedenfalls nicht. Spielkarten gab es schon mindestens 800 Jahre vor den ersten Tarot-Karten.

3 Mit Tarot wurden zum ersten Mal Trumpfkarten ins Kartenspiel eingeführt. Die Tarot-Karten wurden viele Jahrhunderte lang als **Gesellschaftsspiel** und »reines Kartenspiel« benutzt.

4 Erst im 19. Jahrhundert (genau genommen seit 1781) gibt es eine **esoterisch-symbolische Interpretation** der Tarot-Karten. Die Vorstellung, dass die klassische Esoterik oder der Okkultismus der

»natürliche Verbündete« der Tarot-Karten sei, trifft nur auf das 19. Jahrhundert zu, und auch da nur teilweise. Das 19. Jahrhundert ist die Blütezeit des klassischen Okkultismus. Viele kleine Gruppen, meist getrennt voneinander, vertiefen sich in die Tarot-Symbolik. Daneben blüht im 19. Jahrhundert auch das Wahrsagen mit Karten jeder Art.

5 Der heutige Boom, die weltweite Verbreitung des Tarot-Kartenlegens beginnt in den **1970er Jahren** in der westlichen Welt.

6 Seitdem haben sich **neue Standards** eingebürgert, die uns heute weitgehend selbstverständlich sind: Der erste dieser Standards ist die große **Vielzahl von erhältlichen Tarot-Decks**. Es gibt heutzutage mehr als tausend verschiedene Tarot-Sorten. Viele hundert davon sind im Handel erhältlich.

7 Neu, doch ebenfalls selbstverständlich, ist heute die **große Zahl von Anwendungsformen** und Legemustern. Es gibt Kinofilme, Opern und Romane mit und über Tarot-Karten. Zeitschriften und Magazine präsentieren aktuelle Legetechniken und Tarot-Neuheiten. Dabei liegt das allgemeine Hauptinteresse jedoch auf zwei Punkten: – dem eigentlichen Kartenlegen mit einer größeren Auslage (s. in diesem Buch S. 14 ff.) – und der Tageskarte.

8 Die **Tageskarte** wird morgens oder abends gezogen, in der Regel ohne eine bestimmte Frage. Sie zeigt in einem Bild Lage und Aufgabe und einen Vorschlag für den nächsten Schritt.

9 Die Kenntnis der **vier Elemente Feuer, Wasser, Luft und Erde** und ihre Zuordnung zu den vier Farbreihen Stäbe, Kelche, Schwerter und Scheiben ist ein Schlüssel der modernen Tarot-Deutung. Jede/r kann sich ein Bild davon machen (s. S. 30 f. und 76 ff.) und kann selbst beginnen zu deuten.

10 Die Karten werden heute fast überall als **Spiegel** verstanden. Das hat es weder in der Renaissance-Zeit noch im 19. Jahrhundert auch nur ansatzweise gegeben. Als Spiegel vermitteln die Tarot-Karten stets auch ein Angebot zur Selbsterfahrung. Und: Man kann nicht *für* andere in den Spiegel schauen (mit anderen – ja).

Die 10 beliebtesten Auslagen mit EINER Karte

1 **Die Tageskarte.** Sie stellt ein Tagesmotto dar: eine Chance oder eine Aufgabe für den Tag, einen besonderen »Hingucker«, Ihren täglichen Schutzengel, Ihren Wegbegleiter.

2 **Die Wochenkarte.** Sie stellt Ihr Thema für eine Woche dar. Eine Station des Tarot, eine bestimmte Symbolik oder Thematik wird damit wie durch ein Vergrößerungsglas für die betreffende Woche besonders hervorgehoben.

3 **Die Monatskarte.** Sie beschreibt in einem Bild Lage, Aufgabe und nächste Schritte für einen Monat. Eine Karte des Tarot wird damit besonders hervorgehoben und einer besonderen Untersuchung und Würdigung unterzogen. Und Sie wachsen mit!

4 **Die Jahreskarte.** Sie stellt Ihr Thema für ein ganzes Jahr dar. Sie wird zu Silvester, zum Geburtstag oder einem anderen Anlass gezogen. Die Jahreskarte vermittelt im Laufe des Jahres zumeist unterschiedliche Gesichter und Eindrücke. Das verstärkt ihren Reiz, denn so werden im Laufe des Jahres auch die betreffenden persönlichen Themen sehr viel klarer.

Zum praktischen Vorgehen:

- Überlegen Sie, welche Frage Sie an das Tarot stellen wollen. Nehmen Sie sich dazu etwas Zeit, wobei Sie sich bequem und aufrecht hinsetzen oder -stellen, gut durchatmen und nach innen lauschen.
  Dann formulieren Sie die Frage, die Ihnen am Herz liegt, so klar und deutlich wie Sie können!
- Wenn Sie eine Karte für einen Tag, einen Monat oder einen anderen Zeitraum ziehen, können Sie auf eine spezielle Frage allerdings verzichten und fragen: »Was hat das Tarot mir für den heutigen Tag / den kommenden Monat / usw. zu sagen?«
- Mischen Sie dann, wie Sie es gewohnt sind, alle 78 Karten.
- Halten Sie dabei die Bilder verdeckt, also nach unten gerichtet.
- Ziehen Sie dann auf die Art, die Sie gewohnt sind, mit Entspannung und Konzentration, nacheinander die erforderliche Anzahl von Karten, hier zunächst einmal eine Karte.
- Legen Sie die Karte verdeckt vor sich hin (bei mehreren Karten: in der Reihenfolge und der Gestalt des Legemusters).
- Die Karten werden nun einzeln aufgedeckt.
- (Bei mehreren Karten: Alle Karten zusammen zeigen Ihnen die Antwort des Tarot auf Ihre Frage.)

5 **Die Projektkarte.** Ihre Bedeutung entspricht den vorausgehenden Karten, nur wird sie nicht auf Woche oder Jahr bezogen, sondern auf die Dauer eines bestimmten Projekts.

6 **Die Lieblingskarte.** Diese Karte wird nicht gezogen, sondern ausgesucht. Welche Karte finden Sie am besten? Welche Karte ist im Moment Ihr Liebling?

7 **Die Persönlichkeitskarte.** Ziehen Sie aus den Ziffern Ihres Geburtsdatums die Quersumme: Zum Beispiel 03.09.1968 ergibt: 3+9+1+9+6+8 = 36. Liegt die Summe bei einer Zahl zwischen 1 und 21, so ist die Große Karte aus Ihrem Spiel, die die gleiche Zahl trägt, die zugehörige Persönlichkeitskarte. (*Große Karten* erkennt man daran, dass auf ihnen das Wort »Trumpf« steht.) Ist zum Beispiel die Quersumme = 19, so ist die entsprechende Persönlichkeitskarte *XIX – Die Sonne.*

Beträgt die errechnete Quersumme 22, so gilt die 22. *Große Karte* – das ist *Der Narr* mit der Ziffer *0* – als betreffende Persönlichkeitskarte. Liegt die Quersumme jedoch, wie im obigen Beispiel, bei 23 oder höher, so müssen Sie aus der errechneten Quersumme noch einmal die Quersumme ziehen. Zum Beispiel ergibt dann 36 als weitere Quersumme 3 + 6 = 9; die Große Karte mit der gleichen Ziffer ist nun die zutreffende Persönlichkeitskarte, in diesem Beispiel *IX – Der Eremit.*

8 **Die Wesenskarte.** Wenn die Quersumme aus dem Geburtsdatum eine Zahl über 9 ergibt, zieht man daraus ein weiteres Mal die Quersumme und erhält die Wesenskarte (zum Beispiel: Persönlichkeitskarte ist die 14, daraus ziehen wir die Quersumme 5, und entsprechend ist die Karte *V – Der Hierophant* die Wesenskarte oder der Kern). Wenn die Persönlichkeitskarte kleiner als 10 ist, fallen Persönlichkeitskarte und Wesenskarte zusammen. Dann kann man umgekehrt hochrechnen und die Karte aus den Großen Arkana mit derselben Quersumme als Ergänzung hinzunehmen. Beispiel: Die Persönlichkeitskarte ist *VII – Der Wagen*. Dann ist *VII – Der Wagen* auch schon die Wesenskarte. Und *XVI – Der Turm* ist in diesem Fall die persönliche Ergänzung, weil *VII* und *XVI* dieselbe Quersumme haben.

Generell ist die Wesenskarte eher spielerisch zu betrachten. Entscheidend ist und bleibt die Persönlichkeitskarte, weil sie etwas Typisches zum betreffenden Geburtsdatum beschreibt. Die Wesenskarte und die Karte mit derselben Quersumme sind jeweils eine Ergänzung zur Persönlichkeitskarte.

9 **Die Karte der Vollendung.** Für viele Deuter ist der *Narr* nicht nur eine Anfangskarte, sondern auch die 22. Große Karte, also *die* Karte der Ganzheit und der großen Vollendung. Nun ergibt sich meist eine Karte als *Differenz* zwischen Ihrer Persönlichkeitskarte und dem *Narr* (zum Beispiel: Persönlichkeitskarte ist die 14, die Differenz zum *Narr* ist gleich 22 – 14 = 8, die Große Karte Nr. VIII ist Ihre *Karte der Vollendung,* sie bezeichnet den Rest des Wegs, das Unbewusste, das es zu erhellen gilt, um die eigene Persönlichkeit zu vollenden).

10 **Quersumme oder Quintessenz.** Nach derselben Berechnungsmethode wie bei der Persönlichkeitskarte (s. Nr. 7) kann man nach Abschluss einer jeden Auslage die Ziffern der ausliegenden Karten addieren.
Dabei werden die Ziffern aller aufgedeckten Karten zusammengezählt (Hofkarten, wie Königin, Ritter usw., sowie *Der Narr* zählen als 0, und Asse zählen als 1). Mit der errechneten Quersumme verfahren Sie so, wie es oben für die Persönlichkeitskarte beschrieben wurde. Die Große Karte, deren Ziffer der errechneten Quersumme entspricht, ist die *Quersummenkarte* oder *Quintessenz.*
Die Bedeutung der Quersummenkarte lautet: Die Auslage an sich ist und bleibt vollständig; durch die Quersummenkarte kommt nichts Neues hinzu. Die Quersummenkarte stellt eine Zusammenfassung der Auslage dar, wie eine Überschrift, manchmal aber auch wie eine Kontrollkarte zur Gegenprobe.

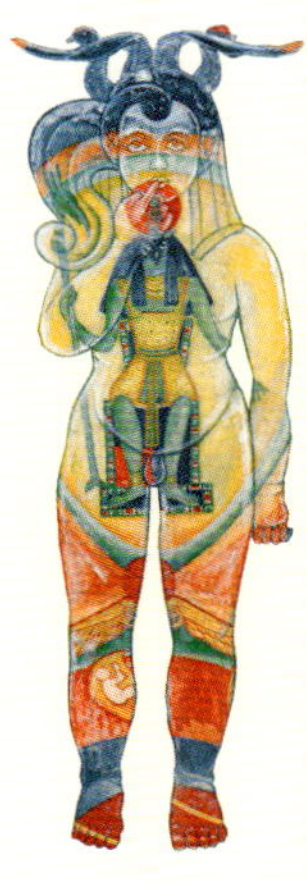

Die 10 schönsten Legemuster

1 *»Drei Tageskarten«*

1 – Lage
2 – Aufgabe
3 – Lösung

2 *»Orakelspiel«*

1 – Das derzeitige Problem
2 – Der Weg heraus
3 – Die Zukunft, wenn Sie bereit sind, den Weg zu gehen

3 *»Blick in die Zukunft – I«*

1 – Aktuelle Situation
2 – Vergangenheit oder das, was schon da ist
3 – Zukunft oder das, was neu zu beachten ist

4 *»Blick in die Zukunft – II«*

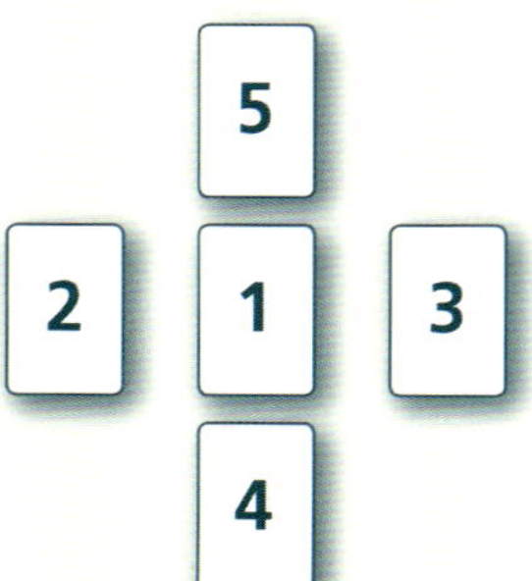

1 – Schlüssel oder Hauptaspekt
2 – Vergangenheit oder das, was schon da ist
3 – Zukunft oder das, was neu zu beachten ist
4 – Wurzel oder Basis
5 – Krone, Chance, Tendenz

5 *»So geht's weiter«*

1 – Das kennen / haben Sie bereits
2 – Das können Sie gut
3 – Das ist neu
3 – Das lernen Sie nun dazu

6 *»Der Stern«*

1 – Wo Sie stehen
2 – Ihre Aufgaben
3 – Ihre Schwierigkeiten oder Ihre Reserven
4 – Ihre Stärken
5 – Ihr Ziel

7 *»Mut zur Lücke«*

1 – Das ist möglich
2 – Das ist wichtig
3 – Das ist mutig
4 – Das ist nichtig
5 – Das ist nötig
6 – Das ist heiter
7 – Das ist witzig
8 – Das führt weiter

8 *»Der Weg«*

1 – Darum geht es. Das sind die Chancen und Risiken im Zusammenhang mit der Frage.

Linke Säule = Bisheriges Verhalten:

2 – Bewußte Einstellung, Gedanken, Vernunftsgründe, Vorstellungen, Absichten, Verhaltensweisen, die der Frager »im Kopf« hat. Das rationale Verhalten.

3 – Unbewußte Einstellung, Wünsche, Sehnsüchte, die der Frager »im Herzen« trägt. Hoffen und Bangen. Das emotionale Verhalten.

4 – Äußere Haltung. Das Auftreten des Fragers und damit eventuell seine Fassade.

Rechte Säule = Vorschlag für zukünftiges Verhalten: die Bedeutungen entsprechen den Feldern 2–4.

7 – Bewußte Einstellung. Vorschlag für die rationale Vorgehensweise.

6 – Unbewußte Einstellung. Vorschlag für die emotionale Haltung.

5 – Äußere Haltung. So soll der Frager auftreten.

© Hajo Banzhaf, *Das Arbeitsbuch zum Tarot*, München 1989

9 *»Der Weg der Wünsche«*

1 – Momentane Situation
2 – Wunschziel
3, 4, 5 – Brücke von **1** nach **2**

Bei dieser Auslage werden die Karten nicht gezogen, sondern ausgesucht. Zuerst wählen Sie mit Ruhe und Konzentration ein Bild für Ihre momentane Situation. Dann finden Sie eine für das, was sein soll, das heißt, für das, was Sie sich wünschen. Nehmen Sie sich dafür soviel Zeit wie Sie benötigen. Dann suchen Sie drei weitere Karten aus, die als Verbindungsstück, als Brücke dienen können, um von dem, was ist, zu dem gewünschten Ziel zu gelangen. Zum Schluß betrachten Sie die Karten durchgängig als einen Weg und eine Geschichte.

10 *»Keltisches Kreuz« (Variante)*

1 – Thema der Frage – Sie selbst
2 – Positive Ergänzung zu **1**
3 – Negative Ergänzung zu **1**
4 – Wurzel, Basis, Stütze
5 – Krone, Chance, Tendenz
6 – Vergangenheit oder das, was schon da ist
7 – Zukunft oder das, was neu zu beachten ist
8 – Zusammenfassung der Positionen **1–7**; Ihre innere Kraft, Ihr Unbewußtes
9 – Hoffnungen und Ängste
10 – Umgebung und Einflüsse von außen; Ihre Rolle nach außen
11, (**12, 13** – nach Wunsch 1 – 3 Karten für diese Position ziehen) – Resümee oder ein Faktor, auf den Sie besonders aufmerksam gemacht werden, der bereits vorhanden ist und der für Ihre Frage besondere Bedeutung gewinnen wird

10 hilfreiche Deutungstipps

1 Das Thema einer Karte erschließen.

Jede Karte hat ihr eigenes Thema: eine **große Station des Lebens**, wie Geburt, Hochzeit oder Tod; ein **Leitbild** / einen Archetypen, wie das *Jüngste Gericht (Äon)*, den *Narren* oder den *Eremiten*; bestimmte **Charaktere**, wie die Hofkarten, oder **elementare Themen**, die sich in den vier Farbreihen zeigen, wie zum Beispiel Konflikte in der Liebe oder der Umgang mit Hindernissen. Diese Themen pro Karte sind *nicht* beliebig, aber auch nicht durch einen einzigen Untertitel zu erfassen. Sie gilt es Stück für Stück zu erschließen und zu verstehen. Der wichtigste Schlüssel dazu ist die Kenntnis der vier Elemente (s. S. 30 f.).

Nutzen Sie die Hinweise in diesem Buch unter »Grundbedeutung«. Und führen Sie bei Bedarf ein eigenes »Tarot-Buch«, in dem Sie Ihre Erkenntnisse pro Karte notieren. **Es geht hier noch nicht um die konkrete Aussage einer Karte, sondern um den Überblick, welche Stationen, Urbilder und Elemente das Tarot überhaupt bereit hält.**

2 Ignorieren Sie die Untertitel.

Untertitel wie »Erfolg« oder »Niederlage« gehören *nicht* zum Standard der Tarot-Geschichte. Die allerersten Tarot-Karten in der Renaissance-Zeit trugen weder Ziffern noch Titel. Zwar haben sich allgemeine Bezeichnungen für die Großen Arkana und die Hofkarten im Laufe der Jahrhunderte als Standards etabliert: zum Beispiel *Der Eremit, Der Narr, Königin der Stäbe* oder *Ritter der Schwerter.* Aber alle anderen Zusätze, wie hier im Crowley-Tarot die Untertitel auf den Zahlenkarten, gehören nicht zum allgemeinen Standard.

3 Erweitern Sie die Untertitel (falls Sie doch darauf schauen).

Zusätzlich sind die Untertitel im Deutschen oft noch falsch oder unzureichend übersetzt. »Defeat«, der englische Untertitel der Karte *Fünf Schwerter,* wird zum Beispiel mit »Niederlage« wiedergegeben. Tatsächlich kann *defeat* im Englischen jedoch sowohl Niederlage wie auch Besiegen im positiven Sinne bedeuten, beide Bedeutungen werden vom Wort abgedeckt. *Defätismus* kann in bestimmten Lagen sehr hilfreich sein. Außerdem bedeutet der Ausdruck »it defeats me« soviel wie »ich kann es nicht begreifen«, was gerade den *Fünf Schwertern* eine interessante Note verleiht. »Futility« (auf der Karte *Sieben Schwerter*) heißt nicht nur »Vergeblichkeit« (oder auf der neuesten Ausgabe »Nutzlosigkeit«), sondern auch Zerbrechlichkeit und betrifft eine (gesunde) Art der Illusionslosigkeit. »Indolence« (auf der Karte *Acht Kelche*) bedeutet nicht nur »Trägheit«, sondern wörtlich auch Schmerzfreiheit und betrifft unter anderem die tragende Kraft des Glaubens.

4 Verabschieden Sie sich von den Untertiteln.

Im besten Fall erfassen die Untertitel einen winzigen Ausschnitt der Bedeutungen einer Karte. Darauf die persönliche Interpretation aufzubauen, wäre irreführend. Außerdem: Da steht dann »Erfolg« oder »Vergeblichkeit« – aber worauf bezieht sich das? Werden die eigenen Hoffnungen vergeblich sein oder die Einwände, die bisher dagegen standen? Sind die eigenen Bemühungen oder Ihre Zweifel vergeblich? Am besten ist es, die *Untertitel mit Korrekturband oder ähnlichem zu überkleben,* damit der Blick beim Aufdecken der Karte tatsächlich auf den Inhalt des Bildes und nicht auf die Unterzeile fällt. Statt diese durch Korrekturband abzukleben, können Sie sich auch so behelfen, dass Sie beim Aufdecken der Karte im wahrsten Sinne des Wortes den Daumen auf den Untertitel halten!

5 Jedes Einzelsymbol ist doppeldeutig.

Betrachten wir zum Beispiel die Symbole *Taube* und *Schlange,* die zu den wiederkehrenden Bildmerkmalen dieses Tarot gehören. Die Taube ist Attribut verschiedener Liebes- und Weisheitsgöttinnen, Zeichen des Heiligen Geistes, die Friedenstaube, Symbol der Spiritualität und der Sexualität. Aber auch: Inbegriff von Abgehobenheit, Hysterie und »Taubheit«. Die Schlange warnt vor platten Trieben und falschen Instinkten. Als geringelte Schlange ist sie jedoch auch ein Zeichen der Höherentwicklung, der Weisheit durch Lernen aus Erfahrung.
So ist es mit jedem Detail in jeder Karte. Und so wird das Tarot-Kartenlegen auch nach Jahren nicht langweilig, weil man stets wieder neue Bedeutungen an den Karten und ihren Symbolen entdeckt.

6 Die Farben zeigen viel.

Weiß: Anfangszustand (wie ein unbeschriebenes Blatt) oder Vollendung und Heilung; Blendung, Leere oder geistiges Neuland.
Grau: Unbewusster Zustand (»Schatten« im psychologischen Sinn) oder bewusste Gleich-Gültigkeit, d.h. Gleichwertigkeit oder Vorurteilslosigkeit.
Schwarz: Das Unbekannte, das Innere der Erde oder eines Sachverhaltes, »black box«, sichtbarer Schatten, Seelenfinsternis oder seelisches Neuland.
Rot: Herz, Gemüt, Wille, Liebe, Zorn, Blut und Boden.
Gelb: Bewusstheit. Lebensfreude; Neid, geistige Dissonanz (»Schrillheit«).
Gold: Sonne, Bewusst-Sein, Ewigkeit; Neid, Gier, Verblendung, Prunk.
Orange: Lebenskraft, Wärme, Mischung von rot und gelb, Will–Kür.
Blau: Kühle, Coolness, Sehnsucht, Blues, Sentiment, Rausch.
Hellblau: Luft, (offener) Himmel; (klares) Wasser; Spiritualität; auch »blauäugig«, »anhimmeln«.
Grün: Frisch, jung, verheißungsvoll, unerfahren, unreif.
Dunkelgrün: Naturverbunden, vegetativ, langwierig, nachhaltig.
Beige: Der menschliche Körper, Körperlichkeit.
Braun: Erdverbunden, bodenständig, geerdet, kreatürlich.
Violett: Grenzerfahrung; Mischung von blau und rot.
Diese kurz gefassten Beschreibungen geben wesentliche Standardbedeutungen der Farben im westlichen Kulturraum wieder[1]. Damit kann man zuverlässig deuten.

7 In Zahlen nichts hinein interpretieren.

Mit Zahlen kann man spielen und mit Zahlen kann man rechnen. Eine allgemein verbindliche *inhaltliche* Bedeutung besitzen Zahlen nicht. Mit Seriosität und Anspruch auf Gültigkeit kann man *nicht* sagen: »5 ist Krise« oder »6 ist Harmonie«.
Natürlich können Zahlen eine symbolische Bedeutung haben. Zum Beispiel verbinden sich die Zahlen »4711« oder »1968« oder »9/11« mit bestimmten Geschichten.

[1] Vgl. Klausbernd Vollmar: Das große Handbuch der Farben. Erweiterte Neuausgabe Königsfurt-Urania 2009

Und: Eine 1 kann für Einmaligkeit stehen, aber auch für Einheit, Einfalt, Einsamkeit und alle anderen Begriffe, in den das Wort »Eins« steckt. Eine 2 findet sich in Begriffen wie »Zwei–fel« oder »Ent–zweiung« wieder; doch dann darf man passende Sprüche auch nicht vergessen, die in der Zwei eine Ergänzung und Verstärkung ausdrücken: »Doppelt gemoppelt hält besser«, »gleich und gleich gesellt sich gern«, »auf zwei Beinen lässt sich's laufen« usw.

Manche Zahlen lassen Wortspiele zu, z. B. die Zahl 7 und das Wort sieben (mit dem Sieb *sieben*) oder 8 und Achtung, Achtsamkeit! Dennoch besitzen Zahlen keine allgemeingültigen, festgelegten Inhalte. Wenn es einem Deutungsbuch heißt: »Der krisenhafte Charakter der 5 zeigt sich im Bild daran, dass ...«, so unterschiebt der Autor des betreffenden Buches seine Sicht der Karte (dass es sich um eine Krise handelt), der Zahl 5, die als solche aber gar nichts dafür kann und schon gar nicht auf das Thema »Krise« abonniert ist.

Zuverlässig für die Tarot-Deutung ist im Allgemeinen nur der Funktionswert, zum Beispiel 2 + 3 = 5. Daraus ergeben sich spannende Übungen für Fortgeschrittene im Tarot[2].

8 Blinde Flecken sind Tore zu neuen Aussichten.

Wenn Sie eine Karte beim besten Willen nur positiv oder nur negativ sehen können, dann wissen Sie, dass Sie einen blinden Fleck in Ihrer Optik entdeckt haben. Oder wenn Sie bei einer bestimmten Karte den Eindruck haben, der Maler oder die Malerin habe sich hier »verzeichnet«, auch dann liegt in aller Regel ein solcher Hinweis auf einen blinden Fleck in der Optik vor. Freuen Sie sich: Fast immer entsteht dieser blinde Fleck nicht durch die Tarot-Karten, sondern er ist auch sonst bei dem betreffenden Thema im Alltag vorhanden. Dann keine Eile, sondern nehmen Sie sich Zeit, um diesen blinden Fleck allmählich zu erhellen. Sie werden durch neue Aussichten belohnt!

9 Sich selbst ins Gesicht schauen.

Ein mögliches Problem des Crowley-Harris-Tarot besteht darin, dass fast alle menschlichen Bildfiguren als gesichtslose Schemen dargestellt

[2] Diese finden Sie in: Evelin Bürger / Johannes Fiebig: Das große Buch der Tarot-Legemuster. Heyne-Verlag 2007, S. 51 ff.

sind. Das Gesicht ist ein Symbol der Identität. Ein fehlendes Gesicht weist nicht nur auf einen Gesichts-, sondern auch einen **Identitätsverlust** hin. Wenn man ohnehin Probleme damit hat, sich selbst ins Gesicht zu schauen und zu wissen, wer man ist, dann könnten Tarot-Karten mit mehr Gesicht möglicherweise empfehlenswerter sein.
Auf der anderen Seite kann die relative Gesichtslosigkeit ein künstlerisches Mittel sein und eine Art **»Entspiegelung«** bewirken. Sie kann ein Stück produktiver Verfremdung sein, die den Gedanken besonders nahe legt, dass die Bilder **symbolisch** verstanden werden müssen. Das ist nicht wenig, denn bei manchen Themen, die uns sehr stark beschäftigen, verlieren wir die Distanz und identifizieren uns unmittelbar mit dem Bild.

10 Die Hofkarten stellen entwickelte Persönlichkeiten dar.

Einen raschen Zugang zur selbstständigen Deutung finden wir, wenn wir uns mit den vier Farbreihen beschäftigen (vgl. S. 30 f.). Und wenn wir die Hofkarten (Königin, Ritter, Prinz und Prinzessin[3]) als **Persönlichkeiten** begreifen, die uns diese vier Elemente näher bringen. Jede Hofkarte stellt einen **Idealtyp** dar, eine Person, die souverän wie eine Majestät mit dem betreffenden Element umgehen kann. Die vier Typen von Hofkarten zeigen dabei unterschiedliche Nuancen und Charaktere:

Die Königin: intuitiv, beginnend, erkundend (Wasser-Typus im jeeiligen Element),
der Prinz: gründlich, intensiv, festigend (Feuer-Typus im jeweiligen Element),
der Ritter: vergrößernd, erweiternd, Konsequenzen ziehend (Luft-Typus im jeweiligen Element) und
die Prinzessin: macht etwas konkret aus oder mit ihrem Element (Erd-Typus im jeweiligen Element).

[3] Die Namen der Hofkarten im Crowley-Tarot weichen etwas von den üblichen Bezeichnungen ab. Am meisten verbreitet sind Königin, König, Ritter, Prinz und Page / Bube. Die Ritter im Crowley-Tarot entsprechen in manchen Aspekten den üblichen Königen. Von der astrologischen Zuordnung her, die im Crowley-Tarot eine besondere Rolle spielt (vgl. S. 188 ff.), ergibt sich jedoch die Gleichsetzung der Ritter im Crowley-Tarot mit den Rittern auch in den sonstigen Tarot-Sorten. Von der astrologischen Zuordnung her entsprechen den Königen in den sonstigen Tarot-Sorten im Crowley-Tarot die Prinzen. Vgl. E. Bürger / J. Fiebig: Das große Buch der Tarot-Legemuster. Heyne-Verlag 2007, S. 173 – 192.

Die 10 wichtigsten Deutungsregeln

1 **Die Karten sind ein Spiegel.**

Mit den Karten ist es wie mit dem Spiegel an der Wand: Sie helfen uns, uns besser zu sehen und zu verstehen; eine Garantie auf richtige Erkenntnis gibt es leider nicht. Wenn man sich zu Hause vor den Spiegel stellt und stets sagt: »Ich bin der (oder die) Größte, Schönste usw.« – oder »Ich bin der (oder die) Dümmste, Hässlichste usw.« –, so wird man damit im schlimmsten Fall ein Leben lang für sich Recht behalten! Es gibt keine Gewähr dafür, dass der Spiegel zu Ihnen spricht und selbsttätig Ihre etwas einseitige Auffassung korrigiert.

Allerdings: Die Tarot-Deutung bietet durchaus Hinweise, die uns auf solche Verzerrungen der Wahrnehmung aufmerksam machen. Die folgenden Regeln stellen bewährtes Handwerkszeug dar, das uns hilft, einseitige und willkürliche Wahrnehmungen zu vermeiden. Wenn wir dies in den Alltag übernehmen, werden wir auch dort manche Einbahnstraße verlassen und neue Lösungen erreichen.

2 **Jede Karte besitzt positive und negative Bedeutungen.**

Dies ist die Regel Nr. 1 – die wichtigste Regel, um in die Symboldeutung einzusteigen. Die Autoren haben noch keinen Menschen getroffen (sich selbst eingeschlossen), der spontan, aus sich heraus *alle* 78 Bilder positiv *und* negativ sehen kann. Dies setzt erst einen Erfahrungsprozess – mit Tarot und mit sich selbst – von einiger Zeit voraus.

3 **Jede Karte stellt eine Ermunterung und eine Warnung dar.**

Eine Karte wie die *Zwei Kelche* ermuntert dazu, seine Gefühle zu teilen und auszutauschen; sie warnt zugleich vor Halbherzigkeiten (halbierten Gefühlen). Die Ermunterung und die Warnung schließen sich nicht unbedingt gegenseitig aus, sondern können sich ergänzen.

Und dies gilt für jede Karte: Der *Turm* ermuntert dazu, sich zu öffnen und sich fallen zu lassen. Und er warnt vor einer mangelnden Standhaftigkeit oder vor Hochmut (»Hochmut kommt vor dem Fall«!). *Zehn Stäbe* warnen vor einer Unterschätzung von Hindernissen und vor übertriebener Anstrengung; sie ermuntern zu hundertprozentigem Einsatz und ganz bildlich dazu, sich große Aufgaben einzuteilen.

4 **Nehmen Sie sich Zeit, zu schauen, ohne sofort zu bewerten.**
Üben lässt sich diese notwendige Unvoreingenommenheit am besten mit der täglichen *Tageskarte*. Obwohl wir vom Tarot möglichst rasch eine klare Antwort auf unsere aktuellen Fragen haben wollen – und gerade weil dies so ist –, ist es hilfreich, wenn wir die Geduld aufbringen und erst einmal schauen, ohne zu bewerten, was die gezogene Tarot-Karte uns sagt.
Dies ist im Übrigen der vielleicht wichtigste Unterschied zwischen Anfängern und Profis im Tarot: Der Anfänger denkt, das Wichtigste sei, welche Karte man *zieht*. Der Profi weiß, mindestens genau so wichtig ist, wie man die gezogene Karte *sieht!*
Je mehr wir uns auf das Bild einlassen, vielleicht einmal die Haltung der Bildfigur einnehmen oder verschiedene Perspektiven durchspielen usw. – desto ergiebiger und oft auch unerwarteter ist die schließliche Lösung, die die Karten uns anbieten.

5 **Mit Subjektstufe und Objektstufe arbeiten.**

Diese Begriffe hat der Schweizer Psychologe C. G. Jung für die Traumdeutung entwickelt. Auf der »Objektstufe« betrachtet, stehen die Figuren und Szenen im Traum (oder hier in einem Tarot-Bild) für andere Personen und äußere Ereignisse. Auf der »Subjektstufe« betrachtet, sind dieselben Figuren und Szenen nun Spiegelbilder, Facetten der eigenen Person und innerer Ereignisse.
Ein Streit oder eine Auseinandersetzung im Traum oder in einem Tarot-Bild kann der Verarbeitung – oder auch der Vorbereitung – eines tatsächlichen Streits mit konkreten anderen Personen dienen. Der gleiche Traum, das gleiche Tarot-Bild kann jedoch auch eine innere Auseinandersetzung anzeigen.
Ob nun die Subjektstufe oder die Objektstufe mehr im Vordergrund steht, ist von Mal zu Mal unterschiedlich. Im Zweifelsfalle muss man eben beide Möglichkeiten bedenken.

6 **Pars pro toto (Der Teil steht für das Ganze).**
Die Bilder und ihre Details besitzen (positive und negative) Bedeutungen, die zugleich typisch für die *ganze* betreffende Karte sind. Allein ein Motiv, wie das Wurzelwerk bei den Kelch-Karten, spricht schon Bände.

Durch den Vergleich der einzelnen Bilder stellen wir fest, dass die *Vier Kelche* die einzige Karte ist, in der die (seelischen) Wurzeln vollständig enthalten sind. Und dass die Karte *Sechs Kelche* die Tiefe der Gefühle mehr betont als jede andere Kelch-Karte, weil nur in diesem Bild ein Ende der Stängel und Zweige nach unten hin nicht absehbar ist.
Es gibt nur wenige Tarot-Sorten auf der Welt, die so brilliant und konsequent komponiert sind wie die Karten von Crowley und Harris. Sie laden dazu ein, auf Spurensuche zu gehen. In den Bildern ist alles enthalten (man braucht kein Geheimwissen!).

7 Assoziationen erkennen und einordnen.

Seit gut zweihundert Jahren gibt es »Deutungsliteratur« zu den Tarot-Karten. In dieser Zeit haben sich ein paar allgemeine Standards eingebürgert, vor allem die Zuordnung der vier Farbreihen zu den vier Elementen. Die Kelch-Karten stehen danach zum Beispiel für das Element Wasser und dieses wiederum für Seele und Psyche mit all ihren Aspekten. Der persönlichen Assoziation fallen scheinbar ganz andere Themen ein, zum Beispiel beim Bild der *Sieben Kelche:* »Der arme Professor Dumbledore … (er muss in ›Harry Potter‹, Band 6, über viele Buchseiten einen giftig-grünen quälenden Zaubertrank trinken) …«. Oder: »Der goldene Ritter auf der Karte *Der Wagen* erinnert mich an ›Star Wars‹ und an ›Der Zauberer von Oz‹!«
Solche persönlichen Assoziationen machen die Bildbetrachtung bunt. Allerdings: *Nur* mit persönlichen Assoziationen besteht die Gefahr, dass uns wir beim Tarot-Deuten im Kreise drehen; meist wiederholen wir dann, was wir sowieso schon kennen. Deshalb ist es wichtig, beide Ebenen der Deutung – persönliche Assoziationen und Deutungsstandards – zu kennen und zu trennen.
Dann ergeben sich auch im Alltag oft neue Sichtweisen. Man erkennt, um bei den Beispielen zu bleiben, dass die *Sieben Kelche* etwas mit der eigenen Fähigkeit zu tun hat, Gefühle zu sortieren (Überflüssiges tropft ab, und was im Kelch bleibt, das zählt). Und dass der goldene Ritter auch eine Warnung davor darstellt, dass man sich verschanzt und viel zu wenig aus sich herauskommt. Und dass schließlich *Der Wagen* dazu ermuntert, etwas zu wagen, nämlich sich etwas *wünschen* und dafür zu kämpfen wie ein edler Ritter.

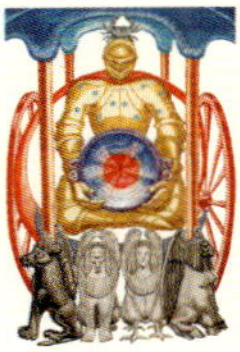

8 Es handelt sich um Symbolik: Doch es geht stets (auch) um das eigene Leben!

Besonders in seinen letzten Lebensjahren hat sich der große Psychologe C. G. Jung vehement für das »symbolische Leben« eingesetzt. Wie alle namhaften Tiefenpsychologen war Jung davon überzeugt, dass wir die heilende Kraft des Bewusstseins nur erleben, wenn unser Denken und Handeln an unsere Träume, Visionen und Herzenswünsche angeschlossen sind. Das Leben mit Symbolen – mit den »Märchen, Mythen, Träumen«, wie Erich Fromm es genannt hat – bietet dabei die beste Verbindung von Innen- und Außenleben.

Allerdings hat C. G. Jung übersehen (jedenfalls nirgendwo erwähnt), dass ein »symbolisches Leben« auch etwas Negatives darstellen kann: nämlich *ein Leben als ob!* Ein Leben in Riten, Formeln und Schriften kann auch ein »symbolisches Leben« sein, eine Parallelwelt neben dem oder an Stelle des lebendigen, gelebten Leben.

Um hier die Spreu vom Weizen zu trennen, ist es bei jeder Kartenlegung erforderlich, die Deutung auch auf die realen persönlichen Wünsche und Ängste zu bringen und da die nächsten Schritte zu tun.

9 Eine Deutung ist erst abgeschlossen, wenn sie praktische Konsequenzen hat.

Den größten Nutzen aus dem Kartenlegen ziehen wir, wenn wir aus unseren Einsichten praktische Konsequenzen ziehen. An den praktischen Ergebnissen erkennen wir, ob eine Deutung im persönlichen Sinne richtig ist. Der rote Faden ist dabei *der Weg der Wünsche*:

Dieser Weg entsteht und wird beschritten, wenn wir

- sinnvolle Wünsche verstehen und erfüllen
- sinnlose Wünsche erkennen und uns abgewöhnen
- berechtigte Ängste ernst nehmen und Vorsorge treffen
- unberechtigte Ängste loslassen.

Solange Sie auf diesem Weg vorankommen, nützt Ihnen Ihre Art, mit Tarot oder einer anderen Art von Psychologie oder »Grenzwissenschaft« umzugehen. Und umgekehrt, auch eine reichhaltige Tarot-Praxis oder eine umfangreiche Symbolkenntnis bleibt im persönlichen Sinne wertlos, wenn jener rote Faden, die Aufhebung persönlicher Wünsche und Ängste, fehlen sollte.

10 Die Magie des Augen-Blicks auskosten.

Die Magie des Augenblicks erleben wir beim Kartenlegen gleich doppelt: Als **Zauber der Augen**, als Zauber des Spiels mit Ansichten und Perspektiven. Und zweitens als **Zauber der Zeit**, als Arbeit mit der Qualität der Zeit, mit der Magie des Moments (s. auch das Auge, den Augen-Blick in der Karte *Das Universum*, rechts oben).

Um diesen Zauber auszukosten, ist es gut, sich bei jedem Kartenlegen von den bisherigen Erfahrungen zu lösen. Wir sollten unsere Vorkenntnisse natürlich mitnehmen und berücksichtigen, aber wir sollten jeder Karte und jeder Auslage auch die Chance geben, dass wir sie offen, unvoreingenommen betrachten, als wäre sie unsere erste Tarot-Karte überhaupt.

Große und kleine Arkana – Übersicht

Die vier Farbreihen Stäbe, Kelche. Schwerter, Scheiben machen 56 Karten aus. Diese 56 zusammen werden die *kleinen Karten* oder *kleine Arkana* genannt (Arkanum = Geheimnis, Arkana ist die Mehrzahl). Die fünfte Gruppe sind die 22 *Großen Karten* oder *Großen Arkana*, die »großen Geheimnisse« oder die großen Stationen des Tarot. Diese 22 »Großen Karten« erkennen Sie im Crowley / Harris-Tarot daran, dass das Wort »Trumpf« darauf steht.

Schlüsselbegriffe zu den 22 Großen Karten

I – Der Magus: Eigene Existenz. Fähigkeiten und Möglichkeiten

II – Die Hohepriesterin: Innere Stimme, eigene Meinung, der Sinn des Eigenen

III – Die Kaiserin: Natur (auch: Natürlichkeit, Selbstverständlichkeit, Spontaneität), Fruchtbarkeit, Erfahrungen als Frau / mit Frauen

IV – Der Kaiser: Selbstbestimmung, Pionier, Erfahrungen als Mann / mit Männern

V – Der Hierophant: Das Heilige in den Dingen des täglichen Lebens

VI – Die Liebenden: Paradies – verloren und wiedergefunden

VII – Der Wagen: Den eigenen Weg wagen – »Der Weg ist das Ziel«

VIII – Ausgleichung: Erkenntnis des Anderen. Die wahren Bedürfnisse

IX – Der Eremit: Sein Leben in Ordnung bringen, es »bereinigen«

X – Glück: Steuerung des inneren und äußeren Wandels

XI – Lust: Wildheit und Weisheit. Sich ganz annehmen

XII – Der Gehängte: Passion. Das Höchste der Gefühle

XIII – Tod: Loslassen und ernten

XIV – Kunst: Lebensaufgaben, Lebensentwurf. Lösungen

XV – Der Teufel: Nötige Tabus einrichten. Falsche Tabus brechen

XVI – Der Turm: Befreiung, Feuerwerk, Verhärtungen aufbrechen

XVII – Der Stern: Sternenseele, kosmisches Bewusstsein

XVIII – Der Mond: Wiederkehr des Verdrängten, Erlösung

XIX – Die Sonne: Platz an der Sonne, Bewusst-Sein

XX – Der Æon: Der jüngste Tag ist heute

XXI – Das Universum: Auf der Höhe der Zeit, die Macht der Zeit, der Augenblick

0 / XXII – Der Narr: Naivität oder Vollendung, das Absolute

Die 10 wichtigsten Bedeutungen der Stäbe

Element: Feuer.
Grundbedeutung: Triebe und Taten.
Konkrete Botschaft: »Es muss etwas geschehen!«
Praktische Umsetzung: Sich bewegen, sich bewegen lassen.
Schlüsselbegriff: Der Wille.
Psychische Funktion (nach C.G. Jung)**:** Intuieren (Intuition, augenblickliches, ganzheitliches Erfassen).
Der Weg der Stäbe: Läuterung, Fegefeuer, Phönix aus der Asche.
Das Ziel der Stäbe: Brennen! Feuer und Flamme sein, sich ganz dem »wahren Willen« hingeben und verbrauchte Energien zurückerhalten.
Assoziationen: Phallussymbol, Hexenbesen, Wurzel (auch: Vorfahre), Spross (auch: Nachfahre), Zweig, Wanderstab, Krückstock, Knüppel.
Motti: »Im Anfang war die Tat« – »Es gibt nicht Gutes, außer man tut es« – »Wie kann ich wissen, was ich will, ehe ich sehe, was ich tue.«

Die 10 wichtigsten Bedeutungen der Kelche

Element: Wasser.
Grundbedeutung: Gefühle, Verlangen, Glaube.
Konkrete Botschaft: »Auf die innere Einstellung kommt es an!«
Praktische Umsetzung: Es fließen lassen; etwas empfangen oder (von anderen) empfangen lassen.
Schlüsselbegriff: Die Seele.
Psychische Funktion (nach C.G. Jung)**:** Fühlen.
Der Weg der Kelche: Taufe, (seelischer) Tod und Wiedergeburt.
Das Ziel der Kelche: Fließen! Dem Wasser Halt geben, den Gefühlen Ausdruck verleihen! Der Kelch oder das Ufer ist die Begrenzung, die den Fluss zum Fließen bringt.
Assoziationen: Der weibliche Schoß, der Gral, Pokale, die »Tassen im Schrank«, Badewanne, Schwimmbad; Meer, Dusche, Trinken usw.
Motti: »Das Wasser ist die Quelle allen Lebens«. – »Und solang du das nicht hast, / Dieses: Stirb und werde! / Bist du nur ein trüber Gast / Auf der dunklen Erde.« – »Alles fließt, und das Harte unterliegt.«

Die 10 wichtigsten Bedeutungen der Schwerter

Element: Luft.
Grundbedeutung: Die Waffen des Geistes.
Konkrete Botschaft: »Das muss geklärt werden!«
Praktische Umsetzung: Etwas geistig durchdringen, ermitteln und beurteilen.
Schlüsselbegriff: Der Geist.
Psychische Funktion (nach C.G. Jung)**:** Denken.
Der Weg der Schwerter: Aus Erfahrungen lernen.
Das Ziel der Schwerter: Schweres leicht machen!
Assoziationen: Ritter, Ritterlichkeit, Mündigkeit, Schwerter zu Pflugscharen.
Motti: »Das Denken ist eines der größten Vergnügen der menschlichen Rasse.« – »Wissen ohne Gewissen ist Halbwissen.« – »Wer seine Lage erkannt hat, wie soll der aufzuhalten sein...«

Die 10 wichtigsten Bedeutungen der Scheiben

Element: Erde.
Grundbedeutung: Die permanente Bewegung, die Energie der Erde. Talente (Geldstück sowie Begabung / Aufgabe).
Konkrete Botschaft: »Auf die Ergebnisse kommt es an!«
Praktische Umsetzung: Bestimmte Ergebnisse akzeptieren oder verwerfen und neue herstellen.
Schlüsselbegriff: Der Körper / Die Materie.
Psychische Funktion (nach C.G. Jung)**:** (Sinnliches) Empfinden.
Der Weg der Scheiben: Die Vervielfältigung der Talente und deren Ernte.
Das Ziel der Scheiben: Wohlstand und Wohlsein.
Assoziationen: Taler, die zwei Seiten der Medaille, die Prägungen, die wir selbst erlebt haben und die wir bewirken. Die Spuren, die wir vorfinden, und jene, die wir hinterlassen.
Motti: »Was fruchtbar ist, allein ist wahr.« – »Ein Talent besitzen und es nicht gebrauchen, heißt es missbrauchen.« – »Wir haben die Erde von unseren Eltern geerbt und von unseren Kindern geliehen!«

Die 10 wichtigsten Symbole

Die Flügel an Kopf und Füßen

Der Götterbote Merkur (griech.: Hermes) **tritt mit Flügeln an Kopf und Füßen auf.** Ebenso zeigt sich hier der Magus. Auch wenn wir, genau genommen, am Kopf Schlangen, Caduceus und Sonnenscheibe sehen.

Der Caduceus-Stab – ❶

Caduceus (oder griechisch: Kerykeion) wird der **Hermes-Stab** genannt. Die zwei sich kreuzenden Schlangen symbolisieren die **Verbindung von Trieb und Vernunft, Göttern und Menschen sowie zwischen den Menschen.**

Die Uräus-Schlangen – ❷

Die Uräus-Schlange ist eine aufgerichtete Kobra. Bildnisse von Pharaonen des alten Ägyptens zeigen sie als kleine Figur am Kopfschmuck. Sie erscheint auch hier als **Symbol für Wissen, Weisheit und Erkenntnis.**

Das geflügelte Sonnenzeichen

Altägyptisches Symbol für die Himmelsmitte, die Sonne, das Bewusstsein. Es ist auch das **Zeichen der Götter, der Schöpfung und der kosmischen Ordnung,** von der wir ein Teil sind; Zeichen der höchsten Macht.

Fackel, Kelch, Schwert, Scheibe

Die vier Elemente, Mitgift, Gaben des Lebens, Aufgaben und »magische Werkzeuge«, die es zu meistern gilt: Feuer – Taten, Wille; Wasser – Gefühle, Seele; Luft – Intellekt, Geist; Erde – Ergebnisse, Körper.

Der Affe – ❸

Symboltier des ägyptischen Gottes Thot, des Vorläufers des griechischen Hermes, Gott der Magie, der Wissenschaft, der Schreiber, der Weisheit und des Kalenders. Auch: Die animalische Seite des Magus.

Griffel (Pfeil) / Schriftrolle

Der **Pfeil** steht für **gedankliche Schnelligkeit, Zielstrebigkeit und Treffsicherheit. Griffel** und **Schriftrolle** sind **Symbole des Gottes Thot.** Intelligenz und geistige Arbeit, nichts Übernatürliches, sind Trumpf!

Das geflügelte Ei – ❹

Das »Ei des Kolumbus«! Bei Harry Potter der »Schnatz«, der goldene Ball, der über Sieg oder Niederlage entscheidet. **Symbol der beflügelnden Möglichkeiten,** die jede/r zu begreifen und »auszubrüten« hat!

Der Phönix-Stab – ❺

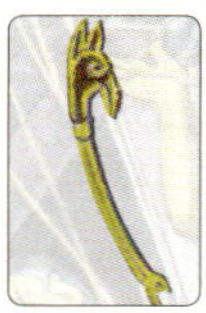

Der Vogel Phönix verbrennt sich von Zeit zu Zeit, um aus seiner Asche neu zu entstehen. So wird auch der Magier geläutert und mausert sich **vom Gaukler oder Sonderling zum Zauberer und Lebenskünstler.**

Kanal / Pfad – ❻

Der Magus ist ein Wanderer zwischen den Welten. Eine große senkrechte Linie durchzieht, so kann man es sehen, die gesamte Bildhöhe, wie ein Kanal, ein Drahtseil, wie ein Pfad: **Brücke zwischen den Welten.**

I-Der Magus / Der Magier

Die Karte der Einmaligkeit und der Einzigartigkeit. Auch Sie können zaubern und werden Wunder erleben. Jeder Mensch ist etwas Besonderes und besitzt einen eigenen, einmaligen Anteil an der Ewigkeit. So werden auch Sie manches wahr machen, das noch niemandem geglückt ist.

»Make a difference! Sei einzig und nicht artig!«

■ Grundbedeutung

Magie besitzt heutzutage eine erstaunlich persönliche Bedeutung: Es geht nicht um Requisiten, auch nicht um Tricks oder Willensakte. Auf einem *selbstständigen* Lebensweg machen wir Erfahrungen, »die noch kein Auge geschaut« hat, und (er-) finden immer wieder verblüffende Lösungen. Solcher Zauber ist unverwechselbar, aber nicht übernatürlich. Er steht uns immer zur Verfügung; er wächst und gedeiht mit der erfolgreichen Gestaltung der persönlichen Möglichkeiten.

■ Spirituelle Erfahrung

Mit sich, mit Gott und mit der Welt eins werden: Das Universum liebt Sie und braucht Sie!

■ Als Tageskarte

Erweitern Sie Ihren Horizont! Nutzen Sie alle Chancen!

■ Als Prognose / Tendenz

Solange der eigene Weg nicht beschritten wird, erscheint manches »wie verhext«. Bringen Sie Ihre Person ins Spiel – untersuchen Sie Ihre Begabungen und Aufgaben.

■ Für Liebe und Beziehung

Bei »Gott« und in der Liebe ist kein Ding unmöglich! Mit Konsequenz und Einfallsreichtum verwandeln Sie Ihre Welt in einen Rosengarten!

■ Für Erfolg und Glück im Leben

»Mehr Ideen pro PS«: Ihre ganz persönlichen Chancen kann Ihnen keiner vorführen und keiner wegnehmen.

Die 10 wichtigsten Symbole

Die Mondkrone – ❶

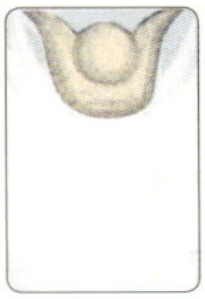

Die dreifache Mond- oder **Isiskrone**, nach der ägyptischen Muttergöttin Isis, **erhalten in vielen Marien-Darstellungen**. Die **drei sichtbaren Mondphasen, die drei Lebensstufen von Jungfrau, Frau und Greisin.**

Die siebenfache Mondsichel – ❷

Anspielung auf die klassischen sieben Planeten (Sonne, Mond, Merkur, Venus, Mars, Jupiter und Saturn). Auch: **Die sieben Tage der Schöpfung. Die sieben Töne einer Tonleiter.** Zeichen der Vollständigkeit.

Pfeil und Bogen / Harfe – ❸

Pfeil und Bogen: Typisch für **die jungfräuliche Jagdgöttin Diana** (griech.: Artemis). **Als Harfe Zeichen der Erato,** der Muse der Liebesdichtung, des Gesanges und des Tanzes. Andeutung des Unendlichkeitszeichens.

Das weiße Kamel

Wanderschaft durch die Wüste, Überwindung von Durststrecken, die Fähigkeit Wasser (Gefühle, Bedürfnisse, Ahnungen) über einen langen Zeitraum zu speichern. **Klugheit, Eigensinn. Der lange Weg zu sich selbst.**

Die Früchte – ❹

Das Ziel der Suche, die Oase, die Erfrischung als Erinnerung und Vision. **Persönliche Fruchtbarkeit. Die Fruchtbarkeit des Eigenen.** Ziel der Suche und unsere Quelle: Ausgangspunkt, Kraftreserve, Wegzehrung.

Die Edelsteine – ❺

Die Kraft der Seele, Erfahrungen zu verarbeiten, klare Werte zu bilden. **Negativ:** Verhärtung und Fixierung auf bestimmte Wünsche und Ängste. **Positiv:** Klärung, Veredelung; reine Erfahrung ohne Bewertung.

Matrix-Schleier I – ❻

Netz von inneren Verbindungen, Eindrücken und Zusammenhängen. Die Matrix des Eigen-Sinns. »Innere Telefonzentrale«, **die Kraft der inneren Stimme, eigene Bedeutungen und eigene Zusammenhänge zu erkennen.**

Matrix-Schleier II

Legenden und Gedichte erzählen vom **verschleierten Bild der Isis**. Doch die **Hohepriesterin ist nur halb verschleiert**; sie zieht ihre Fäden, markiert ihren eigenen Bereich **und bleibt gut erkennbar …**

Weiß und schwarz

… So ist das Geheimnis der Hohepriesterin auch kein besonderes Rätsel, sondern die **klare Aufgabe und Fähigkeit, Gefühle und Bedürfnisse zu sortieren,** die eigene Betroffenheit zu ermitteln und zu leben.

Blaugrün

Grün: Natur, Wasser. Frisch, jung, unerfahren, unreif. **Blau:** Wasser, Geist, Himmel. Kühle, Weite, Sehnsucht, Blues, Sentiment, Rausch. **Blaugrün:** Eigen–Sinn. Emotional, tief, träge, beharrlich, fließend.

II-Die Hohepriesterin

Aus der Geschichte kennen wir Orakelpriesterinnen wie die Pythia von Delphi, Sibyllen (Prophetinnen) wie die Kassandra von Troja sowie Tempel- und Ordensfrauen. Heute sehen wir sie, wie alle Bildfiguren im Tarot, vor allem als persönlichen Spiegel. Auch in Ihnen steckt eine Priesterin!

Bilden Sie sich Ihre Meinung – und leben Sie danach!

■ Grundbedeutung

Jeder Mensch, jedes Wesen hat seinen eigenen Sinn. Das Netzwerk, die Matrix im Bild symbolisiert die innere Leinwand, die Vernetzung, den Zusammenhang, den alle Eindrücke und Ereignisse im Seelischen finden. Zugleich betrifft der Vorhang auch konkret den persönlichen Wohn- und Geltungsbereich, den jeder Mensch braucht. Einmal geht es darum, sich diesen eigenen Raum zu schaffen. Ein anderes Mal geht es darum, sich nicht zu verstricken oder einzuspinnen.

■ Spirituelle Erfahrung

In der Meditation oder in Andacht die persönliche Bedeutung von Gedanken, Worten oder Taten verstehen.

■ Als Tageskarte

Fremde Rezepte helfen hier nicht. Vertreten Sie Ihre eigene Meinung.

■ Als Prognose / Tendenz

Sie sind immer Ihre eigene Wahrsagerin: Was Sie denken und glauben, wird für Sie Wirklichkeit, auch wenn es Einbildung ist. Begraben Sie daher sterilen Gehorsam und verstockten Eigensinn. Geben Sie sich und anderen eine Chance, so finden Sie zum *Sinn des Eigenen!*

■ Für Liebe und Beziehung

Das Geheimnis der Hohepriesterin ist ihre Fähigkeit, Gefühle, Bedürfnisse und Ahnungen wahrzunehmen, zu sortieren und zu benennen.

■ Für Erfolg und Glück im Leben

Hören Sie auf die innere Stimme!

Die 10 wichtigsten Symbole

Die Haltung der Bildfigur

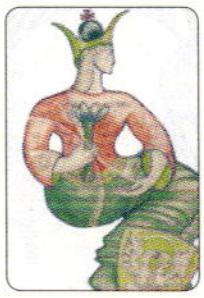

Die bemerkenswerte Haltung der *Kaiserin* steht für ihre Bewegtheit: das **Prinzip der Emotionen, des Ausdrucks innerer Bewegtheit.** Sie steht damit für **Spontaneität** und **persönliche Selbstverständlichkeit.**

Dreifache Mondkrone mit Kreuz – ❶

Verbindung der Isis-Krone der *Hohepriesterin* und des Reichsapfels des *Kaisers*. Auch: Verbindung von Geist (Kreuz) und Erde / Materie (Kreis, Kugel). **Hochzeit von Himmel und Erde. Erhöhung der Natur.**

Monde mit Sicheln und Sphären – ❷

Die sichtbaren Mondsicheln deuten, wie die Spitzen auf den Eisberg, **auf das Unsichtbare**, das sich in Gestalt der schwarzen Monde und der dahinter liegenden recht großen durchsichtigen Sphären verbirgt.

Pelikan mit Jungen – ❸

Nach gängiger Auffassung: ein Pelikan. Von ihm erzählt die Legende, er ernähre seine Kinder mit seinem Blut. Auch dies **ein Bild der schöpferischen Übertragung: Lebensimpulse anzunehmen und weiterzugeben.**

Der Sperling – ❹

Symbol der Bedeutungslosigkeit und des Geringen, aber nach alter Auffassung auch **Symbol der Wollust** (wegen häufiger »Paarungsbereitschaft«). Zusammen mit der Taube: »Spatz in der Hand – Taube auf dem Dach«?!

Die Taube – ❺

Attribut der Liebesgöttinnen, der Göttinnen der Weisheit sowie des Heiligen Geistes. Friedenstaube, **Zeichen der Spiritualität und der Sexualität. Aber auch:** Abgehobenheit, Hysterie und »Taubheit«.

Das Schild mit Doppeladler

Herrschaft, »Lufthoheit«: keine höhere (geistige) Autorität wird akzeptiert! Auch: Sperling, Taube, Adler – vom Unscheinbaren bis zum Mächtigsten – alles Natürliche bekommt seinen Platz bei der *Kaiserin*.

Der Tierkreisgürtel – ❻

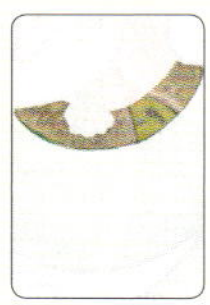

Der mythische **Liebesgürtel der Venus**, der sie unwiderstehlich machte. Dabei geht es um die Hüften und die **Sexualität**, aber auch um die **Verbindung von Bewusstem und Unbewusstem, von Oberkörper und Unterleib.**

Die Biene

Zeichen der Erdmutter Demeter, aber auch des Zeus und des Zeus-Dionysos. **Die Bienenkönigin als weibliche Führerin. Die Honigsüße des Lebens.** Aber auch der **Bienenfleiß** und die notwendige emsige Arbeit.

Das Lotus-Zepter

Erblühte Weiblichkeit, erfüllte Sexualität. Die eine Hand hält den phallusartigen Lotusstängel, die andere Hand ist empfangend geöffnet. Blumen: die Schönheit der Natur und das Erblühen eines Menschen.

III-Die Kaiserin

Von der Venus erzählt der Mythos, dass ein magischer Gürtel sie unwiderstehlich machte. Die Gürtellinie ist natürlich sexuell zu verstehen. Außerdem auch als Symbol für die Verbindung von Leib und Seele. Der direkte Ausdruck innerer Bewegtheit ist die Emotion – ein großes Thema für Frauen wie für Männer.

Die Kaiserin und Liebesgöttin in Ihnen.

■ Grundbedeutung

»Die Kaiserin« erinnert an Kaiserinnen und Königinnen. Sie steht auch für die Große Göttin der Frühgeschichte, die dreifache Gottheit im Christentum und anderen Religionen, für Gottesmütter wie Isis und Maria und nicht zuletzt für die Göttinnen der Liebe wie Astarte, Aphrodite und Venus.

Schließlich ist die Karte ein Spiegel der eigenen Fraulichkeit (und der weiblichen Seite im Mann). Sie spiegelt die persönlichen Erfahrungen als Frau und/oder mit Frauen, das Erbe der Mutter, Großmütter und Ahninnen.

■ Spirituelle Erfahrung

Die Genüsse von Sinn und Sinnlichkeit.

■ Als Tageskarte

Übernehmen Sie Fürsorge und Verantwortung für Ihr tägliches Wohlbefinden. Verbannen Sie falsche Göttinnen aus Ihrem Leben!

■ Als Prognose / Tendenz

Für Ihr Wohlbefinden: Setzen Sie (für Sie) passende Regeln fest und halten Sie diese ein!

■ Für Liebe und Beziehung

Wenn wir lieben und geliebt werden, blüht die persönliche Natur auf. Wo Sinn und Sinne ihre Chance erhalten, wächst die Liebe und mit ihr die Schönheit des Daseins.

■ Für Erfolg und Glück im Leben

Der Schlüssel: Natürlichkeit und Wohlbehagen.

Die 10 wichtigsten Symbole

Widder – ❶

Der Widder ist das erste Tierkreiszeichen im Jahr: **Osterzeit, Frühlingsanfang, Erneuerung des Lebens.** Pionier im Neuland. Auch in der christlichen Osterliturgie: Wo eine Wüste war, soll ein Garten werden!

Sonnenscheibe / Atomkerne – ❷

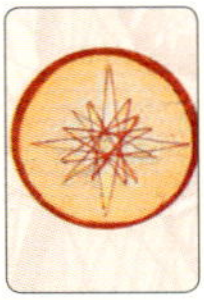

Lebenskraft, permanente Bewegung, Meisterung von Widersprüchen, Aufhebung von Gegensätzen in gemeinsamen Entscheidungen (Reichsapfel in der Mitte), **Kraftreserven, Motorik, Bewegung als Lebensprinzip.**

Lamm mit Flagge – ❸

Noch einmal der Hinweis auf das **Osterfest** und den **Frühlingsanfang: Das Leben ist stärker als der Tod; ein neues Leben bricht an.** Oder: Geburt und Neuanfang als Lebensprinzip. Ursprüngliche Lebenskraft.

Das Schild mit Doppeladler

Herrschaft, »Lufthoheit«: keine höhere (geistige) **Autorität wird akzeptiert! Auch:** Vereinigung von Gegensätzen. Morgenröte, Abendrot. **Rot:** Blut, Glut, Wut. – Wille, Liebe, Leidenschaft. Menstruation, Wunde.

Das Widder-Zepter – ❹

Start von Null. »Mit dem Kopf durch die Wand« und »Wo ein Wille ist, ist oft kein Weg« (Judith Bärtschi). Der Wille muss Wege bauen. **Der Erste = lat. *princeps (Prinz / Prinzip)*. Negativ: Prinzipenreiter.**

Der Reichsapfel mit Kreuz

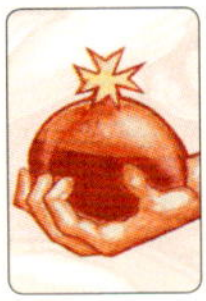

Reichsapfel = Machtsymbol. Weltkugel, Modell, Weltbild. **Auch:** Materie, die gesegnet wird. **Das Kreuz** als Symbol der ins Irdische getragenen Spiritualität und als Zeichen der Vereinigung von Gegensätzen.

Die Lilien – ❺

Auch hier eine Parallele zur *Kaiserin*. Zeichen einer (weltlichen) Herrschaft, die auch spirituelle Züge hat. »Gott« und die Gottesmutter Maria als oberste Herrscher. **Souveränität, Reinheit, Unschuld.**

Die Biene – ❻

(Napoleon ersetzte Lilien in Wappen durch Bienen.) Die Biene wird der Erdmutter Demeter wie auch dem Gottvater Zeus / Dionysos zugeordnet. Bienenfleiß, Stachel, Honig, Emsigkeit, göttliche Leidenschaft.

Die Goldkrone mit Kristallen

Sonne und Klarheit. Oder Gier und Härte. **Positiv:** Visionskraft, Strahlkraft eines Sterns, Klarheit der Gefühle und Gedanken. **Negativ:** Fixierte Gedanken, eingefrorene Gefühle, seelisch-geistige Verhärtung.

Einfarbigkeit

Zeichen der **Entschlossenheit**, aber auch der **Phantasielosigkeit**. Alles wird auf eine Karte (Farbe) gesetzt. **Nur ein Aspekt gilt. Negativ:** »Rot sehen«, Willkür, ungefilterte Emotionen. **Positiv:** »Nur die Liebe zählt«!

IV-Der Kaiser

Herrscher im eigenen Leben zu sein; sich selbst zu regieren; der oder die Erste zu sein; vor Unbekanntem nicht zurückzuschrecken; eine Wüste zu erforschen und sie in einen Garten zu verwandeln – dies ist die große Kraft des »Kaisers«. Diese Gabe gilt selbstredend für Männer wie für Frauen!

Der Kaiser und Frühlingsgott in Ihnen.

■ Grundbedeutung

Kaiser und Könige, Zeus, Jupiter und viele andere Vater-Figuren gehören zu dieser Bildgestalt. Sie ist ein Spiegel der eigenen Männlichkeit (und der männlichen Seite in der Frau). Die Karte betrifft die persönlichen Erfahrungen als Mann und/oder mit Männern, das Erbe des Vaters, der Großväter und Ahnen.

»Der Kaiser« ist die Kraft in uns, die neue Lebensmöglichkeiten erkundet. Der Widder ist der Pionier in uns, das erste Zeichen im Tierkreis, der »absolute Beginner«.

■ Spirituelle Erfahrung

»Der Mensch kann alles ertragen, wenn er sich ertragen kann« (anonym).

■ Als Tageskarte

Setzen Sie Ihren Pioniergeist ein. Untersuchen Sie die Lage. Schaffen Sie eigene Tat-Sachen.

■ Als Prognose / Tendenz

Viel ist gewonnen, wenn man diese Karte nicht nur als Bild einer äußeren (familiären oder staatlichen) Ordnung versteht, sondern auch als Symbol der persönlichen Selbstbestimmung.

■ Für Liebe und Beziehung

Jede Beziehung erfordert auch Pionierarbeit, um Probleme zu meistern und neue Liebesmöglichkeiten zu finden.

■ Für Erfolg und Glück im Leben

Jeder Mensch bringt etwas Neues in diese Welt. Dieses Neue will erschlossen werden.

Die 10 wichtigsten Symbole

Die dreifache Gestalt

Häufig so gedeutet: Die kleine Göttin / **Priesterin = Vergangenheit (Isis)**, das **Kind** in / auf der Brust der großen Bildfigur = **Zukunft (Horus)** und die große Bildfigur, der **Hohepriester = Gegenwart (Osiris)**.

Das Kind im Pentagramm – ❶

Ein großes Pentagramm umgibt die große Bildfigur. Es spiegelt sich in dem kleinen Pentagramm um das kleine Kind: **Inneres Kind, Selbst-Erziehung, Selbst-Einweihung, eigene Stärken und Schwächen akzeptieren.**

Priesterin / Göttin – ❷

Wie das kleine Kind: Eine junge, noch zu entwickelnde Seelenkraft. **Lehren und Lernen, Wissen und Suchen** gehören untrennbar zusammen. **Die drei Bildfiguren zusammen machen erst den Hohepriester / Hierophant.**

Schlüsselzepter / Drei Ringe – ❸

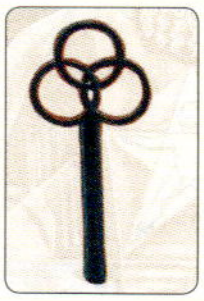

Der erste Papst Petrus wurde von Jesus mit einer Schlüsselübergabe eingesetzt: **»Was du auf Erden binden wirst, soll auch im Himmel gebunden sein. Und was du auf Erden lösen wirst, soll auch im Himmel gelöst sein.«**

Das Rosettenfenster – ❹

Heiligenschein, Seelenfenster, Tor zur Transzendenz. Die steinernen Rosen lassen sich als Herzen sehen. Insgesamt sind **fünf Rosetten** hinter dem Kopf der großen Bildfigur zu erkennen, die **Zahl der Quintessenz**.

Vier Erzengel / Evangelisten

Lukas, der Stier – Erde. Markus, der Löwe – Feuer. Johannes, der Adler – Wasser (Symbolreihe Skorpion – Schlange – Adler). **Matthäus, der Engel** oder Jüngling – **Luft.** Viele weitere Entsprechungen.

Der Segensgruß – ❺

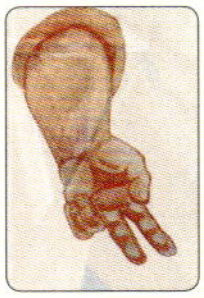

Sich regen bringt Segen. Nehmen Sie es in die Hand! **Auch:** Ein Teil ist sichtbar, der andere ist unsichtbar. Und: Wie oben – so unten. **Wie im Himmel, so auf Erden. Das Zusammenspiel beider Seiten bringt Segen.**

Taube und Schlange – ❻

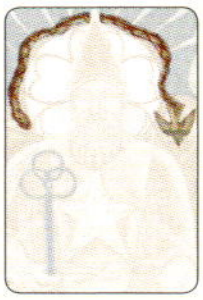

Reiner, heiliger Geist und irdische Versuchung. Auch: **Himmlische und irdische Weisheit.** Auch: Taube als Zeichen der Hysterie, der Abgehobenheit und der »Taubheit«. Gegensätze, die es zu integrieren gilt.

Stier und Elefanten – ❼

Standhaftigkeit, der Fels in der Brandung, Bodenständigkeit, Glaube, der im Irdischen fest verankert ist. Die **sprichwörtliche Langmut**, aber auch **das lange Gedächtnis eines Elefanten.**

Masken / Lehrmeister

Erneuerung ist notwendig, da alte Leitbilder versteinert und hohl sind. **Andererseits:** Die **Essenz bestimmter Eckwerte.** Sich durchlässig machen für die Kräfte, die größer sind als die eigene Person.

V-Der Hierophant / Hohepriester

»Hierophant« bedeutet im Griechischen: der Heiliges verkündet. »Hierophant« hieß der Hohepriester in manchen antiken Einweihungsschulen. Daran erinnert die Karte ebenso wie an den Papst der katholischen (bzw. vormals der gesamten christlichen) Kirche. Wie jede Karte – ein Spiegel für Sie!

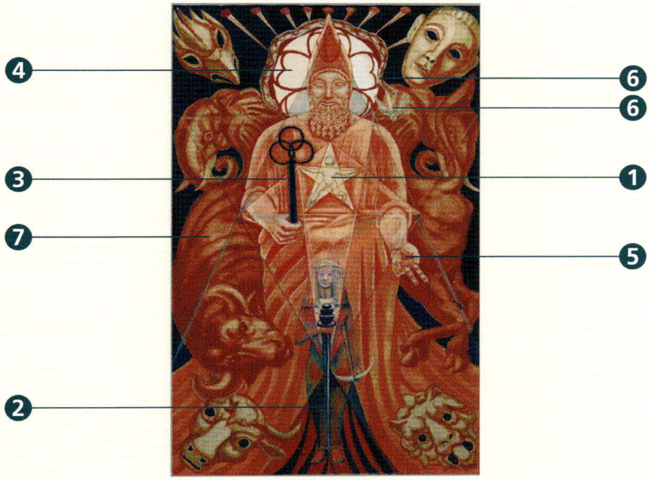

Der Schlüssel liegt bei Ihnen!

■ Grundbedeutung

Was einst die Aufgabe der Priester und Hohepriester war, ist heute Thema für uns alle: Wie finden wir persönliche Antworten für die großen und kleinen Geheimnisse des Lebens? Wie organisieren wir entsprechende Feste und Feierlichkeiten?

Große wie kleine Bildfiguren symbolisieren persönliche Stärken und Schwächen, sie zusammen führen zur Quintessenz, dem »göttlichen Funken«, dem Heiligen in jedem Menschen, das oftmals verschlossen und ›eingemacht‹ ist!

■ Spirituelle Erfahrung

Jeder ist ein spiritueller Lehrer für jeden, wenn er etwas Heiliges zum Vorschein bringt.

■ Als Tageskarte

Weihen Sie andere in Ihre Geheimnisse ein, und öffnen Sie sich für die Bedürfnisse der anderen.

■ Als Prognose / Tendenz

So erkennen Sie den »Sinn des Lebens«: Was Sinn macht, belebt die Sinne.

■ Für Liebe und Beziehung

Welche Ereignisse, welche Tage im Jahr, welche Wendepunkte im Leben für Sie und für die Ihnen Nahestehenden sind jeweils von Bedeutung? Gestalten Sie diese großen und kleinen Anlässe aus Betroffenheit und mit Hingabe. Es gibt nichts Wichtigeres.

■ Für Erfolg und Glück im Leben

Der Schlüssel: die eigene Kompetenz.

Die 10 wichtigsten Symbole

Schwarz-weiße Königskinder – ❶

Sie stehen für Sonne und Mond, männliche und weibliche Traditionen. Erst seit kurzem ist es möglich, »die andere Seite des Mondes« zu erkunden, die höchsten Berge und die tiefsten Meere zu erreichen.

Roter Löwe und weißer Adler – ❷

Alchemistische Symbole des wahren Willens (roter Löwe) **und der reinen Absicht** (weißer Adler). Auf vielen Symbolebenen zeigt diese Karte das Motiv der Hochzeit, der Versöhnung und Aufhebung der Gegensätze.

Schwarz-weiße Kinder – ❸

Auch hier die **Vereinigung innerer Gegensätze**. Und die **Versöhnung mit dem inneren Kind.** Sowie die Erfahrung, dass viele Gegensätze wie Zwillinge sind, Gleiches in nur scheinbar unterschiedlicher Gestalt.

Segnende Gestalt / Geist – ❹

Engel oder Geist als Bezugspunkt, Schutzengel, **die höhere Einheit der beiden Liebenden.** Aber auch: Schatten, der auf ihnen lastet, »dicke Luft«, **ungeklärte Gedanken** und Erwartungen, Trennung vom Amor / Eros.

Das Schlangenei

Das Weltenei, Bild des Ursprungs und der Weltentstehung in der alten griechischen Überlieferung der Pelasger. **Hier:** Es beginnt ein neuer (Lebens-) Abschnitt, eine neue Phase, eine neue Welt.

Pfeilschießender Amor / Eros – ❺

Die Ekstase der Liebenden. Der gute Geist, der sie zusammenführt. Die höhere Einheit. Das Kind (im konkreten oder im übertragenen Sinne von gemeinsamer Produktion und Kreativität), das Plus der Beziehung.

Lanze und Kelch

Motive aus der Gralslegende: Jesus am Kreuz wird mit der Lanze die Seite geöffnet. Sein Blut fällt (der Legende nach) in den Gralskelch. Hier: **Zeichen der Verletzung und der Verletzbarkeit, des sich Öffnens.**

Die Blumen – ❻

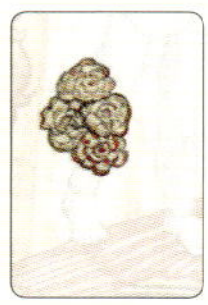

Weibliche und männliche innere Anteile. Die Blume steht für die **Schönheit der Natur** und das **Erblühen eines Menschen**. Ein Strauß von Blumen steht für die Schönheit der Menschen, eines jeden in seiner Eigenart!

Die Keule – ❼

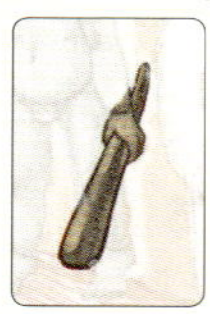

Männliche innere Anteile (oder »Nudelholz«!). **Positiv:** Beherrschung roher Kräfte und grober Instinkte. »Auf einen groben Klotz einen groben Keil setzen!« **Negativ:** Rohheit, Grobheit, fehlende Feinmotorik.

Die Säulenheiligen – ❽

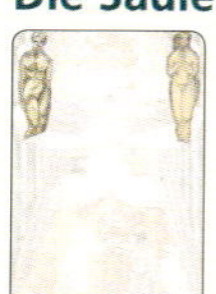

Über-Ich-Figuren, die auf ihre Art die vielen Widersprüche integrieren und zuspitzen, die die beiden Königskinder zu bearbeiten haben. Symbol der Frömmigkeit und der Frivolität. Für viele Deuter: **Lilith und Eva**.

VI-Die Liebenden

Die tolle Karte. Der Geist oder Engel befindet sich allerdings komplett zwischen dem Amor und den Liebenden. Je mehr er einer grauen Wolke gleicht (»dicke Luft«, atmosphärische Spannungen, ungeklärte Ideale, Ansprüche etc.), desto mehr stehen die Liebenden im Schatten, obwohl alles so schön aussieht.

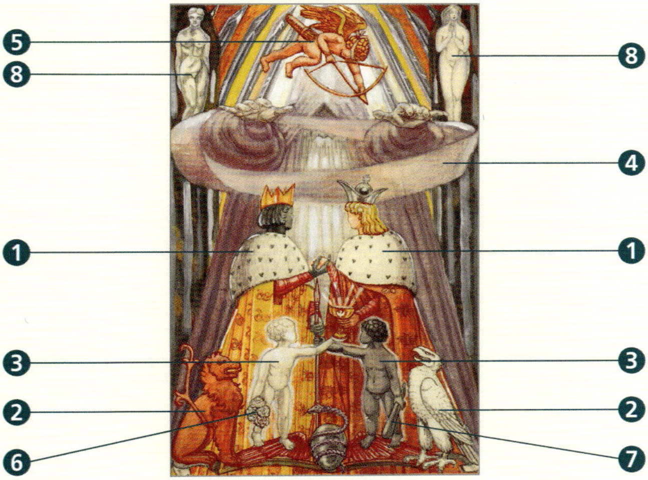

Die Hoch-Zeiten des Lebens …

■ Grundbedeutung

Wir sehnen uns nach Liebe, aber wir fürchten uns manchmal auch davor, zu lieben oder geliebt zu werden.

Solange wir nach unserer »besseren Hälfte« suchen, besteht die Gefahr, dass wir uns halbieren. Oder die Suche nach Übereinstimmung: Es kann nur einen geben, der Sie voll und ganz versteht: Sie selbst.

Man soll nicht vom Partner verlangen, was man selbst erfüllen kann. Und man soll vom Partner nicht erwarten, was nur »Gott« schenken kann: Seelenfrieden, Erlösung und Erfüllung.

■ Spirituelle Erfahrung

Das Verschwinden des Schattens in der Sonne …

■ Als Tageskarte

»Liebe dich selbst, und es ist egal, wen du heiratest« (Eva-M. Zurhorst).

■ Als Prognose / Tendenz

Liebe ist eine Wahl: Wer liebt, hat von allem mehr im Leben als jemand, der nicht liebt!

■ Für Liebe und Beziehung

Letztlich verliert die Liebe ihre Beschränkung auf Beziehung und Familie und wird zu dem, was sie immer auch schon war: Das neue Paradies …

■ Für Erfolg und Glück im Leben

Liebe entsteht und besteht durch gemeinsame »Schöpfungen«. Ohne ein Plus, ohne dass etwas Produktives dabei erwächst, besteht keine Beziehung für längere Zeit.

Die 10 wichtigsten Symbole

Die Kreis-Komposition

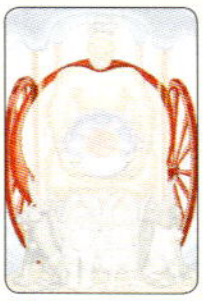

Stärker als jede andere Karte konzentriert sich diese auf das Motiv des Kreises: **Aus allem, was geschieht, eine »runde Sache« zu machen. Auch:** Symbol der Selbst-Steuerung. **Negativ:** Sich im Kreise drehen.

Blau-rote Scheibe / Schüssel – ❶

Eine Zielscheibe, eine Schale von oben? Der Gralskelch wurde in der Überlieferung als roter Kelch oder als Kelch mit rotem Lebenssaft beschrieben. Hier: **Gral und Spiritualität als Lenkrad und Zielscheibe.**

Die gelb-goldene Rüstung – ❷

Bewusstheit, goldene Mitte, sinnvolle Abgrenzung (als Ergänzung zur Offenheit der Scheibe / Schüssel). **Aber auch:** Roboter, Automatismus, Panzer (Panzerwagen), Härte, Egoismus, Gold als Neid und Gier.

Die Goldrüstung mit Kristallen

Sonne und Klarheit. Oder Gier und Härte. **Positiv:** Visionskraft, Strahlkraft eines Sterns, Klarheit der Gefühle und Gedanken. **Negativ:** Fixierte Gedanken, eingefrorene Gefühle, seelisch-geistige Verhärtung.

ABRACADABRA – ❸

Zauberwort, Rätsel (wie die Sphinxen). **Ungelöste Widersprüche** (der eigenen Person) **produzieren ein Gefühl von Verhextsein oder Fremdheit.** In persönlichen Lebensrätseln stecken aber auch die größten Chancen.

Krebs mit Mondsichel – ❹

Hier werden **Gefühl und Empfindsamkeit auf die Spitze getrieben. Negativ:** Ungesunder Eigensinn. Man wird zum Rätsel. **Positiv:** Bewusster Eigen–Sinn, Klärung von Gefühlen und Bedürfnissen.

Die Sphinxe – ❺

Symbol der vier Elemente Feuer, Wasser, Luft und Erde. Sie stehen für die **Rätsel des Lebens**. Sie ziehen den Wagen nicht. Sie laufen nur voraus: **Die Rätsel von heute sind der Weg von morgen.**

Sichel / Schale als Sitz

Ergänzung zur Krebs-Mondsichel auf dem Kopf des Ritters. **Seine unbewussten Launen,** mit all ihren Rätseln und Wankelmütigkeiten, **oder** aber **sein bewusstes Verständnis für Wünsche und Ängste** tragen ihn.

Die vier Säulen

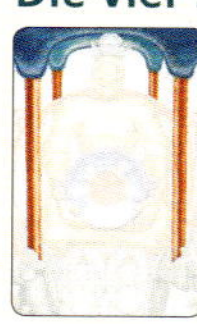

Die Säulen der Erde, die vier Himmelrichtungen, die Kraft der Materie, die uns Eckwerte und Grenzen setzt, ansonsten jedoch volle Freiheit für die eigene Entwicklung, für den eigenen Weg lässt.

Antriebskraft

Die Sphinxe ziehen den Wagen nicht. Er ist ein Automobil = griech.: ein Selbst-Beweger. Im Idealfall ist der goldene Ritter ein bewegter Beweger. Die Karte zeigt die (Auf-) Gabe der Selbst-Erfahrung.

VII-Der Wagen

Der Wagen steht für die Erfahrung der eigenen Persönlichkeit, die sich aus der bewussten Steuerung (Wagenlenker) wie aus den Antrieben des Unbewussten, des Karma, der Lebensgeschichte (Wagen) zusammensetzt. Die Sphinxe stehen (besser: sitzen hier) für die Rätsel des Lebens.

Einen eigenen Kurs wagen.

■ Grundbedeutung

Im Baldachin des Wagens steht ABRACADABRA. Welches ist die schicksalhafteste Beziehung in Ihrem Leben? Die, die Sie zu sich selbst besitzen! Die beste und effektivste Lösung aller persönlichen Rätsel ist die Formulierung der richtigen *Wünsche!* Der »Weg der Wünsche« ist der Weg der Erfüllung sinnvoller Wünsche und der Aufhebung unberechtigter Ängste. Solange Sie auf diesem Weg unterwegs sind, lohnt sich alles, was Sie tun. Umgekehrt bleiben auch die schönsten Errungenschaften wertlos, wenn Sie Ihnen auf diesem Weg der Wünsche nicht weiterhelfen.

■ Spirituelle Erfahrung

Der Weg ist das Ziel.

■ Als Tageskarte

Der »Wagen« besagt, Sie müssen etwas *wagen:* Ihre Wünsche formulieren und danach leben.

■ Als Prognose / Tendenz

Die Karte der Selbst-Erfahrung: Das heißt, sich selbst zu erfahren. Und selbst zu fahren (nicht Beifahrer zu sein)!

■ Für Liebe und Beziehung

Eine gute Karte für frischen Wind in der Beziehung: Geben Sie sich und dem Partner jeweils einen Wunsch extra frei!

■ Für Erfolg und Glück im Leben

Entwickeln Sie Ihren persönlichen Geschmack – Vorlieben und Gewohnheiten, die Ihnen gut tun. Vertreten Sie Ihren Standpunkt, Ihre Meinung von ganzem Herzen.

Die 10 wichtigsten Symbole

Balance mit System

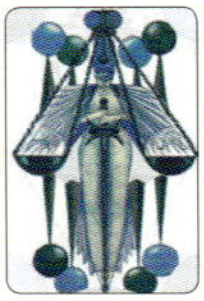

Checks and balances – gegenseitige Kontrolle und Gleichgewichte – ist einer der Grundsätze der modernen Verfassungssysteme. **Selten ist dieser so schön ins Bild gerückt worden wie in dieser Karte.**

Die Göttin der Gerechtigkeit

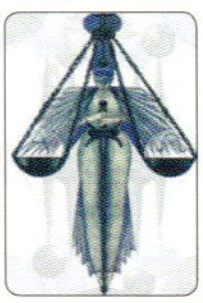

Seit der Antike ist die **Gerechtigkeit** (Justitia mit Waage und Schwert) **eine der vier Kardinaltugenden**. Bei den alten Ägyptern wiegt die Göttin Maat die Seelen. Hier: **Ausgleich persönlicher Schwierigkeiten.**

Auf Zehenspitzen – ❶

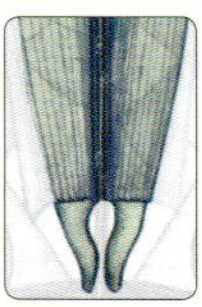

Die außergewöhnliche Fußhaltung zeigt, **wie sensibel und fein austariert dieses Gleichgewichtssystem sein muss.** Künstlerische oder eher künstliche Bewegung, sich größer machen, mangelnde Bodenhaftung.

Das Schwert mit Mondsicheln – ❷

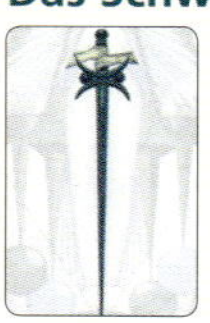

Das Schwert macht den Unterschied. Wie im Märchen von der kleinen Seejungfrau geht es darum, ob wir auf zwei Beinen gehen, mithin um die Sexualität, auch um das Erkennen und Unterscheiden in jeder Hinsicht.

Die Mondsicheln

Mond bedeutet Weiblichkeit. Die beiden Kugeln zwischen den Mondsicheln betonen gleichzeitig **weibliche Organe** wie die Eierstöcke. Vom griechischen Wort für Gebärmutter (Hystera) stammt der Begriff Hysterie.

Die Maske – ❸

Negativ: Mangelnder Durchblick, Befangenheit, Betäubung der Sinne in der Hysterie. **Positiv:** Unparteilichkeit, mit den Waffen des Geistes über den Augenschein hinausschauen.

Die Krone – ❹

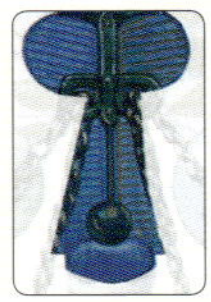

Negativ: Selbstvergrößerung, Selbstüberschätzung, Größenwahn. **Positiv:** Verbindung zum höheren Selbst, zu den Erfahrungen anderer, zu kosmischen Dimensionen. **Höhere Warte, von der aus ein Urteil gefällt wird.**

Der gefiederte Mantel

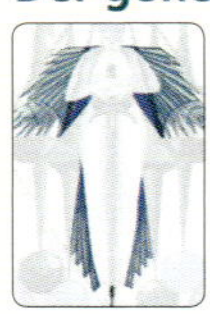

Luftig: Gefiedert, vogelhaft. Neben der Strenge des Geistes und der Schwere der Gewichte besteht doch die positive Seite der Waffen des Geistes in der Leichtigkeit: **Ein guter Geist macht Schweres leicht.**

Das A und O

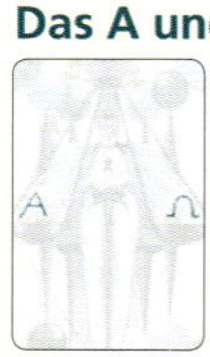

Alpha und Omega, der erste und der letzte Buchstabe des griechischen Alphabets (»Von A bis Z«): **Ausgleichung zwischen Himmel und Erde, zwischen allen möglichen Konflikten und Polaritäten.**

Blaugrün / »Einfarbigkeit«

Seele, Geist und (innere) Natur. **Positiv:** Spiritualität und Glaube. **Negativ:** Betäubung und Trunkenheit (blau), unreife Gefühle und unausgegorene Gedanken. **Blasse Farben:** Fehlende Lebendigkeit, Neutralität.

VIII-Ausgleichung

Das Bewusstsein sorgt für eine Ausgleichung der Höhen und Tiefen des menschlichen Daseins. Und es wächst daran. Der Einklang von Seele und Geist, auf den die blaugrünen Farben besonders hinweisen, ist unser stärkstes Mittel, um die Achter-Bahn, die unser Lebensweg manchmal beschreitet, auszutarieren.

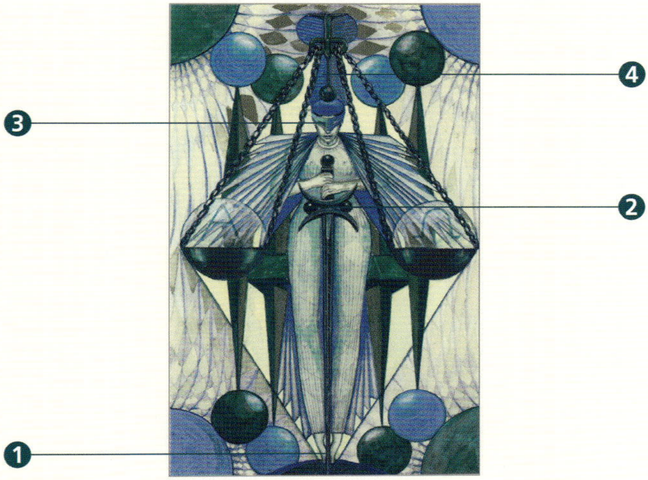

Je genauer die Ermittlung, desto liebevoller das Urteil!

■ Grundbedeutung

Auch Entlegenes zu vermessen und scheinbar Unvereinbares zu ermitteln, ist der effektivste Weg zum Ziel der Ausgleichung. »Die Waage misst das Vage« (J. Fiebig). Eine bestimmte Vagheit; die Mühe damit, Dinge und Ereignisse überhaupt zu identifizieren; die Kunst, Dinge und Personen wahrzunehmen, ohne sie bereits zu kennen oder einzuschätzen; das mag manchmal irritieren, ist oft jedoch unerlässlich, um zu vergleichen, abzuwägen und somit die Technik der Ausgleichung anzuwenden.

■ Spirituelle Erfahrung

»Je mehr Erkenntnis einem Ding innewohnt, desto größer ist die Liebe ...« (Paracelsus).

■ Als Tageskarte

Setzen sie sich mit Gegenargumenten auseinander und lernen Sie daraus.

■ Als Prognose / Tendenz

»Unsere Erfahrungen verwandeln sich meist rasch in Urteile. Diese Urteile merken wir uns, aber wir meinen, es seien die Erfahrungen. Natürlich sind Urteile nicht so zuverlässig wie Erfahrungen. Es ist eine bestimmte Technik nötig, die Erfahrungen frisch zu erhalten, so dass man immerzu aus ihnen neue Urteile schöpfen kann« (Bertolt Brecht).

■ Für Liebe und Beziehung

Diese »Technik« heißt Unvoreingenommenheit und Bewusstheit.

■ Für Erfolg und Glück im Leben

Fundiertes Urteil führt zum Erfolg!

Die 10 wichtigsten Symbole

Die rotbraune Gestalt – ❶

Die Bildfigur ist nur mit Mühe zu erkennen. Man muss sie suchen! **Rotbraunes Gewand** = rotes Tuch, große Flamme oder Zunge. **Leidenschaftliche Suche. Aufgabe: Sich selbst ins Gesicht schauen. Sich selbst abholen!**

Das weiße Haar – ❷

Die Farbe des Anfangs (wie ein weißes, leeres Blatt Papier). **Aber auch:** Altersweisheit, Reife, die Früchte der Lebenserfahrungen. **Weiß als die Farbe der Vollendung, der Bereinigung und Heilung / Heiligung!**

Die achteckige Laterne – ❸

Das innere Licht, der göttliche Funke in uns selbst – wir müssen ihn nur in die Hand nehmen und begreifen! So auch: **Begriffene Intelligenz, Beleuchtung, Ausleuchtung von Schattenseiten. Bereit sein!**

Die Sonne in der Laterne – ❹

Hinweis auf unseren kosmischen, göttlichen Ursprung. Jeder hat Anteil an der kosmischen Ordnung und Schönheit. Und: **Es ist stets nur ein kleiner Teil des großen Lichts, das wir begreifen.**

Die Ähren – ❺

Tierkreiszeichen Jungfrau. Wahrzeichen der Persephone / Proserpina, der Frau von Hades / Pluto: **Fruchtbarkeit, Saat und Ernte im Leben.** Das Weizenkorn, das stirbt und mannigfaltige Frucht hervorbringt.

Die Öffnung im Dschungel – ❻

Wegweiser zum Ziel, Einleitung eines neuen Zyklus. Der Blick hinter die Kulissen. Suche nach Vollendung und neuen Lebensmöglichkeiten, einer neuen Lebensqualität. **Verbindung von Anfang und Ende.**

Das Weltenei – ❼

Das schlangenumwundene Ei: **Bild des Ursprungs und der Weltentstehung** in dem altgriechischen Schöpfungsmythos der Pelasger. Hier: **Es beginnt ein neuer (Lebens-) Abschnitt, eine neue Phase, eine neue Welt.**

Das Spermium – ❽

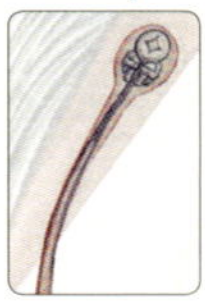

Wie die Ähren und das Weizenkorn: **Erneuerung des Lebens, Zeugung, Befruchtung, Neuanfang. Auch:** Noch ungenutztes Potential. Beginn einer neuen Lebensqualität.

Der dreiköpfiger Hund – ❾

Der Zerberus, Wächter der Unterwelt, seine Köpfe blicken in Vergangenheit, Gegenwart und Zukunft. **Hier:** Die (Auf-) Gabe, die Schatten der Vergangenheit und die Schatten, die die Zukunft vorauswirft, aufzuheben!

Die Lichtbahnen

Die Lichtbahnen zeugen von einer zweiten Lichtquelle oder sogar von (zwei) weiteren. **Zwei Lichtquellen:** Mensch und Kosmos. **Drei Lichtquellen:** Vergangenheit, Gegenwart und Zukunft. – Multiperspektiven …

IX-Der Eremit

Nur vordergründig steht der »Eremit« für Einsamkeit oder Verzicht. Tatsächlich vermittelt er eine besondere Glückserfahrung. »Der Eremit« verkörpert zudem einen Menschen, der zur gegebenen Zeit seine Probleme löst, ohne etwas unter den Teppich zu kehren.

»Halte dein Licht bereit …«

■ Grundbedeutung

Die Vorstellung, dass ein Eremitenleben automatisch mit Askese und Verzicht verbunden sei, heißt die Sache von der falschen Seite betrachten. Ein Eremit hat die materielle Seite abgelegt. Für ihn ist dies nicht Verzicht, sondern Loswerden von Ballast, um ein Leben »in der Gegenwart Gottes« zu führen. Dieses Ziel aber bedeutet in den verschiedenen Religionen die Umschreibung des höchsten Glückzustandes. Hinter dem vordergründigen Verzicht steckt oftmals eine besondere Glückserfahrung. Diese soll Ihnen Wegweiser auch in Ihren aktuellen Fragen sein.

■ Spirituelle Erfahrung

Ein Weg zu und mit »Gott«.

■ Als Tageskarte

Manchmal signalisiert diese Karte Rückzug, öfter jedoch ruhige, verstärkte Bemühungen, Unwichtiges loszuwerden und sich auf das Wesentliche zu konzentrieren.

■ Als Prognose / Tendenz

Sie werden Schulden ablösen, im materiellen wie im moralischen Sinne! Das wird Ihnen gut tun!

■ Für Liebe und Beziehung

Eine gute Karte, um bestehende Probleme zu lösen!

■ Für Erfolg und Glück im Leben

Bevorzugen Sie für Ihre Fragen solche Lösungen, die zu dauerhaften Regelungen führen und die die Probleme nicht vertagen, sondern anpacken.

Die 10 wichtigsten Symbole

Das Speichenrad – ❶

Steuerrad. Einheit und Wandel in einem. Bewegung und Ruhe zugleich. Ganzheit, »eine runde Sache«. Zehn Speichen verbinden Innenleben (Nabe) und Außenleben (das Rad).

Das Rad mit dem Stern – ❷

Das Rad des Schicksals, das kosmische Rad, die höhere Ordnung im Leben. **Der übergeordnete Wille.** Der »Wille« des Schicksals. Auch: Die andere (unbewusste, verdrängte, ersehnte) Seite des eigenen Willens.

Beide Räder zusammen

Das senkrechte Rad steht für den persönlichen Willen, das waagerechte für den »Willen« des Kosmos und des Lebens. **Wenn beide gut ineinandergreifen, entsteht Glück: Der geschickte Umgang mit dem Schicksal.**

Die Blitze

Erkenntnisblitze, Einsicht in Zusammenhänge, **eindringliche Erfahrungen.** Manchmal entscheiden Bruchteile von Sekunden über unser Schicksal! **Auch:** Blitzschnelles Umschalten, intuitives Agieren.

Die Sphinx mit Schwert

Die Sphinx steht für die Rätsel des Lebens. Sie setzt sich aus den vier Elementen zusammen (Stier-Körper, Löwen-Pranken, Jünglings-Oberkörper und Adlerflügel oder statt dessen das Schwert).

Das Schlangenungeheuer – ❸

In der ägyptischen Mythologie **Seth**, in der griechischen Typhon oder Typhos. Symbol der Unterwelt und der Zerstörung, beschrieben als das größte und fürchterlichste aller Geschöpfe, mit hundert Schlangenköpfen.

Der Affe – ❹

Der ägyptische Gott **Thot, Inbegriff der Intelligenz, des Handwerks und der Künste,** Vorläufer des griechischen Hermes. Typhon führt hinunter und Thot führt wieder hinauf.

Das Henkelkreuz – ❺

Auch crux ansata oder **Ankh-Kreuz:** Hieroglyphe, hier etwas variiert. Stilisierte Darstellung der männlichen Geschlechtsorgane: **Neues Leben zeugen, Symbol für die Erneuerung des Lebens.**

Der Krummstab – ❻

Hirtenstab, Wanderstab, Schutz, Beschützer, Seelenführer. **Negativ:** Niederreißen von Schutz und Werten. **Positiv:** Auch die Zerstörung des Typhon ist eine Kraft, die Neues schafft.

Violette Farben

Das dunkle **Violett** gilt als die **Farbe der Weisheit.** Das **Blau** (Wissen, Spiritualität) **verbindet sich mit** dem **Rot** der Liebe und der Betroffenheit. **Starke Leidenschaften, starke Betroffenheiten.**

X-Glück

Die Sphinx vermittelt zwischen zwei Rädern: Das persönliche Lebensrad und das Rad des Schicksals fügt sie ineinander. Manchmal knirscht es; das eine Rad will nicht so wie das andere. Manchmal greift jedoch von den beiden Rädern das eine so passend in das andere, dass wir uns beglückt und glücklich fühlen.

»Glück ist Talent für das Schicksal.« (Novalis)

■ Grundbedeutung
»Glück und Glas, wie leicht bricht das« … doch solche »Volksweisheit« muss nicht zutreffen. »Schicksal« ist ein anderes Wort für all die Kräfte des Lebens, die für Ihre Person wichtig sind, sich jedoch Ihrem Zugriff oder Einfluss entziehen. Das »Schicksal« liegt nicht in Ihrer Macht, aber Sie können lernen, damit umzugehen, indem Sie Ihr Selbstverständnis und Ihre Kompetenz im Innen- wie im Außenleben erweitern. »Glück« ist ein *kreativer Akt*, eine Produktion, bei der Sie den »Zufall« einbeziehen.

■ Spirituelle Erfahrung
Glück will gefunden werden – und oft bekommen wir es einfach geschenkt!

■ Als Tageskarte
Achten Sie auf Zusammenhänge zwischen unterschiedlichen Lebensbereichen. Machen Sie sich Ihr eigenes Bild!

■ Als Prognose / Tendenz
Die Zusammenarbeit mit dem Schicksal wächst mit der liebevollen, aber auch kritischen Annahme von »Zufällen«. Für Sie beginnt eine große Zeit!

■ Für Liebe und Beziehung
Über den Tellerrand hinauszuschauen, gibt Ihnen mehr Toleranz für den Partner – und mehr Spielraum auch dann, wenn Sie ihn einmal *nicht* verstehen können!

■ Für Erfolg und Glück im Leben
Die Zeit ist reif für größere Zusammenhänge und bessere Lösungen!

Die 10 wichtigsten Symbole

Das große Biest I – ❶

Das große Biest **666** tritt in der Bibel (Neues Testament, die Apokalypse des Johannes) auf: **Der »Anti-Christ«**, der kurzzeitig Gott und die Welt auf die Probe stellt und dann recht sang- und klanglos untergeht.

Das große Biest II

Ähnlich: **Die Basilisken. Und die Chimäre, das größte Ungeheuer der Antike**, eine Tochter des Typhon (vgl. Karte *Glück)*. Ihre Geschwister waren die Hydra, der Zerberus und die Sphinx. Bellerophon tötete sie.

Die nackte Frau – ❷

Negativ: Schamlosigkeit, Unverschämtheit, Rohheit, Kulturlosigkeit. **Positiv:** Ohne falsche Scham, Geschlechtlichkeit, Körperlichkeit, Lust, Offenheit, die nackte Wahrheit.

Die Haltung der nackten Frau

Positiv: Hingabe, Entzückung, Entrücktheit, Lust, Begeisterung und Wille zur Lust. **Negativ:** Ohnmacht, Willenlosigkeit, Willkür, sich wegtragen lassen, sich preisgeben.

Das lange Haar – ❸

Positiv: Vitalität, Lebensenergie, unbändige Kraft. **Negativ:** Eitelkeit, Selbstverliebtheit. **Auch:** Langwierige Vorgänge, Langeweile.

Rote Sonne / Pfauenrad – ❹

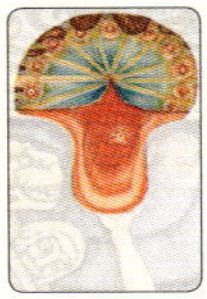

Das Erdinnere, Lava, rote Sonne oder Vagina, umgeben von einem Pfauenrad und / oder von vielen kleinen Sonnen. **Negativ:** Triebsteuerung, Prahlerei und Eitelkeit. **Positiv:** Lustzentrum, Lust als Mittelpunkt.

Der rote Zügel – ❺

Er korrespondiert mit der roten Sonne und dem Pfauenrad. Erneut ein **Symbol der Vagina, der Leidenschaft und der Lust. Hier:** Als roter Faden, als Richtschnur und Leitlinie, die uns führt und die wir zügeln!

Die zehn Schlangen / Fäden – ❻

Zehn schlangenartige, flatternde **Lebensfäden. Spermien, Lebensgeister.** Die Vermehrung und Verbreitung der »Triebsteuerung« – möglichst mit bewusster Lust und nicht mit unbewusstem Selbst-Verlust.

Die Löwenschlange – ❼

Der ägyptische Schöpfergott **Chnubis** oder Chnum, der für **Fruchtbarkeit, Zeugung und Geburt** steht. Eine urzeitliche Gottesvorstellung, aus heutiger Sicht entweder **primitive Vorzeit oder heilsame Rückbesinnung.**

Die schemenhaften Gestalten – ❽

Totem, Vorfahren, Ahnen, archaische Vorzeiten: Die Ungeheuer der Vorzeit lassen uns heute noch erschauern, und doch sind sie harmlos gegen die Schrecken der Moderne, die der Mensch selbst erfunden hat.

XI-Lust

Die nackte Frau und das große Tier greifen den Archetyp von der Schönen und dem Biest auf. Die Erlösung der einen hängt mit der Erlösung des anderen zusammen. So steht diese Karte auch für eine persönliche Kultur, in der es uns gelingt, unsere schöpferischen Kräfte zum Blühen zu bringen.

Die Schöne und das Biest – Sie sind beide!

■ Grundbedeutung

Das große Tier und die nackte Frau verkörpern die kraftvollsten Seiten der menschlichen Natur: Als *Wildheit* und *Schönheit* steigern sie Lebendigkeit und Lebenslust. Zugleich warnen sie vor deren unbewussten Varianten, die man *Anima und Animus* nennt. Diese äußern sich in »tierischen« Trieben und in einem »wilden Denken«, das so unbewusst verläuft, wie bei einem Zauberlehrling, der nicht weiß, was er sagt und bewirkt.

■ Spirituelle Erfahrung

»Wie unten – so oben«: Der Mensch hat zwei Lustzentren – eins zwischen den Beinen und eins zwischen den Ohren!

■ Als Tageskarte

Das Glück liegt darin, als ganzer Mensch anwesend sein, alle Kräfte im Brennpunkt des Augenblicks zu versammeln.

■ Als Prognose / Tendenz

Der Schlüssel zur Lust ist die Erlösung des Willens – aller Beteiligten!

■ Für Liebe und Beziehung

Vergessen Sie sinnlose Ideale und unsinnliche Gewohnheiten. Geben Sie der »Lust« eine neue Chance!

■ Für Erfolg und Glück im Leben

Die Lust zu steigern, heißt, immer mehr im gegebenen Augenblick anwesend zu sein. So ist dies auch die Karte der Höhepunkte und der Gipfelerlebnisse – in der Sexualität und in jedem anderen Bereich des Lebens.

Die 10 wichtigsten Symbole

Die Haltung der Bildfigur I – ❶

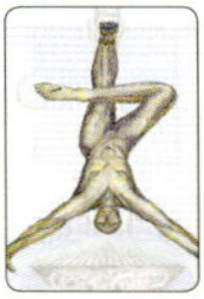

Das Bild geht auf germanisch-keltische Vorlagen zurück. **Der Gott Odin und der große Zauberer Merlin verbringen jeweils Tage und Nächte in dieser Position.** Auch schamanische Rituale kennen das Hängen.

Die Höhe

Der *Gehängte* besitzt einen klaren Standpunkt; nur dass dieser nicht auf der Erde, sondern im Himmel lokalisiert ist. **Hier geht es um eine *surreale* Welt, das heißt wörtlich: Eine Welt über der Wirklichkeit.**

Die Umkehrung

So oder so: Immer hängen wir davon ab, was wir glauben. Umso wichtiger, dass dies kein Aberglaube oder Unglaube ist. Daher nötig: Phasen der Prüfung, in denen wir uns und unsere Werte auf den Kopf stellen.

Die Haltung der Bildfigur II

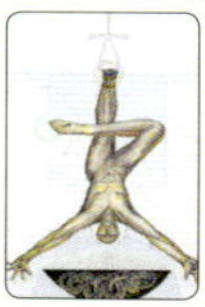

Die Schlangengrube und die Arme bilden zusammen ein Dreieck; die Beine ein Kreuz / umgekehrte Vier. D**reieck und Kreuzzeichen zusammen: Alchemist. Zeichen für Feuer: Sulfur, XII = auch eine feurige Station.**

Das umgekehrte Henkelkreuz – ❷

Paradox: Einerseits ist *der Gehängte* ein Symbol der Impotenz. Andererseits ist das **Henkelkreuz** (crux ansata, Ankh-Kreuz) umgekehrt: Volle Erektion der durchs Henkelkreuz stilisierten männlichen Geschlechtsorgane.

Die Schlangengrube – ❸

Negativ: Unbearbeitete Instinkte, Verführungen, unverstandene Gefühle. **Positiv:** Wie der Heilschlaf mit Schlangen unter dem Bett zur Traumgewinnung bei den alten Griechen (Tempel des Asklepios).

Die Schlangen

Die Schlange warnt vor platten Trieben und falschen Instinkten. Als geringelte Schlange ist sie jedoch **auch ein Zeichen der Höherentwicklung, der Weisheit durch Lernen aus Erfahrung.**

Nägel / Wie angenagelt – ❹

Negativ: Zeichen der Auslieferung, der Abhängigkeit, der Unselbstständigkeit. **Positiv:** Zeichen der Verbindlichkeit, des Sich-Festlegens. **Neutral:** Der eigene Glaube legt Sie immer fest. Wichtig, ihn zu prüfen.

Das Phantomgesicht – ❺

Negativ: Selbstverlust, Entpersönlichung, Rückfall auf eine »automatische«, roboterhafte Entwicklungsstufe. **Positiv:** Aufhebung des Kontrollanspruchs des Egos, Betonung des Allgemein-Menschlichen.

Das Gitterraster – ❻

Verdichtetes Seelennetz. Es erinnert an den Schleier der Hohepriesterin, hier jedoch nicht direkt mit der Person verknüpft. **Die Vernetzung großer, zahlreicher Gefühle, ihre Vermittlung und Zusammenfügung.**

XII-Der Gehängte

»Der Gehängte« besitzt einen klaren und eindeutigen Standpunkt. Sein »Standpunkt« ist die himmlische, transzendente Perspektive. Der Himmel ist dabei das Reich der Anderswelt und des Surrealen, der (persönlichen) Götter und Ideale, auch des Willens, denn »des Menschen Wille ist sein Himmelreich«!

»Upside down you turn me ...« (Diana Ross)

■ Grundbedeutung

Sie sehen die Welt mit anderen Augen. Es ist buchstäblich ver-rückt, doch es hat auch seinen Sinn. Es scheint absurd und ist doch wahr. Keiner hat Ihnen je gesagt, dass es sich *so* verhält – aber so ist es. Legen Sie sich fest, lassen Sie es zu. Haben Sie Vertrauen.

Sie sind wie ein Pendel in der Hand *höherer Mächte*. »Nicht mein Wille, sondern dein Wille geschehe«: Verstehen Sie, was der »Wille« der Schöpfung mit Ihnen vorhat, worauf er Sie festnageln will, was er durch Sie bewirken »will«.

■ Spirituelle Erfahrung

Die Karte vermittelt die Erfahrung der Umkehr: einer neuen Freiheit, während Sie zvor in einer Sackgasse feststeckten!

■ Als Tageskarte

Untersuchen Sie die Anhaltspunkte, die Sie für Ihre Vermutungen besitzen.

■ Als Prognose / Tendenz

Auf die eine oder andere Weise ist hier das »Ende der Fahnenstange« erreicht: eine Passion, die entweder eine große Leidensgeschichte *oder* eine erhebende Leidenschaft anzeigt.

■ Für Liebe und Beziehung

Der Kopf befindet sich hier an unterster Stelle, der Bauch darüber. Das kann der Hinweis auf eine andere Art von Weisheit sein, die Sie nur erlangen, wenn Sie sich ausliefern.

■ Für Erfolg und Glück im Leben

Bewusstseinswandel, und Sie sehen die Welt mit neuen Augen.

Die 10 wichtigsten Symbole

Das schwarze Skelett – ❶

Sense als Kennzeichen: **Gevatter Tod, Sensemann, der Schnitter.** Auch: **Skelett als die Struktur, das innere Prinzip, das innere Gerüst, Rückgrat, Röntgenblick.** Die Farbe Schwarz: Ende- und Anfangszustand.

Die Sense – ❷

Nicht nur Symbol der Zerstörung (wie oft zu lesen), sondern auch **Zeichen der Ernte!** Der Sensemann will ernten! Das ist der Beruf des Schnitters. **Hier heißt es, loslassen um zu ernten!**

Skorpion, Schlange, Adler

Seit den alten Ägyptern ist diese **Symbolreihe bekannt als Transformationsreihe** (vergleichbar dem Weg der Raupe zum Schmetterling) vom Niederen zum Höheren und umgekehrt vom Abstrakten zum Konkreten.

Der Skorpion – ❸

Das Prinzip »Stirb und Werde«. Mit seinem Stachel verletzend oder schützend. **Das Prinzip des Tierkreiszeichens Skorpion:** »Ich verlange«: Gier, Wolfsnatur. **Oder:** Wunschlos glücklich als das höchste Verlangen!

Die Schlange – ❹

Die Schlange **warnt vor platten Trieben und falschen Instinkten.** Als geringelte Schlange ist sie jedoch auch ein Zeichen der Höherentwicklung, der Weisheit durch Lernen aus Erfahrung.

Der Adler – ❺

Freiheit des Geistes. Hier **Zeichen der Transformation** vom Niederen zum Höheren, **Zeichen des Ewigen Lebens. Auch:** Adleraugen, der König der Lüfte. **Negativ:** Allmachtsphantasien, Abgehobenheit, Kontrollzwang.

Die blassblauen Gestalten – ❻

Ein Strom von Seelen in einem Zeitkorridor, einem »time-tunnel«. Ein Geflecht aus vielen Seelen, aus vielen Leben und vielen Generationen. **Strom der Seelen = Ewigkeit: Heimat, aber auch nötige Abnabelung.**

Der Fisch – ❼

Der Fisch **symbolisiert Reichtum, Glück, die Überwindung von egoistischen Einstellungen, aber auch das Reich des Unbewussten.** Leben im Strom der Gezeiten, hier im Strom der Seelen und der Generationen.

Schwarze Fäden / Drähte – ❽

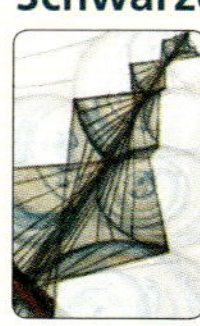

Verbindung der vielen Seelen miteinander, **Ausdruck der Verwobenheit, doch auch die Aufforderung, sich nicht zu verstricken.** Kein Mensch ist eine Insel. Doch keiner ist »nur« Opfer der Vorgeschichte!

Die verwelkenden Blüten – ❾

Die Vergänglichkeit irdischer Freuden. Aber auch: Die Ernte des Sensemanns, **die Schönheit des Augenblicks, der Augenblick, der zur Ewigkeit wird:** »Einmalig wie wir alle« (Peter Rühmkorf).

XIII-Tod

Etwas geht zu Ende. Wenn etwas Schönes sein Ende erfährt, sind wir traurig; geht jedoch etwas Schlimmes zu Ende, freuen wir uns. Das Bild besagt aber auch: Es gibt etwas zu erledigen. Ihre »positive Aggression« ist gefragt, die Kraft, notwendige und einschneidende Veränderungen vorzunehmen.

Loslassen, um zu ernten: Der »Sensemann« will ernten!

■ Grundbedeutung

Die Trauer über Tod und Verlust ist unvermeidlich. Doch verdrängen Sie nicht die Ängste vor dem Tod. Man kann tot sein, lange bevor man stirbt. Und man kann leben, lange nachdem man gestorben ist! So oder so bedeutet der Tod nicht Nichts: Der »Gevatter Tod« will etwas ernten – daher tritt er in vielen Darstellungen als Sensemann, als Schnitter auf! Hier trägt der Schwarze Reiter eine *Erntekrone* in seiner Standarte.

■ Spirituelle Erfahrung

»Und solang du das nicht hast,/ Dieses: Stirb und werde!/ Bist du nur ein trüber Gast/ Auf der dunklen Erde« (J.W.v. Goethe).

■ Als Tageskarte

Welche Früchte sind jetzt reif – welche Resultate fehlen Ihnen noch? Was passt nicht mehr zu Ihnen?

■ Als Prognose / Tendenz

Die Wirkungen des eigenen Lebens gehen über den Tod hinaus. Umso dringender die Frage, was Sie in diesem Leben erleben, gestalten und ernten wollen.

■ Für Liebe und Beziehung

Schaffen Sie Platz für einen neuen Sonnenaufgang.

■ Für Erfolg und Glück im Leben

Wenn ein Leben Früchte tragen soll, muss im passenden Rhythmus das Nötige für die gewünschte Ernte getan werden. Es ist nie zu spät, damit zu beginnen.

Die 10 wichtigsten Symbole

Das Doppelgesicht – ❶

Vereinigung der beiden »Königskinder« (vgl. *Die Liebenden*). Vereinigung von männlichen und weiblichen Anteilen, mehr noch: Vereinigung von Wunsch und Notwendigkeit, Möglichkeit und Wirklichkeit!

Die VITRIOL–Formel I – ❷

Visita **I**nteriora **T**errae **R**ectificando **I**nvenies **O**ccultum **L**apidem. Dieser lateinische Spruch wird nach seinen Anfangsbuchstaben auch die VITRIOL-Formel genannt und besagt: ***Besuche die inneren Bereiche …***

Die VITRIOL–Formel II

… der Erde, wenn du es richtig machst, wirst du den verborgenen Stein finden. Der verborgene Stein ist der Stein der Weisen. Was bedeutet er? Nun, »der Stein der Weisheit ist die Weißheit des Steins« (J. Fiebig).

Der Stein der Weisen

… Das meint die Verflüssigung des Harten, die Umwandlung von fester Materie in feinstoffliche Energie (und umgekehrt). Das ist das Weiß in der alchemistischen Farben- und Stufenfolge schwarz – weiß – rot!

Weißer Löwe und roter Adler – ❸

Schwarz – weiß – rot = entscheidend, **grün und gelb** = Übergangsstufen. Löwe und Adler stehen für **Wildheit und Weisheit**. Gegenüber den *Liebenden* haben sie ihre Farbe getauscht: sie stehen im »Fegefeuer«.

Der Stein der Weisen II

Dem Stein der Weisen entspricht psychologisch der wahre Wille. Darauf hat C. G. Jung hingewiesen. **Der wahre Wille regt sich nach dem Tod des Egos** (vgl. XIII) **und führt zu den richtigen Lebensaufgaben.**

Das Doppelgesicht II

Zugleich **warnt die Karte vor einem gespaltenen Bewusstsein,** das sich in einem Verhalten äußert, wo »die linke Hand nicht weiß, was die rechte tut«, wo ein Mensch zwei Gesichter besitzt, die einander fremd bleiben.

Acht Kreise auf dem Brustpanzer – ❹

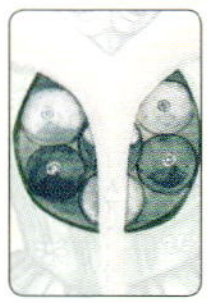

Positiv: Funktionierendes Bewusstsein, Flexibilität, Austausch, Ergänzung von Perspektiven und Bewusstseinsinhalten (vgl. *Ausgleichung*). **Negativ:** Beliebigkeit, Multiphrenie (Aufspaltung der Persönlichkeit).

Totenkopf / Rabe / Kreuzzeichen – ❺

Der Schmelztiegel steht für Ihren Erfindungsgeist, für die Schöpfungskraft, eben für den wahren Willen. **Schädel, Rabe und Kreuz weisen auf Tod und Wiedergeburt, auf die geglückte Verwandlung hin.**

Die Bienen

auf dem grünen Gewand der Bildfigur. Sie sind **Zeichen Demeters und Jupiters, Symbole des Bienenfleißes, des Honigs und des »süßen Lebens«,** wegen ihres Stachels auch der Fähigkeit, in etwas einzudringen.

XIV-Kunst

Oft durchleben wir bei dieser Karte ein »Fegefeuer«, einen Prozess der Läuterung, weil erst einmal Gegensätze aufeinander stoßen. Die Karte ermuntert uns, in den Widersprüchen des Lebens die Zutaten zu erkennen, aus denen wir neue Lösungen erschaffen. Oft ist das eine Lebensaufgabe – um so besser!

Eine kunstvolle Verwandlung der Welt …

■ Grundbedeutung

Als »Hochzeit von Himmel und Erde« bezeichneten die Alchemisten das *mysterium coniunctionis* (das Geheimnis der Vereinigung), für sie das Ziel des »Großen Werkes« (opus magnum).

Das größte Werk aber sind Lebensaufgaben. Davon handelt der lange Weg im Bild, von Aufgaben, die so groß sind, dass sie eine ganze Lebensspanne erfordern; Ziele, die den »Engel« in Ihnen, Ihr höheres Selbst, Ihre größeren Möglichkeiten wachrufen und zur Geltung bringen!

■ Spirituelle Erfahrung

Wir durchleben ein »Fegefeuer«, eine Läuterung, solange das rechte Maß noch nicht gefunden ist.

■ Als Tageskarte

Nehmen Sie die wirklichen Widersprüche Ihres Lebens in die Hand, …

■ Als Prognose / Tendenz

… umso mehr gelingt es Ihnen, die Dinge so zu nehmen, wie sie sind, und – nicht dennoch, sondern gerade deshalb – dem persönlichen Willen zum Erfolg zu helfen.

■ Für Liebe und Beziehung

Durch Ihr Tun schaffen Sie neue Tatsachen – und erschaffen sich selbst immer wieder neu. Es ist wichtig, den Partner daran teilhaben zu lassen.

■ Für Erfolg und Glück im Leben

Richten Sie sich eine »Kreativitätswerkstatt« im Tagesablauf ein, wo Sie regelmäßig auftanken.

Die 10 wichtigsten Symbole

Der Ziegenbock – ❶

Auch als Ziege, Steinbock oder Esel beschrieben: Naturkraft. **Negativ:** Roh, primitiv. **Positiv:** Ursprünglich, die Kraft der Ur-Instinkte. **Auch:** Symbol der (Un-) Genügsamkeit. »Meckerziege«. Geschickter Kletterer.

Der Ziegenbock II

Vorteile loslassen! Der Bock steht für Trieb und Instinkt, wie jedes Tier. Lassen Sie nicht zu, dass jemand zum »Sündenbock« abgestempelt wird. **Und umgekehrt:** Tun Sie, worauf Sie »Bock« haben.

Die Hörner – ❷

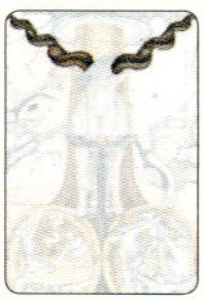

Hier geht es also weniger um Seitensprünge (»seinem Partner die Hörner aufsetzen«) als um das Unzivilisierte in uns, das sich noch die Hörner abstoßen muss: **Symbol der noch nicht zivilisierten Natur – Fluch oder Segen!**

Der große Phallus I – ❸

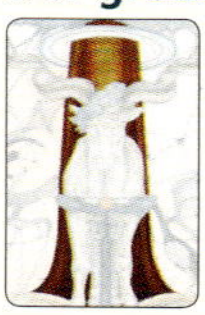

Der Teufel berührt **Tabus. Verständlich, dass hier auch die Sexualität eine Rolle spielt.** Dennoch bleibt zu betonen: Die Haupt-Sex-Karte ist nicht *Der Teufel*, sondern die *Lust* und vor allem *Die Liebenden!*

Der große Phallus II

Vor allem steht der große Phallus hier für die Zeugung neuer Lebensmöglichkeiten. Saturn ist traditionell der »Hüter der Schwelle«! Die Saturn-Ringe deuten an, dass diese Möglichkeiten bisher unterschwellig vorhanden sind.

Die großen Hoden I – ❹

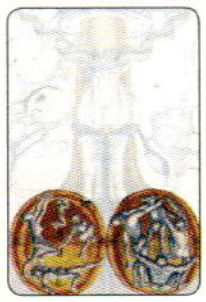

Es geht um praktische Tabu-Arbeit: Die ungeborenen, ja, noch ungezeugten Lebensmöglichkeiten sollen unterschieden werden. **Es gibt Möglichkeiten, die wir besser nicht entwickeln und freisetzen, sondern …**

Die großen Hoden II

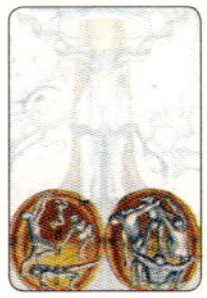

… unter Tabu stellen!! Und umgekehrt: **es gibt Tabus, die nicht (mehr) sinnvoll sind, die lebensfeindlich wirken und beseitigt werden sollten.** – Zwei völlig verschiedene Richtungen der Tabu-Arbeit, beide dringend!

Der Sonnenstab mit Uräus-Zeichen – ❺

Deshalb gilt es, Sonne ins Dunkel zu bringen, Licht in die Unterwelt zu tragen. Sinnvolle Tabus gilt es zu erhalten oder neu einzurichten. Und Tabus, die sinnlos geworden sind, gilt es abzuschaffen!

Der Blütenkranz – ❻

Der Mensch und sein Bewusstsein stellen eine späte Stufe der Evolutionsgeschichte dar. **Die Gefahr:** Den Bock zum Gärtner zu machen. Dann liegt das Bewusstsein so schief wie der Blütenkranz im Bild …

Das dritte Auge – ❼

… Die **großen Chancen** bestehen darin, die vielen noch ungelebten Möglichkeiten auszuprobieren; die ursprüngliche, einfache Natur ins Bewusstsein zu integrieren und dadurch zu krönen und aufzuheben.

XV- Der Teufel

Sobald diese Karte auftaucht, wird signalisiert, dass die Schwelle des Tabus überschritten ist. Was zuvor unterschwellig vorhanden war, wird nun sichtbar. Eben darin liegt der Vorteil, aber auch die Aufgabe.

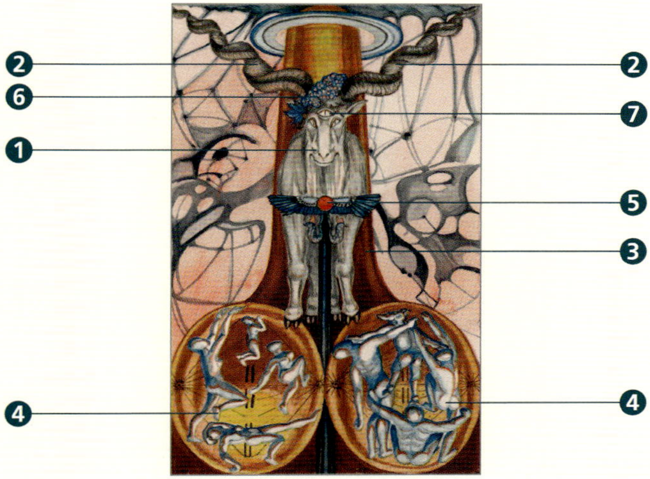

Lassen Sie sich nicht ins Bockshorn jagen!

■ Grundbedeutung

Auf der einen Seite stellt der Teufel eine Art *Vampir*, eine wirkliche Last und Belästigung dar. Davor fürchten wir uns zu Recht. Diesen Teil der Finsternis können wir loswerden, wenn wir ihn endlich erkennen.

Auf einer ganz anderen Seite verkörpert der Teufel ein *Kellerkind*. Das ist ein Teil von uns, den wir bisher stiefmütterlich oder stiefväterlich behandelt haben, obwohl wir insgeheim und mit Recht eine Sehnsucht nach ihm empfinden. Diesen können wir nun heimholen.

■ Spirituelle Erfahrung

»Bringe Licht ins Dunkel, und du findest alten Mist – und neue Schätze!«

■ Als Tageskarte

Ihnen bietet sich die Chance, ein paar alte »Hörner« abzustoßen.

■ Als Prognose / Tendenz

Wenn Sie Licht ins Dunkle bringen, zerfällt der »Vampir« zu Staub, und das »Kellerkind« gewinnt Form und Farbe.

■ Für Liebe und Beziehung

Es ist kein Fluch und keine Schande - - meist ist es ein Zeichen von Qualität, wenn in einer Beziehung auch die »verflixten Schattenseiten« zum Vorschein kommen.

■ Für Erfolg und Glück im Leben

Nehmen Sie sich alle nötige Zeit, sich dem Unbekanntem zu stellen und unterscheiden zu lernen, was Sie davon nutzen können und was nicht.

Die 10 wichtigsten Symbole

Das geöffnete Auge – ❶

Sonnen- und Gottessymbol. **Zeichen der Allwissenheit und der Allgegenwärtigkeit,** sowohl Symbol der **Schöpfungs- und Gestaltungskraft** wie auch der **Zerstörung und der Kontrolle** (»Big brother is watching you«).

Die Strahlen / Bruchlinien I – ❷

Die von dem großen Auge ausgehenden Linien können Energiestrahlen, aber auch Bruchkanten anzeigen. **Negativ:** Zerbrochener Spiegel, Identitätsverlust. **Positiv:** Fassade, die aufbricht; Blick hinter die Kulissen.

Die Strahlen / Bruchlinien II

Alles in diesem Bild ist auf einen Brennpunkt, auf ein Auge, eine Perspektive ausgerichtet. **Negativ:** Egoismus, nur eine Sicht wird geduldet. **Positiv:** Ganze Verantwortung übernehmen, volle Übersicht gewinnen.

Der Turm

Was geht hier zu Bruch? Der Turm ist Schutzturm, Wachturm, bietet Überblick, Macht und Sicherheit. Auf der anderen Seite ein Elfenbeinturm, Überheblichkeit und Isolation, Einkapselung, das Leben in Gefangenschaft.

Zwischen Himmel und Erde – ❸

Die Haltungen der beiden Bildfiguren drücken nicht nur ein Fallen, sondern möglicherweise auch ein Fliegen aus. Denken wir daran, dass auch Fallschirmspringen und Turmspringen beliebte Hobbys sind.

Die Taube mit Zweig – ❹

Palmzweig, Ölzweig: Anspielung auf die Bibel: auf Arche Noah und den Heiligen Geist. **Auch: Taube als Symbol** der Aphrodite und der Sophia, **der Liebe und Weisheit.** Auch: Zeichen der **Hysterie** und »Taubheit«.

Die Löwenschlange – ❺

Der ägyptische Schöpfergott Chnubis oder Chnum, der für Fruchtbarkeit, Zeugung und Geburt steht. Eine urzeitliche Gottesvorstellung, aus heutiger Sicht entweder primitive Vorzeit oder heilsame Rückbesinnung.

Fallen und Fliegen – ❻

Das Fliegen ist ein alter Menschheitstraum. Und auch in unseren Nachtträumen spielen heute Fliegen und Fallen wichtige Rollen. Die »Angst vorm Fliegen« (Erica Jong) verlieren wir durch positive Gewohnheit!

Der feuerspeiende Rachen – ❼

Sinnbild für antike Unterweltsgötter wie Vulcanus / Hephaistos, Dis, Pluto, Orcus und andere. **Das Feuer des Himmels** (Sonne, Auge) **findet Gegensatz und Ergänzung in dem Feuer aus den Tiefen der Erde.**

Der schwarze Hintergrund

Negativ: Verlust der Horizonte, Verlust von Überblick und Orientierung. **Positiv:** Licht ins Dunkel. Kraft zum Neuanfang, zum Weg ins Unbekannte, zur Erleuchtung der Nacht. Der Weg zum *Stern*.

XVI-Der Turm

Die Karte warnt vor Größenwahn und mangelnder Standhaftigkeit. Es kann zu Erschütterungen kommen, doch da ist auch die (zwar durchdringende, aber sanfte) Ermutigung, persönliche Ein-Wände und Vor-Wände – den eigenen Elfenbeinturm – aufzugeben, wenn die Zeit dafür reif ist!

»Riders on the storm« / Sturmreiter (The Doors)

■ Grundbedeutung

Der *Turmbau zu Babel* steht für den menschlichen Größenwahn. Ergebnis ist nicht nur die Zerstörung des Turms, sondern auch die »babylonische Sprachverwirrung«: Die Menschen verstehen einander nicht mehr. – Das Pfingstereignis stellt die Umkehrung davon dar: Der »Heilige Geist« kommt in Gestalt von Sturm und Feuerzungen auf die Jünger herab, diese beginnen zu reden, und jede/r hört sie in der Muttersprache. Statt Sprachverwirrung die Aufhebung der Sprach- und Verständigungsgrenzen.

■ Spirituelle Erfahrung

Pfingsten – die direkte Kommunikation von Herz zu Herz!

■ Als Tageskarte

Setzen Sie Ihre ganze Energie ein! Atmen Sie bewusst ein und aus!

■ Als Prognose / Tendenz

Es geht um Gefahrenvermeidung sowie um die Lust, einen Absprung zu wagen und sich ganz einzubringen. Eine Landung ist hier kein Thema. Bei dieser Karte geht es nur um das Dasein »draußen«, zwischen Himmel und Erde.

■ Für Liebe und Beziehung

Sie gewinnen mehr Liebe und Sie schützen sich besser vor gewaltsamen Zumutungen, je bewusster und direkter Sie agieren!

■ Für Erfolg und Glück im Leben

Leben Sie die Entwicklung als ein Experiment. Machen Sie die Augen auf!

Die 10 wichtigsten Symbole

Sterne und Kristalle – ❶

Symbole der Hoffnung und der Brillanz, aber auch der Kälte, Unberührbarkeit und Entfernung. Die Kristalle bedeuten Klarheit, Schönheit und Transparenz, doch auch vereiste, gefrorene und fixierte Gefühle.

Weit draußen

Im guten oder im schlechten Sinne befindet sich die Bildfigur »far out«, ganz weit draußen, »völlig losgelöst«, wie in einer Raumstation, jenseits der irdischen Gegebenheiten und Zusammenhänge.

Das abgewandte Gesicht – ❷

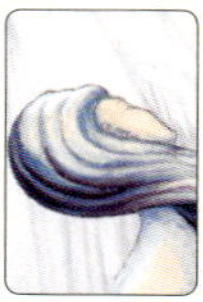

Warnung vor fehlender Identität, fehlendem Selbstbild und zusätzlich vor fehlender Selbstverständlichkeit. **Positiv:** Kosmisches Selbstbewusstsein, dem Kosmos dienen und daraus sein Selbstverständnis gewinnen.

Die Nacktheit

Negativ: Warnung vor Unverschämtheit und Schamlosigkeit. **Positiv:** Persönliche Wahrheit, eine märchenhafte Schönheit (im europäischen Märchen bedeutet Schönheit die gelebte persönliche Wahrheit).

Das lange Haar – ❸

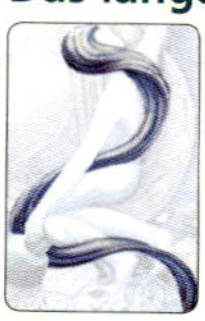

Vitalität, Schönheit, Eitelkeit. Durch ihre Länge erinnern die Haare an das *Märchen von Rapunzel.* Die Entrücktheit und Abgehobenheit hat sich quasi aus Turmhöhen bis in den Weltraum verlagert.

Die Haltung der Bildfigur

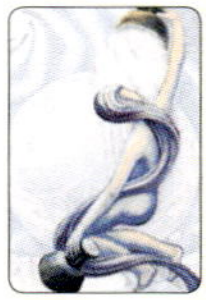

Positiv: Wie eine Übung aus dem Tai Chi (Taiji). Halten / empfangen und loslassen. Bewegtheit, Einheit von Körper und Geist. **Negativ:** »Abgedreht«, marionettenhaftes Verhalten, sich selbst fremd.

Die Farben Blau und Rot

Blau: Geist, Seele, Luft, Wasser, Weite, Sehnsucht, Kühle. **Rot:** Liebe, Lebendigkeit, positive und negative Herzenswünsche. **Zusammen:** Bewusste Leidenschaft. Oder kühle Emotionen, Trennung von Herz und Geist.

Rosen und Schmetterlinge – ❸

Schmetterling: Schönheit und Leichtigkeit der Seele. Flatterhaftigkeit der Launen. **Rose:** Schönheit und Wahrheit des inneren Selbst. – **Liebe, Entfaltung und Transformation. Selbstentwicklung und Wandlung.**

Der siebenzackige Stern – ❺

Schönheit, Kraft, Ordnung und Struktur der Schöpfung, des Kosmos. 7 als Zahl der Ganzheit (wie 7 Tage der Schöpfung, 7 Tage der Woche, 7 Grundtöne der Tonleiter), wie die Siebener-Symbole anderer Karten.

Die Beobachterperspektive

Weit erhöhte »Vogelperspektive«. **Negativ:** Satellit, Beobachterstatus (statt sich einzubringen). **Positiv:** Überblick, der Blick für das Ganze, klare Definition des eigenen Standortes, des Bezugs zur Welt.

XVII- Der Stern

Der »Stern« ist ein Inbegriff unserer schönsten Hoffnungen, aber auch jener Wunschträume, denen es an Bodenständigkeit fehlt. Die Karte warnt vor Selbstverliebtheit oder Selbstverlorenheit. Sie ermuntert zur Suche nach dem eigenen Standort und dem persönlichen Beitrag im Kosmos.

A star is born – Sterne fallen nicht vom Himmel …

■ Grundbedeutung

All unsere Träume drehen sich um diesen Stern, die persönliche Wahrheit ist die Quelle unserer Träume. Diese Quelle kann nie versiegen; man muss sie nur finden und, wie es die Bildfigur zeigt, in die Hand nehmen und fruchtbar machen. Wenn dann der Stern nicht nur die Nacht, sondern auch den Tag erhellt, dann zeigt sich diese Wahrheit in ihrer ganzen Schönheit.
Manchmal warnt die Karte jedoch vor einer unangebrachten Schamlosigkeit oder Bloßstellung.

■ Spirituelle Erfahrung

Den eigenen Platz im Kosmos erkennen und annehmen.

■ Als Tageskarte

Offenbaren Sie sich, leisten Sie Ihren Beitrag! Legen Sie falsche Hemmungen und Schamgefühle ab, um sich in Ihrer persönlichen Schönheit zu präsentieren.

■ Als Prognose / Tendenz

Dem eigenen Stern folgen, heißt: klar werden und den eigenen Traum verwirklichen. Schlimme Erfahrungen wollen verarbeitet, schöne Hoffnungen zu Ende geträumt und verwirklicht werden!

■ Für Liebe und Beziehung

Tauen Sie vereiste Gefühle auf!

■ Für Erfolg und Glück im Leben

Stellen Sie Ihr Licht nicht unter den Scheffel, aber vergessen Sie auch nicht, dass Sie nur Teil einer viel größeren Milchstraße sind.

Die 10 wichtigsten Symbole

Das ganze Bild I

Nicht nur die große absteigende Mondsichel oben im Bild: **Das Wechselspiel von Sonne und Mond, die großen und kleinen Rhythmen des Lebens, die Zyklen und Entwicklungslinien:** Alles das ist *Der Mond.*

Das ganze Bild II

Der Mond steigt in die Tiefe und wird als Sonne neu geboren. **Aber auch:** Sonne und Mond stehen einander diametral gegenüber = Vollmond. **Das große Unbewusste ist Gegenspieler oder Freund des Bewusstseins …**

Die Wellenberge – ❶

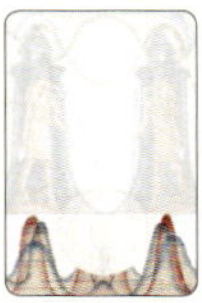

Die Qualität der Zeit. Der Herzschlag, die Atmung, unser Leben. **Die Gezeiten in der Natur und im persönlichen Leben,** Lebenslinien, Biorhythmen, Wechsel der Stimmungen, der Lebensphasen und der Generationen.

Keine Bildfigur?

Die Karte warnt vor Gefühlen wie in einer Vollmondnacht, die uns förmlich absorbieren. Wir tauchen unter, stehen erstarrt da oder bellen den Mond an. **Positiv:** Die Himmelpforte ist so weit offen wie sonst nie.

Der Skarabäus – ❷

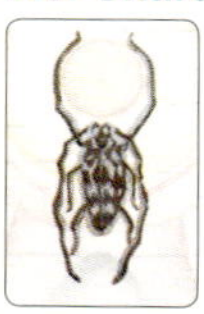

Der Skarabäus oder »Pillendreher« gilt heute noch als Glückssymbol. **Zeichen des altägyptischen Sonnengottes, Herr der Wiedergeburt und der Unsterblichkeit:** Er steht für die permanente Wiederkehr der Sonne.

Die beiden Hermanubis – ❸

Hermanubis begleitet in der ägyptischen Mythologie die Seelen bei ihrer Überfahrt vom Tod zur Wiedergeburt. **Positiv:** Wiedergeburt, Neuanfang. **Negativ:** Die Wiederkehr des Vergessenen und Verdrängten.

Hunde / Türme – ❹

Die Türme zeigen eine **weit geöffnete Himmelspforte.** Selten ist der Übergang zwischen den Welten so nah, so offen. Zugleich sind die Türme **Leucht- und Wachtürme: Wie die Hunde Helfer und / oder Grenzkontrollen.**

Die neun kleinen Flammen – ❺

… in Gestalt des hebräischen J. Die Flammen kennzeichnen **ein glitzerndes Fluidum, den Übergang zwischen Himmel und Erde, die Wanderung der Seelen,** die »Glühwürmchen«, den göttlichen Funken.

»Das Reich der Mütter« – ❻

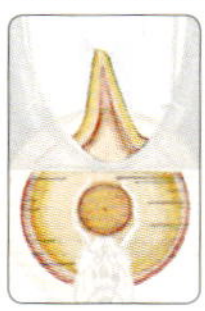

Die große Sonne im Bild unten lässt sich als offene Vagina, als Schoß der Erde sehen. Sie verbindet die beiden Welten ober- und unterhalb der Horizontlinie. Der Weg ins und aus dem »Reich der Mütter«.

Die Phönixstäbe – ❼

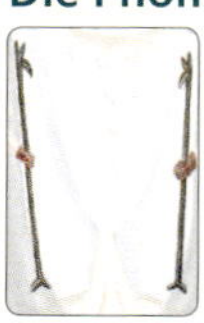

Der Vogel Phönix verbrennt sich von Zeit zu Zeit, um aus seiner Asche neu zu erstehen: »Stirb, bevor du stirbst«: **Tod und Wiedergeburt IN diesem Leben.** So erfahren wir die Erlösung und die Gnade des *Mond.*

XVIII-Der Mond

Hier ist Ihr Mut zu großen Gefühlen gefordert! Schwimmen Sie sich frei. Lernen Sie Ihre Verbundenheit mit »allem« schätzen und genießen. Doch befreien Sie sich aus unseligen Abhängigkeiten! Der bewusste Umgang mit Leidenschaften und Glaubenssätzen erlöst Sie von alten Problemen und Ängsten.

Der »Mond« steht für das kollektive Unbewusste, für die »ozeanischen Gefühle«.

Grundbedeutung

Mit dieser Karte erleben wir uns häufig in Stimmungen, die wir zunächst nicht einzuschätzen wissen. Die Gefahr besteht, von den seelischen Wechsellagen aufgesogen zu werden. Die große Chance liegt darin, dass wir uns in jede Kreatur einfühlen, dass wir überall zu Hause sind und eine erweiterte Identität erwerben: In jedem Ereignis, in jedem Geschöpf erkennen wir auch einen Teil des »Göttlichen« sowie der eigenen Person wieder.

Spirituelle Erfahrung

»Mitleiden und nicht anhaften« – lieben, Anteil nehmen, doch sich nicht mit seinen Emotionen identifizieren!

Als Tageskarte

Die großen Gefühle und »die letzten Dinge im Leben« sind Realitäten, die gelebt sein wollen wie alles andere auch.

Als Prognose / Tendenz

Die Verheißung dieser Karte ist die Verwandlung eines »trockenen« oder eines (sehn-) süchtigen Alltags in einen erlösten, beschwingten Lebensgenuss!

Für Liebe und Beziehung

Geben Sie den Nachtseiten Raum, ohne sich auszuliefern. Nehmen Sie Ihren Partner mit.

Für Erfolg und Glück im Leben

Machen Sie Ihren Frieden mit »Gott« und der Welt. Die Karte ermuntert Sie, das Herz zu öffnen und jede Selbstbefangenheit abzulegen.

Die 10 wichtigsten Symbole

Rosette / Strahlen oder Fahnen – ❶

Die Sonne als das kollektive Bewusstsein (wie der Mond als das kollektive Unbewusste). Die **»Fahnen« stellen die Verbindung vom Kollektivbewusstsein zum persönlichen, individuellen Bewusstsein dar.**

Sonnenellipse / Tierkreiszeichen – ❷

Die (scheinbare) Sonnenbahn durch die Tierkreiszeichen: Zwölf Erscheinungsformen der einen Sonne. Die große Sonnenellipse hat die Gestalt der Ziffer Null und ist wie diese ein Zeichen der Vollständigkeit.

Die Sonnenellipse II

Anders als ein Kreis besitzt die Ellipse zwei Brennpunkte. Neben dem Himmelsfeuer ist es das Feuer in der Erde, hier dargestellt durch den grünen Berg, Zeichen der Erdkraft, der Natur und der Vitalität.

Licht und Schatten

Die Sonne spendet Licht, Wärme und Energie. Sie lässt wachsen – und altern. Die Sonne trocknet aus, sie härtet und sie macht brüchig. Die Sonne sieht alles – außer den Nachtzeiten.

Geflügeltes Kinder- / Elfenpaar I – ❸

Positiv: Das innere Kind, das sich bewegen und entfalten kann. Das hier zu seinem Recht kommt. **Negativ:** Der kleine Tyrann oder der *puer aeternus*, der ewige Jüngling, die Weigerung, erwachsen zu werden.

Geflügeltes Kinder- / Elfenpaar II

Jeder Mensch besitzt seine eigene Sonne (s. *Der Eremit)*. Diese ist nur ein kleiner Teil des kosmischen Lichtes. Wird das verwechselt, so **maßt sich entweder das kleine Ego die Rolle der großen Sonne an, …**

Geflügeltes Kinder- / Elfenpaar III

… will alles wissen, kontrollieren und bestimmen. Oder man lässt nur die große Sonne zu **(= kein Ego, aber auch kein Ich-Bewusstsein)**. Dann richtet man sich nur nach der kollektiven Sonne, tut, was alle tun.

Die rot-gelbe Mauer – ❹

Grenzziehung, der Bereich des Höchsten, des Göttlichen, der jedes Einzelindividuum übersteigt. **Andererseits:** Grenze, die es zu überwinden gilt. **Gipfelerlebnisse,** die erfordern, dass wir Hindernisse überwinden.

Zwei Kreise oder Markierungen – ❺

Nicht eindeutig zu bestimmen. Vermutlich ähnlich den Atommodellen beim *Kaiser*. Oder: Wie die beiden Hoden-Kugeln des *Teufel*: unterscheiden, welche bisher ungenutzten Lebensmöglichkeiten sinnvoll sind.

Der grüne Berg / Gipfel – ❻

Höhepunkte und Gipfelerlebnisse. Ort, wo sich Geist und Materie, himmlisches und irdisches Feuer treffen. **Grün** = Natur, Wachstum und daher auch Hoffnung. **Andererseits** = Unreife, Unausgegorenheit.

XIX-Die Sonne

Die »Sonne« symbolisiert tägliche Erneuerung, Licht und Wärme. Unseren Platz an der Sonne finden wir, wo wir aus vollem Herzen sagen können: »Es ist gut so!« Eine schöpferische, allseitige Entfaltung kennzeichnet den Weg sowohl des Sonnenlichts wie auch des menschliches Bewusst-Seins.

Jeder Tag ist ein Geburtstag.

■ Grundbedeutung

»Die Geburt ist nicht ein augenblickliches Ereignis, sondern ein dauernder Vorgang. Das Ziel des Lebens ist es, ganz geboren zu werden ... zu leben bedeutet, jede Minute geboren zu werden« (Erich Fromm).

Wir brauchen eine »permanente Geburt«, eine selbst gewollte Lebensgestaltung, die nicht durch Gewohnheit und Routine, sondern durch freie Wahl und freien Willen geprägt ist. An die Stelle eines herkömmlichen Verhaltens und Denkens tritt ein selbst gewählter Lebensstil.

■ Spirituelle Erfahrung

»Liebe Gott und tu, was du willst« (Augustinus).

■ Als Tageskarte

Lassen Sie sich nicht einmachen. Beseitigen oder umgehen Sie, was Ihre Weiterentwicklung und Ihr Wohlsein trübt.

■ Als Prognose / Tendenz

Was Ihnen bleibt, wenn Sie mit der Sonne altern und reifen, ist die offene Hingabe an die Welt. Sie gibt Ihnen eine spielerische Freude am Dasein.

■ Für Liebe und Beziehung

Eine lichtvolle Perspektive für die Partnerschaft: *Je länger, je lieber* – das gilt, wenn auch die Beziehung sich weiter entwickelt und jeder Partner genug Sonne bekommt.

■ Für Erfolg und Glück im Leben

Hüten und schützen Sie sich vor Blendwerk und Oberflächlichkeiten.

Die 10 wichtigsten Symbole

Die blaue Himmelsschlange – ❶

Himmelsgöttin Nut / Nuith (Ägypten), die abends die Sonne verschluckt und morgens wieder aufgehen lässt. Ähnlich die Regenbogenschlange bei den australischen Aborigines. Auch: Gebärmutter, **Geburtsvorgang.**

Alter und neuer Horus – ❷

Die kleine sitzende und die große transparente Bildfigur werden als alter und neuer Horus gedeutet. **Im Prinzip geht es um jede Art von Zeitenwechsel, grundsätzlich um den Wechsel von gestern zu heute.**

Tägliche Wiedergeburt I

Wiedergeburt bedeutet nur dann eine Erlösung, wenn das Alte abgeschlossen wird. Sonst bedeutet es eine **permanente Wiederkehr** des Alten (»...und ewig grüßt das Murmeltier«), einen Wiederholungszwang.

Tägliche Wiedergeburt II

Viele Menschen im Westen wünschen eine Wiedergeburt, weil sie einen Neuanfang ersehnen. In der östlich-asiatischen Philosophie verheißt erst das Ende des Kreislaufs von Wiedergeburten Glück und Frieden.

Die beiden roten Brennpunkte – ❸

Zwei Brennpunkte, wie bei der Ellipse der *Sonne* (Karte XIX). **Positiv:** Verbindung, Integration von Gegensätzen, Aufarbeitung von Widersprüchen. **Negativ:** Spaltung im Bewusstsein. Mangelnde Verarbeitung.

Rote Sonne mit goldenen Flügeln – ❹

Rote Sonne = Abend- oder Morgenrot. **Geflügelte Sonne:** Parallele zum geflügelten Ei im Bild des *Magus / Magier*. **Die Erfahrungen, die in uns stecken, ausbrüten, zum Vorschein bringen und entfalten.**

Die blaue Himmelsschlange II

Auch die gefiederte Schlange der Ureinwohner Amerikas. **Der große Kessel (= Weltenschöpfung in vielen Mythen), Backofen, Retorte.** Verdichtung, Transformation und Geburt der eigenen Gaben und Aufgaben ...

Die drei kleinen Wesen – ❺

Drei Altersstufen? Unsere Anlage, die Gene, unsere Zeugungsmöglichkeiten, die wie die Spermien in verschiedenen anderen Bildern zu sortieren sind. **Auch:** Der hebräische / arabische Buchstabe Shin / Sin.

Der Äon I

Aus den letzten Worten von Goethes Faust: **»Ja! diesem Sinne bin ich ganz ergeben, / Das ist der Weisheit letzter Schluß: / Nur der verdient sich Freiheit wie das Leben, / Der täglich sie erobern muß. ...**

Der Äon II

(...) **Zum Augenblicke dürft' ich sagen; / Verweile doch, du bist so schön! / Es kann die Spur von meinen Erdentagen / Nicht in Äonen untergehen.«**

XX-Der / Das Aeon

Das Bild stellt nur scheinbar eine Abkehr vom traditionellen Bildmotiv des Jüngsten Gerichts dar. »Äon« bedeutet soviel wie »(Neues) Zeitalter« oder »(Neue) Zeitrechnung«. Inhaltlich hält sich auch die vorliegende Darstellung an die traditionelle Thematik der Karte: Offenbarung, Transformation und Auferstehung.

Der jüngste Tag ist heute.

Grundbedeutung

Probleme oder Lösungen, mit denen Sie schon lange »schwanger« gingen, Gutes und Schlechtes, Bereiche, die Sie bisher wie ein »Blaubartszimmer« nicht berührt haben – dies oder anderes mehr braut sich hier zusammen und stellt Sie vor eine qualitativ neue Herausforderung. Liebgewordene Gewohnheiten und angewöhnte Unzulänglichkeiten kommen auf den Prüfstand. Jetzt zählen die tatsächliche Aufhebung und Transformation des Bisherigen.

Spirituelle Erfahrung

Die Erleichterung nach einer Beichte, Aussprache, Liebeserklärung …

Als Tageskarte

Ziehen Sie einen Strich unter das, was war. Versöhnen oder verabschieden Sie sich …

Als Prognose / Tendenz

Alles ist wichtig. Sie haben in der Vergangenheit gewählt und sind auch jetzt frei, sich neu zu entscheiden und den gewünschten Weg zu wählen.

Für Liebe und Beziehung

Lernen Sie verzeihen, ohne zu vergessen – und vergeben, ohne nachzutragen.

Für Erfolg und Glück im Leben

Eine Unterbrechung der täglichen Routine wirkt Wunder. Entwickeln Sie Leitbilder und Visionen, die den Erfahrungen und Bedürfnissen gerecht werden! Sie haben enorme Energiereserven.

Die 10 wichtigsten Symbole

Die Nacktheit der Bildfigur – ❶

Warnung vor Kulturlosigkeit. Bestärkung der Kraft, den Tatsachen ins Auge zu schauen. Hier auch: **Geburt, Hochzeit, Tod,** die Eckpunkte im Kreis der Lebens, die stets auch mit Nacktheit verbunden sind.

Schlange / Band – ❷

»Jeder Aufstieg in große Höhen geschieht auf einer Wendeltreppe« (Francis Bacon). **Auch:** Symbol der Evolution, der DNS-Kette, »ein unendlich geflochtenes Band«. **Außerdem Zeichen der persönlichen Ent–wicklung.**

Die Schlange

Sie warnt vor platten Trieben und falschen Instinkten. Als geringelte Schlange, wie hier im Bild, ist sie jedoch auch ein **Zeichen der Höherentwicklung, der Weisheit durch Lernen aus Erfahrung.**

Die vier Elemente / Evangelisten – ❸

Jeder Mensch besitzt die Kräfte der vier Elemente. Was man daraus macht, ist das wesentliche fünfte Element, die Quintessenz – auch diese wird dargestellt durch die Person in der Bildmitte.

Pendel und Sichel – ❹

Uhrwerk: Bedeutsamkeit eines Zeitabschnitts. **Das Maß der Zeit und die Qualität der Zeit.** Die Stundenblume: **Schönheit und Kostbarkeit eines jeden Augenblicks.** Alles hat seine Zeit, sein Maß und seine Grenzen.

Pendel und Sichel II

Die Polaritäten des Lebens (das Pendel, das hin- und herschwingt). Nichts ist aus sich allein heraus verständlich. Zweck der Begegnung mit den Polaritäten ist die Entwicklung der persönlichen Werte.

Geöffnetes Auge / Himmelsmitte – ❺

Sonnen-, Gottes- und Ich-Symbol. Hier auch: Buchstäblich **die Macht des Augen-Blicks** – in seiner Doppeldeutung als besonderer Zeitmoment und als die Schönheit des Lebens, die im Auge des Betrachters liegt.

Schleife / Gleichgewichtsorgan – ❻

Wie die Gleichgewichtskörperchen im Ohr: **Sie entscheiden über Balance oder Schwindel.** So entscheiden die persönlichen Werte, an die wir uns im Ablauf der Zeit halten, über unsere Balance und Sicherheit.

Die Umrisszeichnung – ❼

Ihr Erbe und Ihre Aufgabe in der Welt, Ihr Haus und Ihre Heimat im Universum sind gleichsam vorgezeichnet, wie dieser Entwurf. Wie Sie ihn füllen, liegt an Ihnen. Erneut: Das ist Ihre Quintessenz!

Die Welt der Frau

Die Quersumme der XXI = III = *Die Kaiserin*. Dazwischen liegen 18 Schritte. 18 = XVIII – *Der Mond* = unter anderem Erlösung. So zeigt *Das Universum* auch die *Kaiserin*, die gute alte Mutter Natur, in erlöster Form!

XXI-Das Universum

Eine Tänzerin mit einem Fuß auf dem Haupt einer Schlange. In der Bildmitte groß ein Gleichgewichtskörperchen. Pendel und Sichel zeigen die Qualität der Zeit. Insgesamt auch ein Bild für das unendliche geflochtene Band der Evolution, für die Entwicklung vom Dasein zum Bewusst-Sein.

Auf der Höhe der Zeit!

■ Grundbedeutung

Pendel und Sichel: Als Uhrwerk und Erntegerät symbolisieren sie Quantität und Qualität der Zeit – Ihren Anteil an der Ewigkeit. Was werden Sie ernten? Für Ihre Rolle in der Welt, Ihr Haus und Ihre Heimat im Universum gibt es einen allgemeinen Rahmen hinsichtlich Ort und Zeit, ähnlich der Umrisszeichnung unterhalb des Schlangenkopfes. Doch mit diesem Entwurf sind Ihre Zeit und Ihr Raum nur allgemein umrissen. Sie können und sollen ihn auf Ihre Art füllen!

■ Spirituelle Erfahrung

Nehmen Sie Anteil an der Welt, und die Welt wird Anteil an Ihnen nehmen. So leben Sie zweimal!

■ Als Tageskarte

Ihre Stärke und Ihre Aufgabe ist es jetzt, selbst ins Zentrum zu treten.

■ Als Prognose / Tendenz

Sie entwickeln ein Bewusstsein für die eigenen Grenzen und Gelegenheiten.

■ Für Liebe und Beziehung

Im Mittelpunkt des »Universum« steht das Bild einer Frau. Das bedeutet: Der Mann muss sich in der Frau erkennen, um die Welt zu verstehen. Und die Frau muss sich in der Welt erkennen, um sich selbst zu verstehen.

■ Für Erfolg und Glück im Leben

Fragen Sie nicht nur, was Sie beim Universum bestellen möchten; schauen Sie, was das Universum Ihnen mitgegeben und damit bei Ihnen bestellt hat.

Die 10 wichtigsten Symbole

Die Aufhebung der Gegensätze

Feuer und Eis (an den Händen), Taube und Schmetterling einerseits und Krokodil, Tiger / Panther andererseits: **Entweder Zerrissenheit = Nullsummenspiel. Oder Integration = Vollständigkeit des Bewusst-Seins.**

Der Nullpunkt

Die Null **warnt** vor einem Leben **»außer Spesen nichts gewesen«.** Vor ungenutzten Talenten. **Andererseits:** Wie in der Mathematik der Nullpunkt eines Koordinatensystems = der Bezugspunkt für alles **= das Absolute.**

Der grüne Mann – ❶

Der grüne Mann, der Mai-Mann kommt in vielen Volksbräuchen vor und stellt die Natur in voller Wachstumskraft dar. Grün = **Negativ:** Unreif. **Positiv:** Permanentes Wachstum, ständige Weiterentwicklung.

Die Hörner – ❷

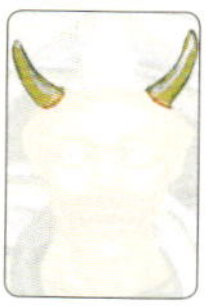

Hier geht es weniger um Seitensprünge (»dem Partner die Hörner aufsetzen«) als um **das Ursprüngliche in uns,** das sich noch die Hörner abstoßen muss: **Symbol der noch nicht zivilisierten Natur** – Fluch oder Segen!

Zwillinge / Blütengeflecht – ❸

Die Vereinigung gegensätzlicher Bestrebungen. Negativ: Innere Widersprüchlichkeit und Zerrissenheit. **Positiv:** Geburtssymbolik, Lebendigkeit, permanenter Neuanfang.

Die Trauben – ❹

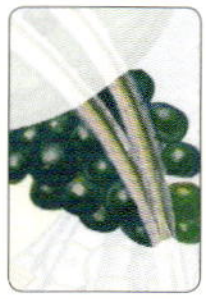

Weintrauben = **Genuss und harte Arbeit** (Weinberg). Zugleich geht es um die **Reife des Lebens:** »Wer meint, alle Früchte würden mit den Erdbeeren reif, versteht nichts von den Trauben« (Paracelsus).

Kreise / Scheiben – ❺

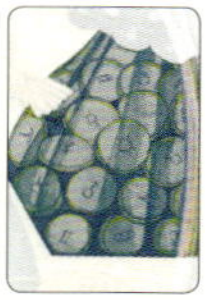

Positiv: Funktionierendes Bewusstsein, Flexibilität, Austausch, Ergänzung von Perspektiven und Wahrnehmungen (vgl. *Ausgleichung / Kunst*). **Negativ:** Beliebigkeit, Multiphrenie (nicht-integrierte Persönlichkeit).

Schlingen und Schleifen – ❻

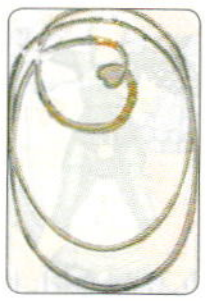

Wie die Ziffer **Null: Alles oder nichts, Leere oder vollendeter Lebenskreis.** Auch: Nabelschnur, Aufgabe der Abnabelung aus den stummen Zwängen der Natur.

Die Sonne zwischen den Beinen

Betonung des Geschlechts, der Sexualität und der Lebendigkeit. »Wie unten so oben«: Der Mensch hat zwei Lustzentren, das eine zwischen den Ohren, und das andere zwischen den Beinen (vgl. die Karte *Lust*).

Die großen Stiefel – ❼

Schutz vor Niedertracht. Gut vorankommen. Naturkräfte »in die Puschen« bringen, sie kultivieren wie beim »Gestiefelten Kater«. **Negativ:** »Was man nicht im Kopf hat, muss man in den Beinen haben.«

0/XXII-Der Narr

Die Figur des Narren verkörpert das Stück Offenheit und Unbestimmtheit, das in jeder Situation enthalten ist – gleichgültig, wie vertraut oder wie festgelegt sie auf den ersten Blick erscheinen mag. Dabei steht die Karte für Anfang und Ende, für Naivität oder höchste Vollendung.

»Das Leben ist wie eine Pralinenschachtel …«

■ Grundbedeutung

Null als Vorbild und Suche nach dem Absoluten: Innere Stille ermöglicht den Verzicht auf äußere Vorbilder und festgelegte Erwartungen. Stille und Freiheit schaffen eine große Offenheit. Es entstehen Verbindungen und *Synchronizitäten* (Gleichzeitigkeiten) zwischen dem Einzelnen und dem Ganzen.

Man kann es auch das »Forrest-Gump-Prinzip« nennen: Zur richtigen Zeit an der richtigen Stelle sein. Mehr kann man nicht erreichen und bewirken. Und weniger wäre ein Verzicht auf vorhandene Möglichkeiten.

■ Spirituelle Erfahrung

Jetzt! Die Kraft der Gegenwart!

■ Als Tageskarte

Lassen Sie sich nicht verrückt machen. Es ist närrisch, sich über Ereignisse oder Konsequenzen Gedanken zu machen, die im jetzigen Augenblick einfach nicht beurteilt werden können.

■ Als Prognose / Tendenz

Die Erfüllung wesentlicher Wünsche macht Sie im guten Sinne wunschlos glücklich.

■ Für Liebe und Beziehung

Zwei »Narren«, die sich lieben, das sind auch *zwei »Nullen«*, die sich zu einer *Lemniskate* zusammenschließen – jener liegenden Acht, die für Unendlichkeit steht.

■ Für Erfolg und Glück im Leben

Als »Narr« sind Sie frei, Antworten nicht zu kennen und hinzuzulernen.

Die 10 wichtigsten Symbole

Die Gestaltung der Bildfigur

Die Königin tritt eher indirekt, durch enorme Energien in Erscheinung. Ihr eigener Körper ist nur zum Teil erkennbar. Dafür dominieren die riesigen Flammen, Strahlen, Spitzen und Zacken.

Weiblicher Oberkörper / Feuerumhang – ❶

Enorme Energie und Ausstrahlung. Dominantes Auftreten (nach oben »entrückt«). **Von Leidenschaft verzehrt oder durch sie erblüht.** Starke Präsenz, bewusstes Dasein.

Die wilde Katze – ❷

Eigenwilligkeit, Unberechenbarkeit, ungezähmte Lebens- und Sexualkraft. **Negativ:** Gerissenheit, Heimtücke. Katzenjammer. Auch »Katze«, Cats: **Projektionsfiguren männlicher** (Sex-) **Wünsche und Ängste.**

Die Strahlenkrone – ❸

Auf dem Kopf getragen oder darüber schwebend: ägyptisches Sonnenzeichen in angedeuteter Form. Auch ein Strahlenkranz um den Kopf betont noch einmal die **Verbindung zu Sonnenthemen. Leidenschaft. Präsenz.**

Der Kreis um den Oberkörper – ❹

Auf sich selbst konzentriert. Kontrast zu spitzen Zacken am Kopf. Bindung von Höhen und Tiefen der Feuerenergie. **Negativ:** Beschränktheit, Egozentrik. **Positiv:** Selbst-Bestimmung. Formung des Charakters.

Das lange Haar – ❺

Die sehr langen Haare hat die Bildfigur mit den Hauptpersonen bei *Lust* und *Der Stern* gemein. Ebenfalls das weit nach oben entrückte, entfernte Gesicht. **Vitalität, unbändige Kraft. Oder Eitelkeit, Selbstverliebtheit.**

Der Pinienzapfenstab – ❻

Phallussymbol. Außerdem: **Symbol des immergrünen und sich erneuernden Lebens. Also Ewigkeit.** Oder Hinweis auf die einfache Natur, die möglicherweise unbewusst oder noch unbekannt, verschlossen ist.

Zacken und Blitze

Ein »scharfer Typ«, eine Katze, die ihre Krallen zeigt. Die zahlreichen Spitzen und Zacken weisen auf **Schärfe im Sinne von Lust oder Schroffheit** hin. Sie symbolisieren auch die Bildung des »Charakters«.

Spitzen und Zacken – ❼

»Charakter« = griechisch »charassein« = »spitzen, schärfen, kratzen, ritzen« sowie »zerfleischen, verwunden, reizen, aufbringen, erbittern«: **Das persönliche Gepräge, »Biss«, der Eindruck, den wir machen.**

Der rote Himmel

Himmel = Reich Gottes (»Macht des Schicksals«) und die Heimat des menschlichen Willens **(»Des Menschen Wille ist sein Himmelreich«)!** Um die glückliche Vereinigung von Schicksal und eigenem Willen geht es jetzt!

Königin der Stäbe

Sie gleichen dieser Königin. Die Karte unterstreicht Ihre königliche Würde und zugleich Ihre weibliche Seite! Sie besitzen und entwickeln einen königlichen, meisterhaften Umgang mit den Feuerkräften des Lebens. Ihr ganzes Können als Mensch mit viel Energie und (Über-) Lebenskraft ist gefragt.

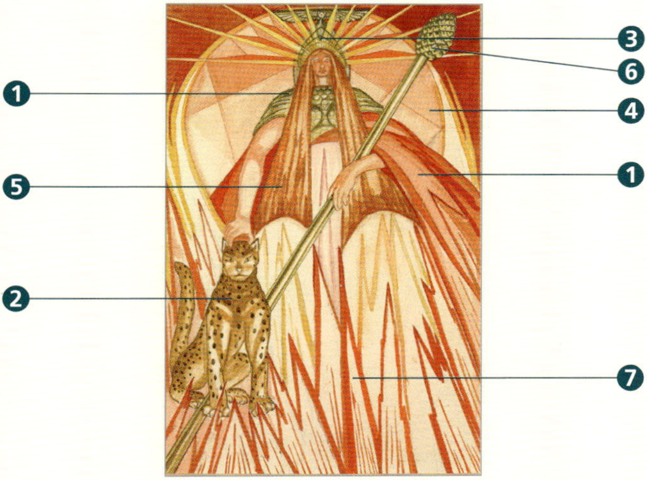

Jetzt und auf die Dauer hilft nur Power!

■ Grundbedeutung

Die Meisterin der Grundtriebe: »Was treibt mich, was zieht mich an? Wo kann ich sein, wie ich bin?« – Wie jede Hofkarte zeigt diese Königin ein Idealbild, einen souveränen Umgang mit dem betreffenden Element, hier mit den Stäben (Feuer, Triebe, Taten, Wille). Sie sind wie diese Königin, oder so können Sie werden! Und / oder Sie treffen auf einen Menschen in Ihrem Leben, der dieser *Königin* entspricht.

■ Spirituelle Erfahrung

Der schöpferischen Kraft zu vertrauen, auch wenn scheinbar noch nichts da ist oder nichts mehr geht. Aus dem scheinbaren Nichts neues Leben schaffen.

■ Als Tageskarte

Lassen Sie die Katze aus dem Sack! Stehen Sie zu Ihrer Leidenschaft!

■ Als Prognose / Tendenz

Große Themen wie Lebenswille und Lebenseinsatz, Kreativität und Sexualität, Selbsterhaltung und Fortpflanzung, Karriere und Kinder können hier ins Haus stehen. Und ein ganz persönliches »Katz und Maus«-Spielen …

■ Für Liebe und Beziehung

Sorgen Sie für Spiel, Bewegung und Abenteuer! Machen Sie sich Ihre Jagdinstinkte bewusst!

■ Für Erfolg und Glück im Leben

Gegner und Hindernisse bieten in Wahrheit neue Chancen, gerade weil Sie dabei umdenken müssen.

Die 10 wichtigsten Symbole

Der nackte »Prinz« – ❶

Auch transparentes Kleid: Unverhüllte Wahrheit. **»Bloß« gelegtes Seelenleben. Lust, Passion, Leidenschaft. »Prinz« =** lateinisch *princeps:* der Erste, Führer, Fürst (= *first, der Erste),* Frühling *(prin*temps).

Der Feuermantel – ❷

Schönheit, Selbstinszenierung, Stolz. Prunk, Eitelkeit. Auch: Rückendeckung! **Sie können Feuerproben bestehen.** Vermeiden Sie ungesunden Stress. In gesunden Feuerproben aber erleben Sie, was Sie wirklich wollen!

Der Strahlenhelm I – ❸

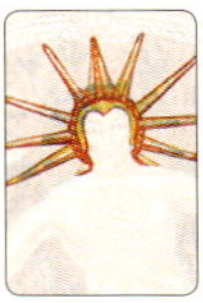

Leidenschaftliche Ausstrahlung. Geblendet werden. »Heiligenschein«. Ein »scharfer Typ«. Betonung der Verbindung zur Sonne, dem solaren Prinzip und zusammenhängenden Themen (vgl. *Königin der Stäbe).*

Zweites Gesicht / »Doppelkopf«

Das obere Gesicht wie der Kopf einer Katze, eines Kobolds oder eines Kasperles. **Hölzern? Vitalität, Naivität, Übermut?** Die zwei Gesichter einer Feuernatur, die in Einklang gebracht werden müssen.

Der Phönixstab – ❹

Der Vogel Phönix verbrennt sich von Zeit zu Zeit, um aus seiner Asche neu zu erstehen. **Der spontane Wille erlebt Tod und Wiedergeburt.** Er wird geläutert, mausert sich vom impulsiven zum bewussten Willen.

Spitzen und Zacken I – ❺

»Spitz«, bissig, »scharf«, reißerisch, gerissen, dornig, kantig, eckig. Profilierte oder eingefrorene Verhaltenszüge. **Zuspitzung von Charakter oder Erscheinungsbild.**

Spitzen und Zacken II

»Charakter« = griechisch »charassein« = »spitzen, schärfen, kratzen, ritzen« sowie »zerfleischen, verwunden, reizen, aufbringen, erbittern«: **Das persönliche Gepräge, »Biss«, der Eindruck, den wir machen.**

Der rote Löwe – ❻

Zugtier: Der Löwe bewegt den *Prinzen* und bestimmt auch sein Denken (kleiner Katzenkopf oben). Alchemistisches Symbol des wahren Willens, der den Prinzen bewegt. **Mut, Souveränität. Feuerproben bestehen.**

Emblem mit drei Kreisen / Siebenstern – ❼

Innere Auseinandersetzung, die im Idealfall zur Synthese führt. Körper, Geist und Seele. **Siebenstern:** Vollendung der Schöpfung. **Die drei Kreise:** Aufhebung (vgl. *Ass der Kelche, Drei Kelche).*

Der Strahlenhelm II

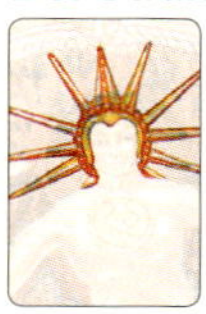

Feuer und Flamme, Willenskraft, Feuer der Begeisterung. **Negativ:** Idealismus, »Kopfgeburten«. **Positiv:** Wie dieser Prinz können Sie viel bewegen. Großes Feuer braucht große Ziele, jedoch edle, gut überlegte.

Prinz der Stäbe

Sie gleichen diesem Prinzen. Die Karte unterstreicht Ihre königliche Würde und zugleich Ihre männliche Seite! Sie besitzen und entwickeln einen königlichen, prachtvollen Umgang mit den Feuerenergien des Lebens. Ihre ganzen Kräfte als Mensch mit Mut, Lust und Willenskraft sind gefragt.

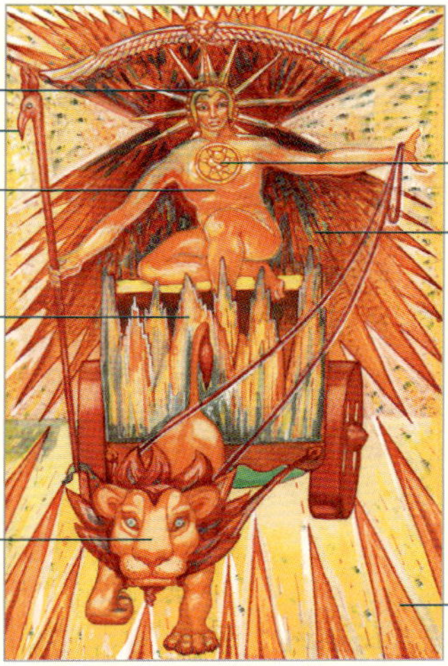

Es gibt nichts Gutes – außer man tut es!

■ Grundbedeutung

Der Meister des Wollens: »Was will ich in diesem Leben / mit diesem Partner / in diesem Augenblick erleben? Wie will ich leben?« – Wie jede Hofkarte zeigt dieser Prinz ein Idealbild, einen souveränen Umgang mit dem betreffenden Element, hier mit den Stäben (Feuer, Triebe, Taten, Wille). Sie sind wie dieser Prinz, oder so können Sie werden! Und / oder Sie treffen auf einen Menschen in Ihrem Leben, der diesem *Prinzen* entspricht.

■ Spirituelle Erfahrung

Wie der Salamander durchs Feuer gehen und sich wandeln. Feuerproben und eine persönliche Läuterung erleben.

■ Als Tageskarte

Gehen Sie für Ihre Herzenswünsche durchs Feuer – mit Geschick und ohne Sorgen.

■ Als Prognose / Tendenz

Sie werden vor Herausforderungen und Verlockungen, vor zwingende Notwendigkeiten und große Freiheiten gestellt.

■ Für Liebe und Beziehung

Selbstständig zu handeln und »Tod und Teufel« nicht zu fürchten, bringt Ihnen Glück in der Liebe.

■ Für Erfolg und Glück im Leben

Prüfen Sie die Zwecke, für die Sie sich engagieren. Die Ziele müssen stimmen, damit Sie Ihre besten Kräfte mobilisieren!

Die 10 wichtigsten Symbole

Ross und Reiter

Zentaur als **Einheit von Mensch und Pferd, Verstand und Trieb.** Cowboy-Mythen, die Amazonen. Himmlische Natur (Himmelsfeuer, Sonne) und irdische Natur (flüssiger Erdkern, Licht und Feuer in der Erde) als Einheit.

Der gerüstete Reiter – ❶

Begeisterungsfähigkeit, Oberhälfte des mythischen Zentaurs. **Schwarzgoldene Rüstung:** Licht ins Dunkel; das Höchste und Heilige; oder Sinnsuche und Neid, Gier. Auch: »Gebranntes Kind scheut das Feuer«.

Das Pferd

Ursprüngliche Natur, Wildheit, Unterhälfte des mythischen Pferdemenschen Zentaur. **Negativ:** Verdrängtes, unbearbeitete Triebe kehren wieder. **Positiv:** Neue Handlungs- und Aktionsmöglichkeiten.

Das aufbäumende Pferd

Lebenskraft, Abenteuer, Lust, bewusster und unbewusster Wille (Pferd in Verbund mit Reiter). Leidenschaften, denen das Feuer durchgeht oder die vor dem Feuer zurückschrecken oder die sich freuen und triumphieren.

Geflügeltes Pferd auf Helm – ❷

Verbindung von Feuer und Luft, **Begeisterung, großes Herz,** »Gedacht – getan«, Wunschdenken, Idealismus. **Negativ:** Willkür, Abgehobenheit. **Positiv:** Schwierigkeiten überwinden, Hindernisse meistern.

Feuermantel / Feuerball – ❸

Feuerball oder Feuerdom: Das Feuer hat Ross und Reiter in der Hand. **Negativ:** Ungezügelte Leidenschaft. Oder sie kontrollieren das Feuer. **Positiv:** Für seine Ziele und Herzensanliegen durchs Feuer gehen.

Der Feuersturm

Kann jederzeit aus dem Ruder laufen, abrufbar oder unkontrolliert. **Positiv:** Antriebskraft, gesteigerte Entfachung brennender Leidenschaft. **Negativ:** Grobheit, Ausbruch von Gewalt.

Der Wind von hinten

Rückenwind, Unterstützung. Auch: »Einem fliehenden Pferd kannst du dich nicht in den Weg stellen. Es muss das Gefühl haben, sein Weg bleibt frei (...)« (Martin Walser). **Ein gebranntes Kind scheut das Feuer.**

Lockere Zügel? – ❹

Es ist unklar, welcher Anteil der Doppelnatur von Pferd / Reiter die Führung hat. **Vertrauen, gutes Zusammenspiel von Instinkt und Verstand.** »Innere Führung«. Oder Leichtsinn.

Die Fackel – ❺

Die Fackel des Prometheus. Fähigkeit, aber auch Aufgabe, **Licht und Wärme ins Dunkel zu bringen.** Erkenntnis- und mitreißende Begeisterungsfähigkeit. Potenz (vgl. *Ass der Stäbe).*

Ritter der Stäbe

Sie gleichen diesem Ritter. Die Karte unterstreicht Ihre Souveränität und zugleich Ihre männliche Seite! Sie besitzen und entwickeln einen meisterhaften, ganzheitlichen Umgang mit den Feuerkräften des Lebens. Ihre ganze Entschlossenheit als Mensch mit großer Erfolgs- und Einsatzbereitschaft ist gefragt.

Ein Draufgänger. Oder ein Lichtbringer, der darauf brennt, …

■ Grundbedeutung

Der Meister der Ziele: »Was will ich erreichen? Wie weit will ich gehen? Was ist mein Plan vom Glück?« – Wie jede Hofkarte zeigt dieser Ritter ein Idealbild, einen souveränen Umgang mit dem betreffenden Element, hier mit den Stäben (Feuer, Triebe, Taten, Wille). Sie sind wie dieser Ritter, oder so können Sie werden! Und / oder Sie treffen auf einen Menschen in Ihrem Leben, der diesem *Ritter* entspricht.

■ Spirituelle Erfahrung

Auf die Suche gehen. Eine Durststrecke durchqueren. Etwas aushalten, (sich) treu bleiben, etwas erreichen.

■ Als Tageskarte

Wo es am dunkelsten ist, wird Ihr Licht am meisten gebraucht. Dort finden Sie lohnende Aufgaben, die Ihre ganze Kraft erfordern und entfalten! Machen Sie sich jetzt auf den Weg!

■ Als Prognose / Tendenz

Sie müssen handeln, und im Handeln werden Sie erkennen, welcher Weg für Sie der richtige ist.

■ Für Liebe und Beziehung

Selbst die Führung und volle Verantwortung zu übernehmen, verheißt Ihnen Glück in der Liebe.

■ Für Erfolg und Glück im Leben

Verfeinern Sie Beobachtung und Anteilnahme! Intuition und Einsicht geben Ihnen das Gespür dafür, welche Grenzen Sie jetzt überwinden sollten und welche nicht.

Die 10 wichtigsten Symbole

Die nackte Gestalt – ❶

Helle Begeisterung, die nach oben strebt / sich nach unten bewegt. Hingabe. **Nacktheit:** Offenheit, Wahrheit, Lust, Freiheit, ohne falsche Scham. **Aber auch:** Schamlosigkeit, Unverschämtheit, kulturlos.

Die Rückenansicht – ❷

Hier sehen wir eine Bildfigur, die dem Betrachter frontal den Rücken zeigt. **Positiv:** »Volle Kraft voraus!«, das ganze Augenmerk nach vorne! **Negativ:** Flucht nach vorne, sich selbst den Rücken kehren.

Der Tigerpanther – ❸

Kraftvolle Triebe (Lust / Angst): nach unten ziehend oder zum Aufschwung / Genuss des Da-Seins im Hier und Jetzt verhelfend. **Geschlossene oder leere Augen:** »Den Tiger reiten«, nicht abgeschleppt werden.

Der Sonnenstab – ❹

Symbol der Erkenntnis, die zum Licht zieht. Aber auch: Verblendung, die hochmütig macht. **Auch Symbol für Spiegel, Spiel, Attrappe:** die *Prinzessin* ist spielerisch im Guten wie im Schlechten!

Lodernder Altar / Blumenopfer – ❺

Verehrenswürdiger Aspekt der Begeisterungskraft, überschaubare Konzentration von Enthusiasmus. Opferbereitschaft und Hingabe an die Leidenschaft. Feinstoffliche Energien und die Arbeit mit ihnen.

Widderhorn / Widderkopf – ❻

Ursprüngliche Lebenskraft, Sexualität. Anfang und Geburt, Frühlingserwachen. **Beginnen als Lebensprinzip:** die (Auf-)Gabe, Neues zu initiieren, (mit sich) etwas anzufangen. Permanente Geburt, Entstehung.

Die Flammenwelle I – ❼

Feuer und Flamme für etwas sein. Surfen auf der Welle der Begeisterung oder davon mitgerissen werden. Aufsteigende oder absteigende Kundalini-Energie. **Rutschbahn / Achterbahn der Leidenschaft.**

Die Flammenwelle II

Sie hat die Gestalt des hebräischen Buchstabens Jod, eines Symbols des Elements Feuer. Auch **»Fingerzeig Gottes«** und somit Hinweis auf den »göttlichen Funken« der **Erleuchtung in uns** oder, wie hier, um uns!

Der orangeroter Hintergrund

Nur Feuer, nur Sonne: Gefahr der Blendung, kein Raum für Schatten. Ganz und gar, mit Haut und Haaren eingestellt auf: **Feurigkeit, Willen, Leidenschaft, Libido, Lust, Tatendrang.**

Gelbgrüner Hintergrund

Sonnengelb. **Positiv:** Besonnenes Wesen. **Negativ:** neidisch / wahnhaft. Gelb vor Neid, Sonne als Blendung. **Vermischt mit grünen Frühlingsgefühlen:** Frisch, jung, verheißungsvoll, aber auch unerfahren, unreif.

Prinzessin der Stäbe

Sie gleichen dieser Prinzessin. Die Karte unterstreicht Ihre Souveränität und zugleich Ihre jugendlich-junge Seite! Sie entwickeln einen meisterlichen, unvorbelasteten Umgang mit den Feuerkräften des Lebens. Ihr ganzes Geschick als Mensch mit viel Begeisterung und Tatendrang ist gefragt.

Halten Sie sich an das, was Sie wachsen lässt!

■ Grundbedeutung

Die Abenteuer der Triebe und der Taten: »Wie kann ich so leben, dass ich das Leben spüre? (Dass ich nicht verkalke?)« – Wie jede Hofkarte zeigt diese Prinzessin ein Idealbild, einen souveränen Umgang mit dem betreffenden Element, hier mit den Stäben (Feuer, Triebe, Taten, Wille). Sie sind wie diese Prinzessin, oder so können Sie werden! Und / oder Sie treffen auf einen Menschen in Ihrem Leben, der dieser *Prinzessin* entspricht.

■ Spirituelle Erfahrung

Sich wundern. Sich entwickeln und wachsen. Über sich hinauswachsen.

■ Als Tageskarte

Erinnern Sie sich an reale Momente von Glück und Freude in Ihrem Leben! Dann beschließen Sie im Lichte Ihrer Glückserfahrungen, was Sie jetzt tun wollen.

■ Als Prognose / Tendenz

Von Routine nach Schema F werden Sie sich verabschieden. Da sind frische Kräfte in Ihnen und um Sie herum, an die Sie sich halten werden.

■ Für Liebe und Beziehung

Die Freude, zu leben, *da zu sein*, schenkt Ihnen immer wieder frischen Mut und neue Spannkraft!

■ Für Erfolg und Glück im Leben

Hüten Sie sich vor falschen »Kicks«, vor Energieschüben, die Ihnen über die Hutschnur gehen und Sie in die Wüste (Leere, Irre) führen.

Die 10 wichtigsten Symbole

Die Gestalt

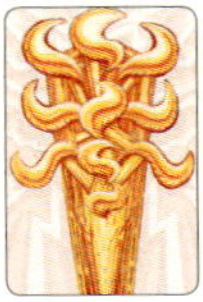

Wir sind wie der Stab: **Aus den Kräften der Erde und des Lichts entstanden,** ein Stück Lebenskraft, Spross der Vergangenheit, Energie der Gegenwart, Wurzel der Zukunft. Ohne zündende Triebe = hölzern, tot.

Der Stab I – ❶

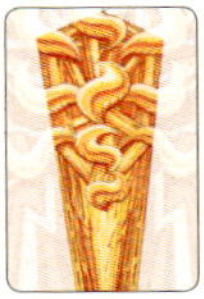

Das Holz, das dem Feuer Nahrung gibt. **Phallus-Symbol, Zeugungskraft, das in uns steckende Lebensfeuer.** Aus Trieben formen sich Taten und der Wille. Feuerproben, Läuterung und Veredelung des Willens.

Der Stab II

Handwerkszeug, Hexenbesen, »Knüppel aus dem Sack«, Krücke, Stütze. Sowie: Wachstum, Alterung, Reifung, Nachwuchs. **Feuer:** Verwandlung von Masse in Energie, Verwandlung des Grobstofflichen ins Feinstoffliche.

Gelbe Flammen / Feuerschlange I – ❷

(vgl. *Prinzessin der Stäbe*). Krauser, ungestümer Feuergeist, Richtungswechsel, Vitalität, Intelligenz, Ideenreichtum, Leidenschaft. **Gelb:** Bewusste Lebensfreude, aber auch neidisch und »schrill«, dissonant.

Die zehn Flammen – ❸

Die schlangenartigen Flammen in weiß, gelb und braun (Geist; Sonne; Erdverbundenheit) streben in alle möglichen Richtungen: **Allseitigkeit der Energieentfaltung.** Auch: **Die zehn Stationen des Lebensbaums.**

Kanäle / Verbindungslinien

Gerüst in Form des kabbalistischen **Lebensbaums**. Er besitzt zehn Stationen, durch 22 Linien verbunden (vgl. *Zehn Kelche, Zehn Scheiben*). **Ein einziger Stab enthält die Vielfalt und Vollendung des Feuers.**

Die drei Etagen

Auch Stufen. Symbole für **Himmel, Erde, Hölle** oder **Es, Ich, Über-Ich.** Auch: **die drei Brennpunkte des Feuers: (1) Sexualität, (2) Kinder / Zeugung** oder **Produktivität** auch im übertragenen Sinne, **(3) Kreativität.**

Der Blitz – ❹

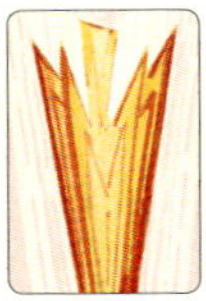

Entladung von Energie, Zündkraft, Freisetzung von Urgewalten und Naturkräften. Die (Auf-)Gabe ist: bewusste Kontrolle und gezielter Einsatz. Symbol der Schnelligkeit, Unmittelbarkeit, Direktheit.

Die grünen Energieblitze – ❺

Grün: natürlich, vegetativ, frühlingshaft, ursprünglich. **Auch:** die Farbe der Hoffnung. **Positiv:** im Wachstum, frisch, gesund. **Negativ:** unreif, unausgegoren, primitiv.

Feuriger Himmel / Hintergrund

Flächenbrand entzündeter Begeisterung. Fieber, Wärme, Beweglichkeit. **Rot = Lebensfeuer, Leidenschaft** von Liebe, Lust, Lebendigkeit bis Aggression, Wut, Gewalt, Vernichtung. »Rot sehen«, Stopp- / Alarm-Signal.

Ass der Stäbe

Rot, die Farbe der Aktivität, des Bluts und des Herzens, der Liebe und Leidenschaft, doch auch der Aggression und des Zorns. Feuer, Flammen und Blitze. Deuten die grünen Farben auf frische, zarte Regungen wie Fürsorge und Wachstum oder auf unreife, schlimmstenfalls giftige Gefühle wie Wut und Rache hin?

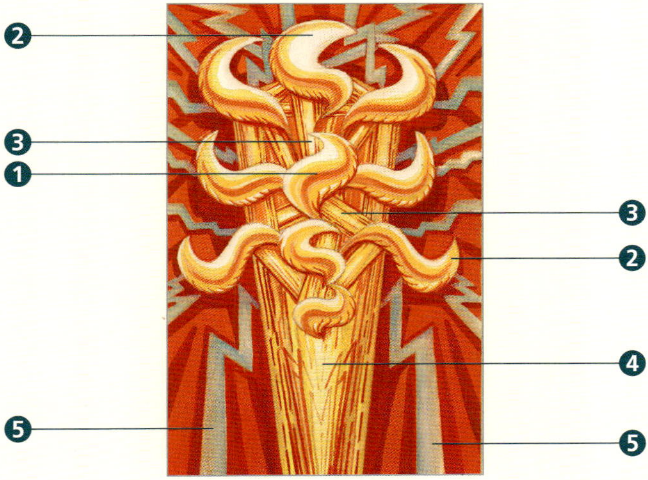

Hoch soll leben, was uns lebendig sein lässt!

■ Grundbedeutung

Die Stäbe sind das Holz, das dem Feuer Nahrung gibt. Die Flammen drücken Bewegung und Lebendigkeit aus. Es geht um die Lebenskraft: um Triebe, Taten und Aktionen. Außerdem um Macht, Erfolge, Abenteuer und alles, was unser Lebensfeuer höher schlagen lässt.

Schlüsselbegriff ist der Wille, der im Feuer geschmiedet und geläutert wird. Mit dem Ass bietet sich Ihnen ein elementarer Zugang zu diesen Feuer- und Willenskräften! Greifen Sie zu!

■ Spirituelle Erfahrung

Für das, was man liebt, durchs Feuer gehen. Wachsen. Etwas gewinnen, das man zuvor noch nie erreicht hat.

■ Als Tageskarte

Nehmen Sie das Heft in die Hand! Begreifen Sie, was sich da entwickelt!

■ Als Prognose / Tendenz

Jede Stab-Karte stellt eine Aufforderung dar, etwas zu tun (aktiv) oder etwas geschehen zu lassen (passiv). Im Handeln finden Sie die gesuchte Antwort.

■ Für Liebe und Beziehung

Der Wille zu sich selbst und die Lust, über sich hinauszuwachsen und für andere da zu sein, sind Sprengstoff, aber auch Treibstoff einer Beziehung!

■ Für Erfolg und Glück im Leben

Holen Sie den »Knüppel aus dem Sack«, um Ihre berechtigten Ansprüche in die Tat umzusetzen. Zeigen Sie, wer Sie sind und was Ihnen lieb und wichtig ist!

Die 10 wichtigsten Symbole

Die zwei Stäbe I – ❶

Die zwei Stäbe spiegeln wichtige Energien, Triebe oder »Flammen«. **Innere oder äußere Widersprüche.** Solche, die es voneinander zu trennen, und solche, die es auf einen Nenner zu bringen gilt.

Die zwei Stäbe II

Es geht um Grundfragen im Willens- und Triebbereich, wie zum Beispiel Lustprinzip und Pflichtgefühl, Beruf und Familie, Selbstbehauptung und Hingabe, zwei Menschen, die man liebt, zwei Wege, die man gehen kann.

Keule / Donnerkeil

Tibetische Dorjes, eine Art Donnerkeile. Auf einen groben Klotz einen großen Keil! **Negativ:** kleine Scheite, Stückwerk – *scheitern*. **Positiv:** Energie beherrschen (!), indem man sie sich einteilt – *gescheit*.

Das X-Kreuz

Gegensatz und Ergänzung: Entweder Blockaden, machtvolle Interessenkonflikte. Oder kraftvolle Unterstützung, Beschleunigung, mehr Energie. **Auch:** Kreuzung zweier Wege, Ansichten, Verhaltensweisen.

Sechs Flammen / Feuerschlangen – ❸

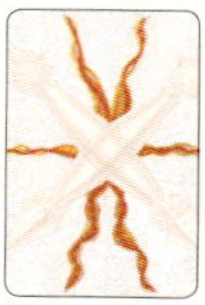

Beweglich: strahlen aus in alle Himmelsrichtungen. **Stilisierte Flammen:** gebändigte Energie des ungestümen Feuergeistes, der sich aber jederzeit wieder entfachen kann (vgl. *Ass der Stäbe)*.

Pferdekopf / Maske oder Totem – ❸

Kraft der Natur, Intelligenz der Instinkte, Kraft der Triebe (vgl. alle *Ritter)*. Auch: Symbol für Macht, Reichtum und edle Abstammung. Symbole für namenlose Ängste und Schutz vor ihnen.

Das geringelte Schlangenpaar – ❹

Symbol für **Vollkommenheit und Unendlichkeit.** Aufrichtung sexueller und anderer Triebe. Bewusster Umgang mit Bedürfnissen und Instinkten, mit Verlockungen und Verführungen, Wegen und Abwegen.

Die Farbpunkte – ❺

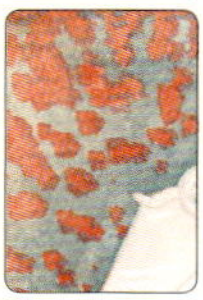

Keine Mischung. Zu vereinende oder trennende Gegensätze: **kalt und warm, feurig und wässrig. Farbspannung** = Blitz und Donner; fließende, vielseitige Leidenschaften oder gewitterartige Ausbrüche, Einfälle.

Mars-Symbol – ❻

Mars stärkt die **Durchsetzungskraft**, gibt **Mut** und ergreift (auch sexuell) die **Initiative**. Kriegs- und Frühlingsgott Mars. **Auch: Frühling** (Mars = »März«), neues Leben, Ostern, eine Wüste zum Garten machen.

Widder-Symbol – ❼

Pionier, Kämpfer, Tatmensch. Anfang als Lebensprinzip, permanente Geburt. Frühling, neues Leben, Ostern, eine Wüste zum Garten machen. **Aber auch:** Unberechenbarkeit (»April, April, der macht, was er will«).

Zwei Stäbe

Zwei Stäbe stellen Polaritäten im Bereich der Triebe und Taten dar, die sich blockieren oder bestärken können. Wie gehen Sie mit widersprüchlichen Motiven und Zielen um – mit wichtigen Interessen und Absichten, die innerhalb Ihrer eigenen Person oder zwischen Ihnen und anderen Menschen kontrovers sind?

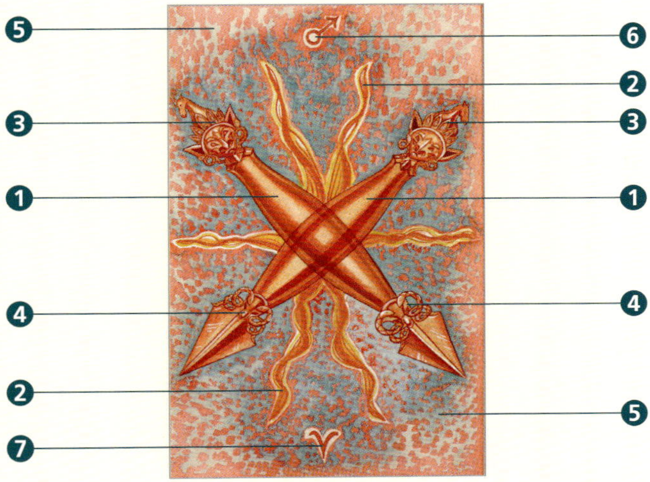

Keine halben Sachen!

■ Grundbedeutung

Zwei Stäbe stehen für Grundenergien, für wichtige Triebe, die sich widersprechen oder ergänzen. Das bezieht sich auf eher banale Absichten. Es gilt aber auch für grundlegende Interessen und massivere Konflikte. Wer einen der beiden Stäbe vergisst, produziert Stückwerk (und scheitert). Wer Konflikte löst, indem er sie Stück für Stück abarbeitet, der erreicht Großes (und ist ge-scheit).

■ Spirituelle Erfahrung

»Was ist mein Anteil an der Welt? Was liegt in meiner Macht und was nicht?«

■ Als Tageskarte

Lassen Sie sich nicht in eine Zwickmühle treiben. Warten Sie, bis Ihr Entschluss fest steht. Dann zögern Sie nicht länger. Handeln Sie mit ganzer Macht.

■ Als Prognose / Tendenz

Große Aufgaben fordern Sie heraus. In Ihren aktuellen Fragen entwickelt sich etwas Neues, das nur Sie entdecken können.

■ Für Liebe und Beziehung

Mit bewussten Schritten zu großen Zielen!

■ Für Erfolg und Glück im Leben

Stellen Sie sich Donnergötter aus der Mythologie vor: Um Urgewalten geht es auch hier. Aller Anfang ist schwer! Große Aufgaben lassen sich bewältigen, wenn Sie sie in handliche Portionen teilen.

Die 10 wichtigsten Symbole

Die gelben Stäbe I – ❶

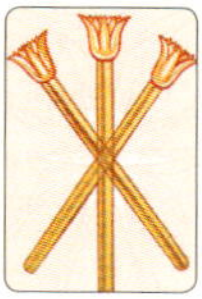

Frühlingshaftes Aufblühen, frische Lebenskraft. Farbe der Sonne: Wenn andere mit viel Sonne auftreten, können wir geblendet werden. Wenn wir selbst mit viel Sonne leben und handeln, …

Die gelben Stäbe II

… dann blenden wir möglicherweise andere; und / oder wir erschrecken, weil wir **mit unserem starken Licht in Schattenbereiche hineinleuchten,** die für andere möglicherweise ein Tabu darstellen.

Stängel / Blüte

Stängel: Dauerhafte Nährung. **Blüte:** Spontaner Wille. Das in uns Emporwachsende. Blüte eines Menschen: **unsere Spitzenleistungen, Reife, Entfaltung unserer Eigenarten.**

Zehn transparente Flammen – ❷

Leidenschaft wird zu sonnig-klarem Erlebnis. Klärung von wilden Trieben. **Negativ:** Feuer verblasst, ist fast verloschen. **Positiv:** Besonnenheit, bewusster Einsatz, Kultiviertheit.

Die Fächerformation – ❸

»Aller guten Dinge sind drei«: Himmel, Erde, Hölle oder Es, Ich und Über-Ich. Die wichtigen Feuerthemen: **(1) Sexualität, (2) Kinder / Zeugung** oder **Produktivität** auch im übertragenen Sinne, **(3) Kreativität.**

Der Strahlenstern

Kreative Kraft, Durchgeistigung, Durchleuchtung. Kristall, der innere Diamant, **»der göttliche Funke«**, das innere Licht strahlt auch außen (vgl. *Der Eremit)*. Sich herauskristallisierende Leidenschaft.

Der orangerote Hintergrund

Kein Raum für Schatten. **Ganz, mit Haut und Haaren eingestellt auf:** Feuer, Wille, Leidenschaft, Libido, Lust, Tatendrang mit Besonnenheit (gelb, Sonne). **Aber auch:** mit Neid oder Wahn (gelb vor Neid).

»Einfarbigkeit«

Nicht Kontrast, sondern Homogenität der Bildfarben bestimmt die Karte. **Negativ:** Eintönigkeit, Widerspruchslosigkeit, Verdrängung von Schattenseiten. **Positiv:** Einheit, Integration, Aufhebung der Vielfalt.

Sonnen-Symbol – ❹

Bewusstheit, Wachheit, aber auch Sinnsuche und Neid, Gold und Gier. **Gefahr:** Der Sonne zu nah zu kommen, kann Verzauberung (Blendung) bewirken. **Positiv:** Erhellung der Kehrseiten = zuverlässiges Bewusstsein.

Widder-Symbol – ❺

Pionier, Kämpfer, Tatmensch. Anfang als Lebensprinzip, permanente Geburt. Frühling, neues Leben, Ostern, eine Wüste zum Garten machen. **Auch:** Unberechenbarkeit (»April, April, der macht, was er will«).

Drei Stäbe

Drei Stäbe bedeuten eine Aufhebung oder eine Zuspitzung von Konflikten im Bereich der Triebe und Taten. Not macht erfinderisch, wenn man sich von ihr nicht schachmatt setzen lässt. Ihr Tatendrang und Ihr Erfindungsgeist können sich jetzt bewähren, denn es gilt, aus der Not eine Tugend zu machen ...

Sehnsucht nach neuen Lösungen?

■ Grundbedeutung

Es gibt bessere Lösungen, die Ihre ganze Kraft erfordern und fördern. Widersprüche und Gegensätze sollen nicht nur ertragen, sondern selber zum Gegenstand der Entdeckung, zum Anreiz für neue kreative Möglichkeiten gemacht werden. Halten Sie Ausschau nach neuen Lösungswegen! Vertrauen Sie der Kraft der höheren Einsicht! Bewahren Sie Besonnenheit und vermehren Sie Ihre Suche nach guten, neuen Ansätzen.

■ Spirituelle Erfahrung

Das Glück der guten Lösung, bei der man alles Wesentliche berücksichtigt hat!

■ Als Tageskarte

Klären Sie, was Sie erreichen wollen, was andere von Ihnen erwarten, was Ihre Aktionen bewirken, was Sie unterlassen oder versäumen, wer auf Sie wartet, wohin Sie wollen …

■ Als Prognose / Tendenz

Ein wenig Geduld – Sie werden eine gute Lösung finden, die Ihre Handlungsfähigkeit und Ihren Aktionsradius deutlich vergrößert.

■ Für Liebe und Beziehung

Warten Sie nicht darauf, dass Sie jemand abholt; werden Sie selbst aktiv! Nehmen Sie sich Zeit für sich und das Wesentliche!

■ Für Erfolg und Glück im Leben

Erweitern Sie Ihr Gesichtsfeld! Damit sehen Sie sich und Ihre Möglichkeiten in einem neuen Licht!

Die 10 wichtigsten Symbole

Die rote Stäbe – ❶

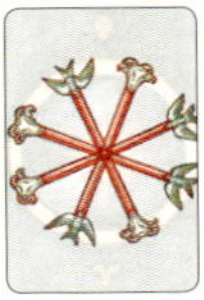

Stab: Lebenskraft, Potenz, hohe oder rohe Energie. **Rot:** Wille, Herzblut (Liebe oder Rache / Wut). **Positiv:** Für sinnvolle Ziele und Wünsche leben. **Negativ:** Niedere Beweggründe, nur der eigene Wille zählt.

Kreis / Rad – ❷

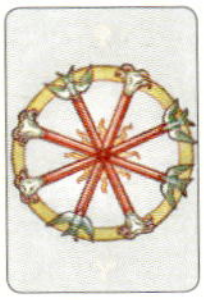

Mit 4 Hinweis auf **Quadratur des Kreises**. Diese stellt die Aufhebung und **Versöhnung** auch **schärfster Gegensätze** dar. Auch Aufeinanderstoßen starker gegensätzlicher Kräfte, die das Rad »durchdrehen« lassen.

Das Kraftzentrum

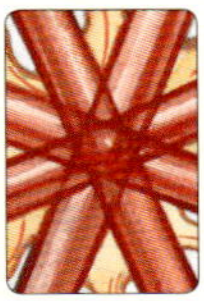

Widerspruch Venus / Widder setzt die Entdeckung von Stärken / Schwächen des *anderen* Geschlechts *in Bewegung*. In der ruhigen *Mitte des Zyklons* **erleben wir äußere Turbulenz mit großer innerer Liebe / Klarheit.**

Der Strahlenstern – ❸

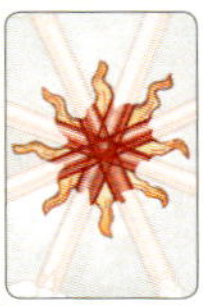

Gebremste oder gebändigte Leidenschaft. **Kreative Kraft, Durchgeistigung, Durchleuchtung,** Kristall, der innere Diamant, **»der göttliche Funke«**. Das innere Licht strahlt nach außen (vgl. *Der Eremit).*

Die Taube – ❹

Steht für die **Höhenflüge des Geistes, der Liebe und des Eros.** Sie ist Zeichen des Friedens und der Hoffnung, aber auch der Hysterie und der »Taubheit«. **Bote Gottes** und **der Heilige Geist. Weiblichkeit.**

Der Widderkopf – ❺

Martialische, erobernde Anteile, Rammbock, Frühlingsgefühle, Männlichkeit. Der Widder steht für *Ostern* und die Taube für *Pfingsten* (vgl. die Großen Karten *Der Kaiser* und *Der Turm).*

Der dunkelgrüne Hintergrund

Vegetative Natur, tiefes Unbewusstes. Diese äußern sich in Trieben und Instinkten und zeigen sich eher in schwer greifbaren Gefühlen und Stimmungen im Hintergrund als in erkennbaren Gestalten und Formen.

Die weiße Aufhellung – ❻

Innerhalb des gelben Kreises ist das Grün mit Weiß aufgehellt. Möglicherweise kommt hier **Licht ins Unbewusste**. Oder es ist die daraus aufsteigende Energie, die den Bildinhalt bestimmt.

Venus-Symbol – ❼

Das Venus- oder Frauen-Zeichen (typisch »weiblich«) ist wie das Widder-Zeichen (typisch »männlich«) hier abgebildet. **Die eigene geschlechtliche Identität ins Spiel bringen:** Gegensatz und Ergänzung.

Widder-Symbol – ❽

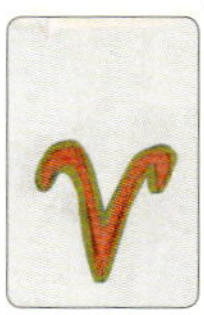

Pionier, Kämpfer, Tatmensch. Anfang als Lebensprinzip, permanente Geburt. Frühling, neues Leben, Ostern, eine Wüste zum Garten machen. **Auch:** Unberechenbarkeit (»April, April, der macht, was er will«).

Vier Stäbe

Venus und Widder fordern die persönliche Identität heraus, die ja auch eine geschlechtliche Identität ist. Das auffallende Grün ist die Farbe der vegetativen Natur, des Unterschwelligen, und betrifft eine weitere Quelle der Kraft: Stärken und Schwächen des anderen Geschlechts an sich zu entdecken!

Taube und Widder, weibliche und männliche Energien treffen aufeinander.

■ Grundbedeutung

Die Ziffer der Karte ist die Vier ist, mithin das Quadrat. Gleichzeitig ist ein Kreis dargestellt. So dass nicht mehr und nicht weniger als *die Quadratur des Kreises* ein Thema ist. Man muss mit beiden Möglichkeiten rechnen: Dass diese Quadratur des Kreises die Aufhebung und Versöhnung auch schärfster Gegensätze darstellt, aber auch ein Aufeinanderstoßen starker gegensätzlicher Kräfte, die das dargestellte Rad gleichsam »durchdrehen« lassen.

■ Spirituelle Erfahrung

Inmitten eines Sturms des Lebens ruhig bleiben, sich geborgen wissen!

■ Als Tageskarte

Ihre aktuellen Fragen erfordern hohen Energieeinsatz. Man muss innerlich in die Tiefe wachsen, um im Außenleben neue Höhen zu bewältigen.

■ Als Prognose / Tendenz

Unerreichbare Ziele und übertriebene Erwartungen werden Sie erkennen und loslassen.

■ Für Liebe und Beziehung

Ein heißes Herz und ein kühler Kopf: Entscheidend ist, dass hier Platz bleibt für das selbständige Wachstum einer/s jeden Beteiligten.

■ Für Erfolg und Glück im Leben

Trauen Sie sich, lebendiger zu leben und mehr vom Leben (mit) zu bekommen. Das lässt Sie das Leben besser verstehen. Und öffnet Ihnen die Tür zu neuen Erfolgen!

Die 10 wichtigsten Symbole

Der Uräusstab – ❶

Die Uräus-Schlange ist eine aufgerichtete Kobra. Bildnisse von Pharaonen zeigen sie als kleine Figur am Kopfschmuck: **Symbol für Wissen, Weisheit und Erkenntnis, Hochzeit von Himmel und Erde.**

Die Forken – ❷

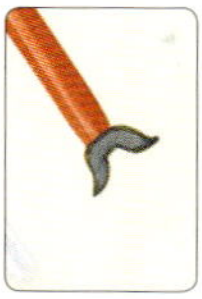

Stilisiertes Element des Zepters der Pharaonen, ursprünglich zur Abwehr von Schlangen gedacht. Zusammen mit der Uräus-Schlange: **Transformation der (Trieb-) Energien vom Niederen zum Höheren und umgekehrt.**

Das Siebenstern-Emblem – ❸

Symbol für Vollendung der Schöpfung, Erhöhung der persönlichen Mitte (vgl. *Prinz der Stäbe)*. Innere Auseinandersetzung, die idealerweise zur Synthese führt.

Die violetten Flügel des Sonnenzeichens – ❹

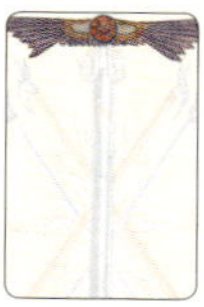

Sehnsucht nach Transzendenz des Wesens und seiner Erhöhung, Streben nach Spiritualität. Daraus resultierende Grenzerfahrungen.

Der Phönixstab – ❺

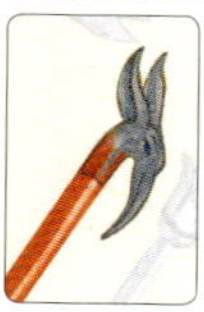

Der Vogel Phönix verbrennt sich von Zeit zu Zeit, um aus seiner Asche neu zu erstehen. **Der spontane Wille erlebt Tod und Wiedergeburt.** Er wird geläutert und mausert sich vom spontanen zum bewussten Willen.

Der Blütenstab – ❻

Blütenträume. **Erblühen eines Menschen:** seine Spitzenleistung, Reife, Entfaltung Ihrer Eigenart. Auch: **Schönheit der (eigenen) Natur; Schönheit des Augenblicks.**

Der Strahlenstern

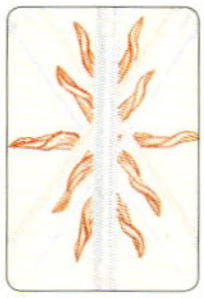

Gebremste oder gebändigte Leidenschaft. **Kreative Kraft, Durchgeistigung, Durchleuchtung,** Kristall, der innere Diamant, **»der göttliche Funke«**. Das innere Licht strahlt nach außen (vgl. *Der Eremit*).

Der goldgelbe Hintergrund

Lebenskunst vereint mit Seelenkunst. **Bewusstheit, goldene Mitte. Aber auch:** Neid, Blendung, waches Ich oder Ego/ismus. **Gold =** Sonne, Bewusst-Sein, das Höchste und Heilige oder Sinnsuche und Neid / Gier.

Saturn-Symbol – ❼

Verantwortung, Disziplin, Geduld, Strukturen und ihre Umwandlung. **Macht der Zeit:** Karma und dessen Aufhebung. »Die Zeit heilt alle Wunden.« **Die eigene Rolle in der Welt. Ehrlichkeit zu sich selbst.**

Löwe-Symbol – ❽

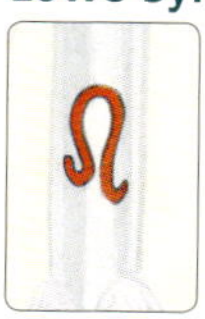

Der Löwe spielt, arbeitet und handelt stets mit seiner ganzen Kraft und mit ganzem Herzen. **Lust, Souveränität, Kreativität. Willensbildung, Selbstbehauptung. Aber auch:** im Mittelpunkt stehen wollen. Egoismus.

Fünf Stäbe

Fünf Stäbe und zehn Flammen: Es brennen stets viele Feuer in uns; die Aufgabe heißt, daraus einen einheitlichen Willen zu schmieden! Dafür steht der große Stab im Vordergrund: Oben ein Sonnenzeichen, unten eine forkenartige Spreizung, die ursprünglich einmal zur Abwehr von Schlangen bestimmt war.

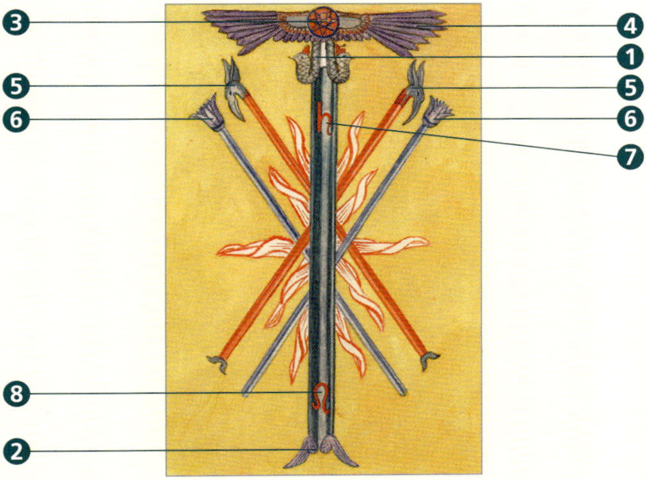

Des Menschen Wille ist sein Himmelreich …

■ Grundbedeutung

Somit drückt dieser große Stab die ganze Spannbreite von den niedersten Bewegungen und den einfachsten Beweggründen auf der einen Seite (Schlange) bis hin zu den höchsten Motiven und den hellsten Idealen (Sonne) aus. Wenn Ihr Wille nicht nur im Himmel, sondern auch auf der Erde zu Hause ist, bekommt er Beine; dann lernt er laufen und vermag etwas auszurichten. Die Erprobung des Willens gelingt aber am besten in einem »ernsthaften Spiel«.

■ Spirituelle Erfahrung

»Der Mensch spielt nur, wo er in voller Bedeutung des Wortes Mensch ist, und er ist nur da ganz Mensch, wo er spielt« (Friedrich Schiller).

■ Als Tageskarte

Welche Bestrebungen des Willens entsprechen wirklichen Wünschen und können deshalb etwas bewegen?

■ Als Prognose / Tendenz

In Ihren privaten Beziehungen und Ihren beruflichen Aufgaben warten neue Alternativen darauf, dass Sie sie abklopfen und durchspielen.

■ Für Liebe und Beziehung

Sorgen Sie für Spiel-Raum: Dazu können Mußestunden oder etwa die Einrichtung eines eigenen Zimmers verhelfen.

■ Für Erfolg und Glück im Leben

Welche Willens- oder Kraftakte sind überflüssig, weil Sie etwas erzwingen wollen, das nicht mehr oder noch nicht aktuell ist?

Die 10 wichtigsten Symbole

Die orangefarbenen Stäbe – ❶

Orange steht für **dosierte Kraft, Feuer, Wille, Leidenschaft, Libido, Lust, Tatendrang mit Besonnenheit** (gelb: Sonne) oder aber mit Neid oder Wahn (gelb vor Neid, die Sonne als Blendung).

Das (Energie-) Gitter

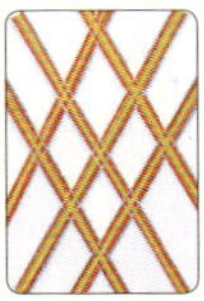

Überkreuzung vielfältiger Energien und Kräfte – in einem Menschen oder von und mit mehreren / vielen Menschen. **Verzettelungen, Verzahnungen, Blockaden.** Oder: **Ergänzung, Unterstützung, Vervielfältigung.**

Der Blütenstab – ❷

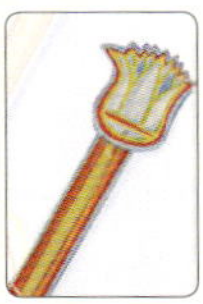

Spontaner Wille; Blütenräume. **Erblühen eines Menschen:** seine Spitzenleistung, Reife, Entfaltung Ihrer Eigenart. Auch: **Schönheit der (eigenen) Natur; Schönheit des Augenblicks.**

Der Phönixstab – ❸

Der Vogel Phönix verbrennt sich von Zeit zu Zeit, um aus seiner Asche neu zu erstehen. **Der spontane Wille erlebt Tod und Wiedergeburt.** Er wird geläutert und mausert sich vom spontanen zum bewussten Willen.

Der Uräusstab – ❹

Die Uräus-Schlange ist eine aufgerichtete Kobra. **Symbol für Wissen, Weisheit und Erkenntnis.** Zepter der Pharaonen. **Hochzeit von Himmel und Erde.**

Grüne Flügel des Sonnenzeichens

Grün ist die **Farbe des Lebens, der Frische** und **der Lebendigkeit** und **des Wachstums** und darum auch die Farbe **der Hoffnung.** Andererseits kann Grün auch Unreife, Unfertigkeit und Unausgegorenheit anzeigen.

Die Flammenzungen – ❺

Große Feuerthemen werden auf viele kleine Flammen aufgeteilt, **dosiert und handhabbar** gemacht. **Oder:** Viele kleine Flammen ergeben einen **großen Brand, ein Lauffeuer.** Ermuntert zum Energiemanagement.

Der violette Hintergrund

Verbindung von rot und blau, Kühle und Hitze. **Vereinigung von Gegensätzen und Grundwidersprüchen. Streben nach Spiritualität.** Grenzerfahrungen.

Jupiter-Symbol – ❻

Glück, »sein eigener Regisseur und Drehbuchautor sein«. **Negativ:** Größenwahn, Selbstherrlichkeit, Selbstgerechtigkeit. **Positiv:** Nicht auf andere warten, Talent für das Schicksal, Geschick.

Löwe-Symbol – ❼

Der Löwe spielt, arbeitet und handelt stets mit seiner ganzen Kraft und mit ganzem Herzen. **Lust, Souveränität, Kreativität. Willensbildung, Selbstbehauptung. Aber auch:** im Mittelpunkt stehen wollen. Egoismus.

Sechs Stäbe

Sechs Stäbe in Form eines Gitters: Verzettelung und Blockierung oder aber Verzahnung und Systematisierung von Energien und Willensakten. Im positiven Sinne die glückliche Fähigkeit, große Aufgaben, große Feuermengen einzuteilen, zu dosieren und geschickt zu verbinden …

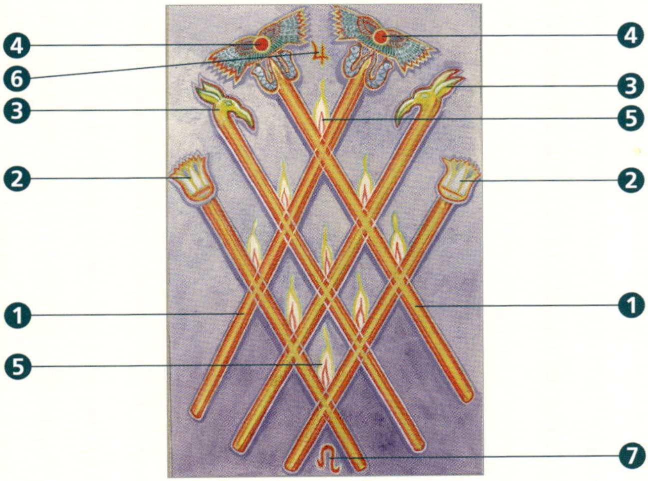

Gemeinsam durch dick und dünn!

■ Grundbedeutung

… Doch auch die Unfähigkeit, aus vielen kleinen Flammen *ein* großes Feuer zu machen, kann sich im Bild darstellen. Dagegen lässt sich hier positiv ein *Lauffeuer* erkennen. Damit ist die Fähigkeit, andere durch Begeisterung anzustecken bzw. sich selber anstecken zu lassen, gemeint. Eine besonders charmante Art der Durchsetzung … und der Hingabe!

Andererseits zeigt sich eine Warnung vor ruhelosen, irrlichternden Geistern.

■ Spirituelle Erfahrung

An einem Projekt teilnehmen, das größer ist als jeder einzelne. Gewinnen durch gemeinsame Fortschritte.

■ Als Tageskarte

Übernehmen Sie Führung und Verantwortung. Schließen Sie sich würdigen Zielen an!

■ Als Prognose / Tendenz

In den aktuellen Fragen entwickeln Sie Ihre Kräfte und Ihren Willen weiter. Halbheiten werden überwunden!

■ Für Liebe und Beziehung

Kommen Sie aus sich heraus! Zeigen Sie Ihre Stärken und Ihre Schwächen, auch in der Liebe und der Sexualität.

■ Für Erfolg und Glück im Leben

Wenn es nur einen Sieger gibt, gibt es viele Verlierer. Ihr Maximum an Erfolg erreichen Sie, wenn alle / viele etwas gewinnen! Mit weniger sollten Sie sich nicht zufrieden geben.

Die 10 wichtigsten Symbole

Der Blütenstab – ❶

Spontaner Wille; Blütenräume. **Erblühen eines Menschen:** seine Spitzenleistung, Reife, Entfaltung Ihrer Eigenarten. Auch: **Schönheit der (eigenen) Natur; Schönheit des Augenblicks.**

Der Phönixstab mit Forke – ❷

Zeichen des sich selbst verbrennenden Vogels, der seinen Willen aus der Asche neu erschafft. **Abwehr niederer Instinkte, Prüfung, Transformation** der (Trieb-) Energien vom Niederen zum Höheren und umgekehrt.

Der Uräusstab – ❸

Die Uräus-Schlange ist eine aufgerichtete Kobra. Bildnisse von Pharaonen zeigen sie als kleine Figur am Kopfschmuck: **Symbol für Wissen, Weisheit und Erkenntnis,** Zepter der Pharaonen.

Rote Flügel des Sonnenzeichens – ❹

Feuer, Wärme, Fieber. Lebenselixier, Leidenschaft in der ganzen Spannbreite von Liebe, Lust, Lebendigkeit bis Aggression, Gewalt, Vernichtung. **Auch:** »Rot sehen«, Stopp-Signal, Alarm-Signal.

Die Flammenzungen – ❺

Große Feuerthemen auf viele kleine Flammen aufgeteilt, **dosiert und handhabbar gemacht. Oder:** Viele kleine Flammen ergeben einen großen Brand. Ermunterung zu Energiemanagement. **Warnung vor »Brandherden«.**

Das (Energie-) Gitter

Überkreuzung vielfältiger Energien und Kräfte – in einem Menschen oder von und mit mehreren / vielen Menschen. **Verzettelungen, Verzahnungen, Blockaden.** Oder: **Ergänzung, Unterstützung, Vervielfältigung.**

Schachtelhalm / Wirbelsäule

Evolution / Entwicklung. Auch Teil der Wirbelsäule (Kundalini-Energie) oder Knüppel (Ur-Instinkte, tiefe Triebe). »Knüppel aus dem Sack«: (Phallische) **Kraft,** die **aus dem Verborgenen** geholt werden muss.

Der dunkelviolette Hintergrund

Auch dunkles Blau in älteren Decks. **Grenzerfahrungen. Besondere Emotionalität, völlige Präsenz** und große Intensität, die diese Karte bestimmt, die vorhanden ist oder gesucht werden muss.

Mars-Symbol – ❻

Männlichkeit, Selbstbestimmung, Selbstregierung, Selbstbeherrschung. Durchsetzungskraft, Sexualkraft, Aggression. Kriegs- und Frühlingsgott Mars (»März«). Neues Leben, Ostern, eine Wüste zum Garten machen.

Löwe-Symbol – ❼

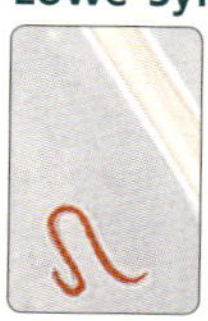

Der Löwe spielt, arbeitet und handelt stets mit seiner ganzen Kraft und mit ganzem Herzen. **Lust, Souveränität, Kreativität. Willensbildung, Selbstbehauptung. Aber auch:** Im Mittelpunkt stehen wollen. Egoismus.

Sieben Stäbe

Hier gilt es, die vorhandenen Probleme, Ziele und Aufgaben in neue Kraft zu verwandeln. Überwinden Sie Mutlosigkeit und blinden Eifer, jetzt ist keine Zeit für »Drama und Wahnsinn«! Erfolg ist jetzt eine Frage eines veränderten Niveaus in Ihren Bemühungen. Entspannen Sie sich, um sich zu konzentrieren.

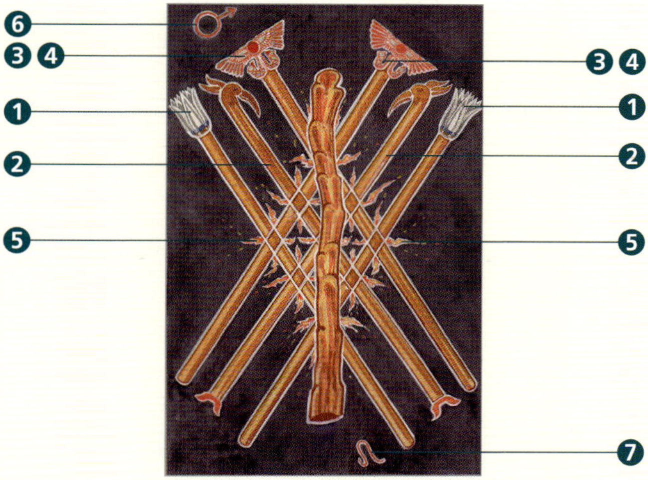

Energiearbeit und Willensbildung!

■ Grundbedeutung

Als Schachtelhalm steht der große Stab für die Evolution, für die Entwicklung es menschlichen Bewusstseins, das es gelernt hat und immer wieder lernen muss, mit extremen Situationen klarzukommen. Außerdem stellt der Stab in der Mitte auch die Wirbelsäule dar, den Weg, den nach alter Vorstellung die *Kundalini* nimmt. Das ist die »Schlangenkraft«, die in uns allen steckt. Wenn Sie innerlich in die Tiefe gehen, können Sie in Ihren Taten über sich und Ihre Vorgeschichte hinauswachsen.

■ Spirituelle Erfahrung

Das Floß verbrennen, wenn das neue Ufer erreicht ist!

■ Als Tageskarte

Tatsachen können durch Ihr Zutun verändert werden. Tatsachen sind eine Sache der Tat …

■ Als Prognose / Tendenz

Aktionismus und Ehrgeiz schaden jetzt nur. Entscheidend ist ein neues Niveau, ein unverkrampfter, überlegter Einsatz der Kräfte.

■ Für Liebe und Beziehung

Alles, was lebt, wächst. Und was wächst, macht mitunter Entwicklungssprünge. Darum geht es jetzt auch in der Liebe.

■ Für Erfolg und Glück im Leben

Sie befinden sich auf einem Entwicklungsweg. Sie lernen, mit größeren Aufgaben und immer vielfältigeren Energien umzugehen.

Die 10 wichtigsten Symbole

Die Energiepfeile

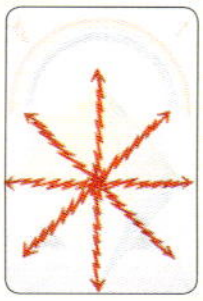

Rahmensprengung, blitzartige Übertragung von Energien, Trieb- und Willenskräften von innen nach außen und umgekehrt. **Gefahr:** Projektion, Einbildung. **Chance:** Intuitives Handeln, eindrückliche Kommunikation.

Rot – ❶

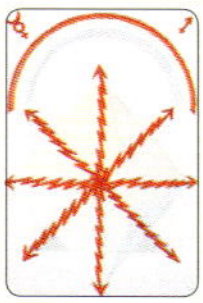

Leidenschaft und konzentrierte Energie, Herzblut (Liebe, aber auch Rache und Wut). **Positiv:** Für sinnvolle Ziele und Wünsche leben. **Negativ:** Nur der eigene Wille zählt und wird in alle Welt getragen.

Das Viereck – ❷

Zu sprengender abgesteckter Rahmen, Konventionen, Tradition. Das auf der Vier basierende menschliche Weltbild (vgl. *Der Kaiser)*, **das Quadratische, Praktische, Fassbare.**

Die Doppelpyramide – ❸

Die Energieübertragung funktioniert in beide Richtungen, große Geschwindigkeit. Bewusste und unbewusste Seiten der Persönlichkeit. **Positiv:** Wunsch und Wirklichkeit in kreativer Spannung.

Die Basispyramide – ❹

Energieübertragung ist dreidimensional. Hinweis auf die **Dreifaltigkeit**, wie zum Beispiel in Körper, Geist, Seele oder Vater, Sohn, Heiliger Geist oder die dreifache Göttin (Jungfrau, Mutter, Alte).

Farbskala / Farbigkeit des Bildes

Vereinigung der Energie und Kräfte aller Chakren. **Vielseitiges Potential**. Aufforderung, Farbe zu bekennen und Ängste mit innewohnender Lebendigkeit zu überwinden.

Der Regenbogen – ❺

Höhere Einheit, **Verbindung von Gott und Mensch** (Versprechen an Noah nach der Sintflut), von Himmel und Erde. Aber auch von persönlicher Theorie und Praxis, Wunsch und Realität. Zeichen der **Kreativität**.

Grauer Himmel / Hintergrund

Positiv: Neutralität, Unvoreingenommenheit, Bewusstheit in der Bewegung. **Negativ:** Teilnahmslosigkeit. »Nachts sind alle Katzen grau«, Prinzipienreiterei, Warnung vor unbewussten Träumen und Grundsätzen.

Merkur-Symbol – ❻

Merkur ist kreativ und geschickt. Er handelt mit **Intelligenz, Vernunft und Unterscheidungsfähigkeit** im Dienst höherer Ideale. Manchmal missbraucht er seine Talente, ist nur rational und auch amoralisch.

Schütze-Symbol – ❼

Der Schütze ist **begeisterungsfähig, mitreißend** und ein **geschickter Taktiker.** Philosoph, Missionar. Doppelnatur Ross / Reiter, Cowboy, Amazone, Abenteurer, Weltreisender. Lebenserfahrung und Lebensweisheit.

Acht Stäbe

Wie Elektrizität blitzt es aus der Mitte. Sie erleben und erreichen Veränderungen auf vielen Ebenen. »Schnelligkeit« ist jetzt keine Hexerei, sondern steht und fällt mit einem erhöhten Energieumsatz, der vieles leichter und viel mehr möglich macht, als landläufigen Vorstellungen entspricht.

Brücke zwischen Himmel und Erde.

■ Grundbedeutung

Viele Projekte scheitern daran, dass sie den Bereich der Vorstellung nie verlassen! So können Sie *wie in einem Film* leben, ohne dass Sie es bemerken, weil Sie diesen Traum schon immer geträumt haben und für die Realität halten. Den *Ausgang* aus der falschen Wirklichkeit finden Sie in einem persönlichen *Coming out*. Bringen Sie so *konsequent* wie möglich Ihr Wünschen und Ihr Wollen zum Ausdruck!

■ Spirituelle Erfahrung

Mit dem Innersten zum Äußersten gehen! Einen eigenen Entwurf leben! Seine gebrochenen Flügel nehmen und wieder fliegen lernen!

■ Als Tageskarte

Große Aufgaben erfordern großen Einsatz, hier vor allem eine erhöhte Intuition und Achtsamkeit.

■ Als Prognose / Tendenz

Rechnen Sie mit Veränderungen auf vielen Ebenen, aber auch mit einem erhöhten Energieaustausch, der vieles leichter und manches möglich macht.

■ Für Liebe und Beziehung

Sorgen Sie für einen guten Energiefluss und für gute »Schwingungen«, im Umgang mit sich selbst und mit anderen.

■ Für Erfolg und Glück im Leben

Machen Sie sich bewusst, was Sie und andere wirklich bewegt. Dann werden Sie ohne jede Manipulation viele Energien unter einen Hut bringen!

Die 10 wichtigsten Symbole

Überbrückung großer Gegensätze – ❶

Sonne und Mond: Zwei Hauptthemen im Vordergrund. Ein komplexes Energiemuster im Hintergrund. Gegensatz und Ergänzung. **Die (Auf-)Gabe, viele / alle Energien zu bündeln und sie zu kanalisieren.**

Sonne und Mond I – ❷

Sonne: Tag, Wille, Logos. Beleuchtung tiefer dunkler Lebensbereiche, Bewusstheit. **Mond:** Nacht, Seele, Gefühl, unbestimmte Wünsche, ahnungsvolle Träume, Visionen, »Bauchgefühle«.

Sonne und Mond II

Wenn Sonne und Mond einander gegenüberstehen (in Opposition), ist Vollmond: **Zeit der Offenbarung von Wünschen und Ängsten.** Deren Aufarbeitung steht an. Chance der Erlösung.

Die Mondpfeile – ❸

Die Geschosse sind nicht scharf, sondern abgerundet. Sie sollen nicht verletzen. Stattdessen dienen als **Wegweiser für den eigenen Weg der Wünsche und Träume** (zahlreiche Mondsicheln).

Das (Energie-) Gitter

Überkreuzung vielfältiger Energien und Kräfte – in einem Menschen oder von und mit mehreren / vielen Menschen. **Verzettelungen, Verzahnungen, Blockaden.** Oder: **Ergänzung, Unterstützung, Vervielfältigung.**

Der Strahlenstern – ❹

Gebremste oder gebändigte Leidenschaft. Durchgeistigung, Durchleuchtung. Das innere Licht strahlt nach außen (vgl. *Der Eremit*). **Harmonisierte Energievielfalt, Vereinigung und erhöhte Strahlkraft.**

Schwarzer Grund

»Black box«: Unbekanntes, Ungewohntes, Unbewusstes. Innere Abgründe, Ängste und namenlose Sehnsüchte. **Aber auch:** Innere Reserven und unbewusste, ungelebte, nicht ausgedrückte Potentiale.

Der dunkelgrüne Hintergrund

Farbe der vegetativen Natur, des tiefen Unbewussten. Äußert sich in Trieben und Instinkten. Zeigt sich eher in schwer greifbaren Gefühlen und Stimmungen im Hintergrund als in erkennbaren Gestalten oder Formen.

Mond und Vollmond – ❺

Nacht, Seele, Gefühl, Wünsche und Ängste, ahnungsvolle Träume, Visionen bestimmen hier den »Schützen« in uns, ein handlungsstarkes Zeichen: **Chance,** sich jetzt einen Ruck zu geben und alte Wünsche zu erfüllen!

Schütze-Symbol – ❻

Der Schütze ist **begeisterungsfähig, mitreißend und ein geschickter Taktiker.** Philosoph, Missionar. Doppelnatur Ross / Reiter, Cowboy, Amazone, Abenteurer, Weltreisender. Fernweh, Sehnsucht und Lebensweisheit.

Neun Stäbe

Positiv betrachtet leuchtet die Sonne in tiefe Lebensbereiche rein, die dem Bewusstsein nur schwer zugänglich sind und sich sonst eher in unbestimmten Ahnungen äußern. Im negativen Falle gibt es hier einen Kurzschluss oder unkoordinierten Energieschub: »Denn sie wissen nicht, was sie tun«.

Sonne und Mond sind in Opposition: Gegensatz und Ergänzung …

■ Grundbedeutung

Es gibt nur einen Weg, der die beiden Königskinder (Sonne und Mond) zusammenbringt: *Der Weg der Wünsche!* Die Aufhebung der persönlichen Wünsche und Ängste ist der rote Faden, der Tag und Traum miteinander verbindet und – deutlich – voneinander abhebt: Wenn Sie Ihre Träume verwirklichen wollen, so können Sie dies nicht im Traum. Doch erst wenn Sie Ihre Träume realisieren, sind Sie als ganzer Mensch im Alltag zuhause!

■ Spirituelle Erfahrung

Vision Quest – die eigene Vision suchen und finden!

■ Als Tageskarte

Machen Sie einen Schritt nach vorn! Bauen Sie Ängste ab, und erfüllen Sie (sich und anderen) wichtige Wünsche!

■ Als Prognose / Tendenz

Es wird Ihnen gut tun, sich von alten Instinkten und Vermutungen zu lösen – und sich auf neue Bedürfnisse und Erfahrungen einzulassen.

■ Für Liebe und Beziehung

Lassen Sie überlebte Gewohnheiten hinter sich! Gehen Sie weiter als bisher!

■ Für Erfolg und Glück im Leben

Mut zum Gefühl und Mut zur eigenen Vision – nichts ist jetzt wichtiger und für nichts anderes ist dies die beste Karte!

Die 10 wichtigsten Symbole

Die zehn Stäbe I

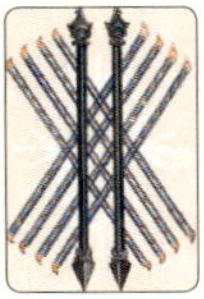

Ein Energiefeld voller Spannungen und Potentiale. Ihre Fähigkeit und Ihre Aufgabe, viele unterschiedliche Stäbe auseinander zu dividieren und an anderer Stelle zusammenzufügen: Viele Stäbe? **Nein, *alle* Stäbe!!**

Die zehn Stäbe II

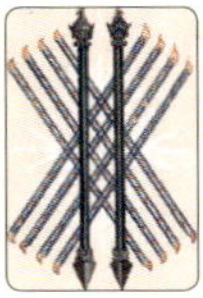

Die zehn Stäbe stellen ein Energiebündel dar. Und auch Sie, der **Sie** diese vielen gleichzeitigen Entwicklungen zu beobachten und die entsprechenden Aufgaben zu bewältigen haben, **müssen ein Energiebündel sein!**

Die Doppelstäbe – ❶

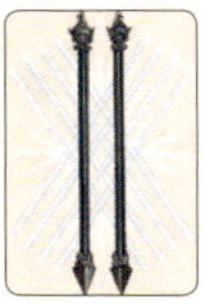

Durch gleiche Embleme zeigen die Hauptstäbe starke Parallelen zur *Zwei Stäbe.* Konflikt oder Unterstützung in vollem Umfang! **Es geht hier um Ihren hundertprozentigen Einsatz! Pure Energie, volle Präsenz!**

Pferdekopf / Maske oder Totem – ❷

Kraft der Natur, Intelligenz der Instinkte, Kraft der Triebe (vgl. alle *Ritter*). **Auch:** Symbol für **Macht, Reichtum** und edle Abstammung. Symbole für namenlose Ängste und Schutz vor ihnen.

Die acht Flammenstäbe – ❸

Hier brennt alles, Impulse, **Muster widerstrebender und sich vereinigender Energien,** Triebe und Interessen.

Das (Energie-) Gitter – ❸

Überkreuzung vielfältiger Energien und Kräfte – in einem Menschen oder von und mit mehreren / vielen Menschen. **Verzettelungen, Verzahnungen, Blockaden.** Oder: **Ergänzung, Unterstützung, Vervielfältigung.**

Der Strahlenstern

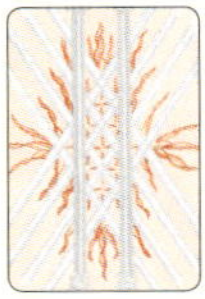

Gebremste oder gebändigte Leidenschaft. Durchgeistigung, Durchleuchtung. Das innere Licht strahlt nach außen (vgl. *Der Eremit).* **Harmonisierte Energievielfalt, Vereinigung und erhöhte Strahlkraft.**

Der orangeroter Hintergrund – ❹

Ganz, mit Haut und Haaren eingestellt auf: Feuer, Wille, Leidenschaft, Libido, Lust, Tatendrang mit Besonnenheit (gelb, Sonne) oder aber mit Neid oder Wahn (gelb vor Neid, die Sonne als Blendung).

Saturn-Symbol

Verantwortung, Disziplin, Geduld, Strukturen und ihre Umwandlung. **Macht der Zeit:** Karma und dessen Aufhebung. »Die Zeit heilt alle Wunden.« **Die eigene Rolle in der Welt. Ehrlichkeit zu sich selbst.**

Schütze-Symbol

Der Schütze ist **begeisterungsfähig, mitreißend und ein geschickter Taktiker.** Philosoph, Missionar. Doppelnatur Ross / Reiter, Cowboy, Amazone, Abenteurer, Weltreisender. Lebensaufgaben und Lebensweisheit.

Zehn Stäbe

Jeder Mensch und jeder Sachverhalt besitzen eine eigene Logik und – sozusagen – einen eigenen Willen. Ihr Erfolg hängt davon ab, ob Sie Ihren eigenen Wille und den Wille des Anderen (den Wille einer anderen Person oder den »Wille« bestimmter Fakten und Ereignisse) »auf die Reihe« bekommen!

Maximale Energien und vereinigte Gegensätze!

■ Grundbedeutung

Sie benötigen Aufgaben, die Sie ein Leben lang fördern und fordern - Lebensaufgaben, an denen Sie weiter wachsen können und die mit Ihrer Entwicklung Schritt halten. Jede sinnvolle Lebensaufgabe führt über die eigene Person hinaus; neben der reinen Selbsterhaltung und Selbstverwirklichung existiert dann ein zweiter Brennpunkt in Ihrem Leben. Und wo Sie in diesem Sinne über sich hinauswachsen, sind Sie zu 100 Prozent präsent.

■ Spirituelle Erfahrung

Wenn Sie einem Menschen oder einer Sachfrage Ihre ungeteilte Zuneigung schenken, verstehen Sie ihn oder sie in seiner oder ihrer Logik.

■ Als Tageskarte

Jetzt ist Ihr Einsatz gefragt. Geben Sie alles – für das, was Ihnen am Herzen liegt!

■ Als Prognose / Tendenz

Erst wenn Sie einem Menschen oder einer Sachfrage Ihre ungeteilte Zuneigung schenken, werden Sie ihn oder sie ganz verstehen.

■ Für Liebe und Beziehung

Werfen Sie Ballast ab und begreifen Sie neu, was los ist und was Sie bewegt!

■ Für Erfolg und Glück im Leben

Heimat, das ist nicht nur ein Ort - das ist auch ein Energiezustand. Genau da, wo Sie all Ihre Energien wach und aktiv sein können, finden Sie Ihre wahre Heimat – und Ihre größten Erfolge!

Die 10 wichtigsten Symbole

Die Frauengestalt – ❶

Verwobene Gestalt: Starke Gefühle. Königin der Herzen. **Positiv:** Verwobenheit mit den Wassern der Emotionalität. Empfänglich für Spiritualität. **Negativ:** »Ewige« Selbstbespiegelung, Narzissmus. Realitätsverlust.

Wasserspiegel – Spiegel der Seele

Ganz offen und ganz verschlossen = Grundlage seelischer Meisterschaft / des Königinseins. Spiegelung von Gefühlen und ihre mögliche Bearbeitung. Trennung in Bewusst- und Unbewusstheit.

Der Wasservogel – ❷

Dieser Vogel lebt auf, über und unter der Wasseroberfäche. Ist verbunden mit dem solaren Prinzip. **Symbolisiert die Wiederkehr des Sommers und somit auch Wiedergeburt.**

Die Lotusblüten – ❸

Symbol der Reinheit, Schönheit und intuitiver Schöpferkraft. Die Wurzeln dringen in große (unbewusste) Tiefen und in den (Ur-) »Schlamm«, ohne dass die Blüten und Blätter je verschmutzen.

Der Muschelkelch mit Krebs – ❹

Wer in ihn blickt kann tiefe Einblicke ins eigene seelische Innenleben gewinnen. **Symbol für den Wechsel zwischen Offenheit und Rückzug.** Verbindung von Unbewusstem und Bewusstheit.

Der Krebs

Verwandter des Mondes und der Themen der Nacht. **Emotionalität, mütterliche Liebe, uralte Instinkte und Emotionen.** Sternzeichen Krebs eröffnet den Sommer und kann alle Schatten beleuchten.

Der goldene Sonnenstrahl

Tag und Nacht, Bewusstes und Unbewusstes wachsen zusammen. Sonne und Licht durchdringen unbewusste emotionale Gewässertiefen und helfen verstehen. **Aber auch:** »grelle« Gefühle: Neid, Missgunst.

Die Kelchformation – ❺

Blaugrünes, verwobenes Muster: Parallele zur Netzformation der *Hohepriesterin*, mit der diese Karte Themen teilt. **Tiefe Eingebundenheit in das Wasser der Seele.**

Die mehrstufige Aura

Schmelzpunkt des Seelenlebens: mystische, spirituelle und transzendente Erfahrungen kommen zusammen und werden wahrgenommen (ganz ohne Hellsicht). Fremdes und Vertrautes ergänzen und tauschen sich aus.

Die Kreuzlinien

Verbindung von Kopf und Körper. Vernetzung bewusster und unbewusster Anteile, von Gefühlen und Verstand. Aber auch bildliche Umsetzung des alten esoterischen Leitsatzes: **»Wie oben, so unten.«**

Königin der Kelche

Sie gleichen dieser Königin. Die Karte unterstreicht Ihre königliche Würde und zugleich Ihre weibliche Seite! Sie besitzen und entwickeln einen königlichen, meisterhaften Umgang mit den Seelenkräften des Lebens. Ihr ganzes Können als Mensch mit viel Gefühl und emotionaler Intelligenz ist gefragt.

Die Überwindung der Einseitigkeiten im Seelenleben!

■ Grundbedeutung

Die Meisterin der Herzenswünsche: »Was tut mir gut? Was wünsche ich mir / uns?«–
Wie jede Hofkarte zeigt diese Königin ein Idealbild, einen souveränen Umgang mit dem betreffenden Element, hier mit den Kelchen (Wasser, Gefühle, Seele, Glaube). Sie sind wie diese Königin, oder so können Sie werden! Und / oder Sie treffen auf einen Menschen in Ihrem Leben, der dieser *Königin* entspricht.

■ Spirituelle Erfahrung

Der inneren Stimme und dem Gefühl vertrauen! Es fließen lassen!

■ Als Tageskarte

Gehen Sie an einen Fluss oder an einen See. Meditieren Sie dort. Öffnen Sie Ihr Herz – für alles, nicht für jedes.

■ Als Prognose / Tendenz

Die Kostbarkeit der Seele: Respekt zu zollen und Respekt zu erwarten, ist der Schlüssel für Ihre aktuellen Fragen.

■ Für Liebe und Beziehung

Der Wasserspiegel ist nach außen ganz offen, nach innen ist ganz geschlossen. Beides ist typisch für die »Königin« und zeigt uns, was hilft!

■ Für Erfolg und Glück im Leben

Vertrauen Sie auf Ihr »Bauchgefühl«! Entscheidend ist Ihr Geschick, auch in Gefühls- und Geschmacksfragen die Spreu vom Weizen zu trennen.

Die 10 wichtigsten Symbole

Der nackte Jüngling – ❶

Auch transparente Kleidung: unverhüllte Wahrheit des Wasser-Elements und des »bloß« gelegten Seelenlebens. **Emotionale Offenheit, Ehrlichkeit.** Vielleicht Notwendigkeit der Abgrenzung von anderen.

Die umgekehrte Blume – ❷

Blume in der rechten Hand: **bewusste Wendung hin zur emotionalen Tiefe.** Notwendigkeit, das dort Erlebte oder Erkannte auch zu erhöhen, nach oben zu befördern.

Der Adler als Zugtier – ❸

Hinweis auf die Symbolreihe **Skorpion – Schlange – Adler. Reise in die eigene Seelentiefe. Transformation unerlöster Gefühle.** Hinwendung zu Liebe und Weisheit. Streben nach der Nähe zu »Gott«.

Der Adler auf dem Helm – ❹

Krönende höhere Einsicht, Erhöhung, himmlische Freiheit. Doppeltes Adlermotiv: Hinweis auf die Gefahr der Verdoppelung oder der Spaltung von Gefühlen. Vielleicht hat man auch »einen Vogel«?

Kelch mit geringelter Schlange – ❺

Evolution, kollektive und individuelle Lebensgeschichte. **Aufrichtung sexueller und anderer Triebe.** Bewusster Umgang mit Bedürfnissen und Instinkten, mit Verlockungen und Verführungen, Wegen und Abwegen.

Das muschelförmiges Gefährt – ❻

Schützende Umhüllung des »nackten Kerns« (Jüngling). **Verheißt Geheimnisvolles, das es zu »knacken« gilt. Aber auch:** Notwendige oder übervorsichtige Verschlossenheit, Isolation, Abgrenzung.

Die turbulente Aura

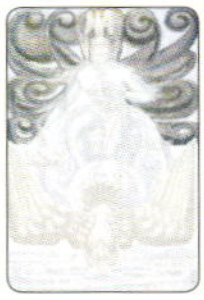

Energiewellen oder Federbüsche. Anspielung auf den stolzen Pfau (vgl. *Ritter der Kelche*). **Chance oder Gefahr, »sich einzunebeln«.** Geheimnisvolle Ausstrahlung. **Aber auch:** sich selbst ein Rätsel sein.

Das unruhige Gewässer

Aufgepeitscht wie die Luft über dem Wasser: Intensität der Gefühle, **brodelnde Abgründe drängen an die Oberfläche.** Der Grund des Wassers ist nicht klar erkennbar, wenn man nicht tiefer dringt.

Die Regentropfen

Fließende Gefühlsübergänge. Die Gefühlswelt ist in Bewegung. Tendenz zur Melancholie, kann sich jederzeit verdichten oder abebben. Auch: **Erfrischung, emotionale Reinigung und Erneuerung.**

Blau

Intensive Gefühlstiefe, Tiefgründigkeit. Blau steht für Ruhe, Kühle und Coolness wie auch für Sehnsucht, Blues, Sentiment und Rausch.

Prinz der Kelche

Sie gleichen diesem Prinzen. Die Karte unterstreicht Ihre königliche Würde und zugleich Ihre männliche Seite! Sie besitzen und entwickeln einen machtvollen Umgang mit den Seelenkräften des Lebens. Ihre Souveränität als Mensch mit tiefem Gespür und einer starken Wandlungskraft ist gefragt.

Tragendes Verlangen: »es« trägt und zieht uns!

■ Grundbedeutung

Der Meister des seelischen Verlangens: »Was verlange ich vom Leben / vom Partner / vom Augenblick? Wie werde ich wunschlos glücklich?« –

Wie jede Hofkarte zeigt dieser Prinz ein Idealbild, einen souveränen Umgang mit dem betreffenden Element, hier mit den Kelchen (Wasser, Gefühle, Seele, Glaube). Sie sind wie dieser Prinz, oder so können Sie werden! Und / oder Sie treffen auf einen Menschen in Ihrem Leben, der diesem *Prinzen* entspricht.

■ Spirituelle Erfahrung

Der uferlose Weg …

■ Als Tageskarte

»Wer nicht begehrt, lebt verkehrt«: Da gibt es Instinkte, Ahnungen und verlockende Reize, die auf Vertiefung warten.

■ Als Prognose / Tendenz

Die Erfüllung von Wünschen und der Abbau von Ängsten führen in jenen wünschenswerten Zustand, in dem wir *wunschlos* glücklich sind.

■ Für Liebe und Beziehung

Verbeißen Sie sich nicht! Ziehen Sie einen Strich unter Vorwürfe und Anklagen! Genießen Sie mit Lust und Vergnügen schöne Stunden!

■ Für Erfolg und Glück im Leben

Finden Sie heraus, was sich die Beteiligten und Sie selbst am dringendsten wünschen!

Die 10 wichtigsten Symbole

Der helmlose Reiter

Der Reiter ist nach oben hin offen: spirituelle Eingebungen und Visionen sind möglich. Seine Haltung drückt ebenfalls ein **Streben und eine Sehnsucht nach »oben«** – zu höheren Zielen – aus.

Die Flügel – ❶

»Deiner Sehnsucht wachsen Flügel ...«. Unterwegs im Nirgendwo? Ross und Reiter als Einheit = Pegasus, das geflügelte Pferd, das Symbol der Musen: **beflügeltes Lebensgefühl, tägliche Ekstase.**

Das weiße Pferd

Wie weißes Licht, in dem sich alle Farben des Regenbogens bündeln: Neuanfang und Vollendung. **Positiv:** Absichtslosigkeit, Unschuld, Offenheit. **Negativ:** Ahnungslosigkeit, immer wieder von vorne anfangen.

Der Kelch – ❷

Symbol für den Gral, für (unbefriedigte) **Sehnsüchte und die persönliche Suche nach Erfüllung.** Für Licht, Leben und geistige Erleuchtung. Anspielung auf Lohengrin, Parzival und ihre Geschichten.

Der Krebs an der Spitze – ❷

Alte und uralte Gefühle und Instinkte – hier an der Spitze: wörtlich die *Aufhebung* von Gefühlen, insbesondere **Aufhebung von Wünschen und Ängsten.** Krebs als Verbindung zur *Königin der Kelche.*

Die grüne Rüstung

Die vegetative Natur (unreife oder frische Instinkte und Triebe) bestimmt das charakterliche Verhalten des Reiters und steuert ihn. Sie funktioniert aber auch als **Schutz und Abgrenzung vor der Umwelt.**

Der Rad schlagende Pfau – ❸ ❹

Gratwanderung zwischen Anmut / Schönheit und Eitelkeit / Arroganz der Seele. Herrschaftlicher / egoistischer Stolz. **Streben nach Unsterblichkeit und Auferstehung.** Verbindung zum *Prinz der Kelche.*

Die straffen Zügel

Verbindung zwischen Verstand und Instinkt ist »fest im Griff«: **Möglichkeit, die eigenen Triebe und äußeren Verlockungen zu lenken,** zu disziplinieren und zu »Höherem« anzutreiben.

Die Blickrichtung des Pferdes – ❺

Der animalische Teil von Ross und Reiter blickt und spricht uns direkt an: Der Kelchritter kommuniziert mit uns via Triebe und Instinkte. **Die Verstandesebene ist uns vorerst abgewendet.**

Die Energiestrahlen

Spirituelle Kraft des Kelches, materialisierte Energie, Quelle eigener Emotionen. **Anziehungskraft, die persönliche Phantasien, Träume, Wünsche und Sehnsüchte ausüben können.**

Ritter der Kelche

Sie gleichen diesem Ritter. Die Karte unterstreicht Ihre Souveränität und zugleich Ihre männliche Seite! Sie besitzen und entwickeln einen meisterhaften, ganzheitlichen Umgang mit den Seelenkräften des Lebens. Ihre Hingabe als Mensch mit viel Liebe und Leidenschaft ist gefragt.

Von Kopf bis Fuß beschwingt – oder abgehoben …

■ Grundbedeutung

Der Meister des Glaubens: »Woran glaube ich? Wofür lohnt sich der Weg? Wie kann ich ihn so schön wie möglich machen?«– Wie jede Hofkarte zeigt dieser Ritter ein Idealbild, einen souveränen Umgang mit dem betreffenden Element, hier mit den Kelchen (Wasser, Gefühle, Seele, Glaube). Sie sind wie dieser Ritter, oder so können Sie werden! Und / oder Sie treffen auf einen Menschen in Ihrem Leben, der diesem *Ritter* entspricht.

■ Spirituelle Erfahrung

Die Gralssuche!

■ Als Tageskarte

Vermeiden Sie Gutgläubigkeit, Misstrauen, Unglauben oder Aberglauben. Untersuchen Sie und fragen Sie nach in wachsamer Offenheit!

■ Als Prognose / Tendenz

Große Leidenschaften, Lebensträume und Ziele, die weit in die Zukunft reichen, können durch die bisherigen Erfahrungen meist nicht widerlegt und nicht bestätigt werden. Umso wichtiger ist und bleibt zu prüfen, woran man glaubt!

■ Für Liebe und Beziehung

Wir besitzen Herz und Verstand, um tiefe und erhabene Leidenschaften auszuleben.

■ Für Erfolg und Glück im Leben

Es sind die großen Emotionen, die uns am meisten bewegen und mit denen wir am meisten bewegen. Das ist Ihr Motor!

Die 10 wichtigsten Symbole

Die grünviolette Frau – ❶

Erinnert an Mermaid, Nixe, Meerjungfrau. Unschuldige Reinheit und frische Inspiration. **Leidenschaftliche Grenzerfahrung zwischen möglicher Reinigung, Transformation und Versinken** in der Tiefe (Sirene).

Das weite Muschelgewand – ❷

Rein vegetativer Umgang mit Gefühlen. Sich von ihnen treiben lassen. Gewand der triebhaften und verführerischen Wassernixe. Das schwere Kleid kann in die Tiefe hinabziehen oder an die Oberfläche ziehen.

Der Muschelkelch – ❸

Symbol des Mysteriums, das sich ebenso schnell öffnet wie schließt (»einschnappt«). Die nixenhafte Sexualität einer Melusine. **Verheißt geheimnisvolle Seelentiefe.** Früchte des Meeres, Meer = »mehr«.

Die Schildkröte – ❹

Kann (ähnlich der Muschel) sich in ihren starken Panzer zurückziehen oder nach außen vordringen. Lebt im Wasser und auf dem Land. **Symbol der Weisheit, des Schutzes und der Ausdauer.**

Der Kristall

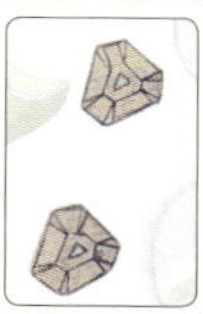

Seelische Leidenschaft: Wille, Eifer, Intensität. Kristallisierte oder verhärtete Gefühle. **Positiv:** anhaltende Leidenschaft, Klarheit, Glücksgefühle. **Negativ:** Fixierung, Gerinnung, Frost, Versteinerung.

Fisch / Delphin – ❺

Symbol des Meeres, der Weiblichkeit und der Lebensfreude. Verkörpern **Liebe, Intelligenz, Hilfsbereitschaft und Harmonie.** Können über und unter dem Wasser leben: Verbindung von Himmel und Meer.

Der Schwan – ❻

Die Schwanenprinzessin beflügelt wie die Meerjungfrau die menschliche Phantasie in zahlreichen Märchen und Mythen. **Symbol für Reinheit, Reifung und Vollendung.** Für Schönheit ebenso wie für Eitelkeit.

Die Lotusblume – ❼

Symbol der Reinheit, Schönheit und intuitiver Schöpferkraft. Verbindung von Himmel und Meer. Aber auch wurzellose Gefühle, die in große (unbewusste) Tiefen und in den (Ur-) »Schlamm« vordringen.

Welle oder Strudel

Leidenschaftliche Gefühle, die uns in die Tiefe ziehen können. **Emotionale Höhen und Tiefen. Brodelnde Abgründe, die an die Oberfläche drängen.** Unterstützt die Tendenz der Prinzessin, sich treiben zu lassen.

Blick unter die Wasseroberfläche

Verdeckte Gefühle und Charaktereigenschaften (Wassertiere) können jederzeit an die Oberfläche drängen, können flügge werden. **Positiv:** Prozess der Reifung. **Negativ:** Unkontrollierte Ausbrüche.

Prinzessin der Kelche

Sie gleichen dieser Prinzessin. Die Karte unterstreicht Ihre Souveränität und zugleich Ihre jugendlich-junge Seite! Sie besitzen oder brauchen eine spielerische Meisterung von Gefühlen und Bedürfnissen. Ihr ganzes Geschick als Mensch mit viel Verständnis und Mitgefühl ist gefragt.

Halten Sie sich an das, was Ihre Seele reifen und strahlen lässt!

■ Grundbedeutung

Die Abenteuer der Gefühle, des Verlangens und des Glaubens: »Wie kann ich (meine) Wünsche erfüllen? Und wie (meine) Ängste reduzieren?« –
Wie jede Hofkarte zeigt diese Prinzessin ein Idealbild, einen souveränen Umgang mit dem betreffenden Element, hier mit den Kelchen (Wasser, Gefühle, Seele, Glaube). Sie sind wie diese Prinzessin, oder so können Sie werden! Und / oder Sie treffen auf einen Menschen in Ihrem Leben, der dieser Prinzessin entspricht.

■ Spirituelle Erfahrung

Erfolgreich wünschen …

■ Als Tageskarte

Benennen Sie konkret und klar Wünsche und Ängste. Handeln Sie entsprechend!

■ Als Prognose / Tendenz

Neue Einsichten. Mit Einfühlung, Meditation und Verständnis erkennen Sie den eigenen Weg; so helfen Sie sich und anderen weiter.

■ Für Liebe und Beziehung

Nehmen Sie Ihr Herz in die Hand, und vertreten Sie Ihr Begehren!

■ Für Erfolg und Glück im Leben

Lassen Sie nichts vertrocknen und nichts untergehen! Sagen Sie, was Sie auf dem Herzen haben!

Die 10 wichtigsten Symbole

Der blaue Kelch – ❶

Gral (siehe *Prinz der Kelche*). Möglichkeit der Klarheit, der Erleuchtung, der persönlichen Erfüllung und Glückseligkeit. Kompromisslose Liebe. **Blau:** Spiritualität, Kühle, Sehnsucht. **Aber auch:** »blau« = Rausch.

Der Kelch II

Die *doppelte* Aufgabe, das »Wasser des Lebens« fließen zu lassen und andererseits aufzufangen, festzuhalten. Über sich hinauswachsen, **Anteil nehmen.** Sich abgrenzen und **eigenen Anteil begreifen,** hochhalten.

Die drei Ringe – ❷

Verschiedene Emotionen und Gefühlsebenen müssen unterschieden werden: Trennung von sinnvollen und sinnlosen Wünschen, von berechtigten und unberechtigten Ängsten muss stattfinden. **Aber auch:** Synthese.

Die Lotusblume

Symbol der Reinheit, Seelenschönheit und intuitiver Schöpferkraft. **Verbindung von Spiritualität und Emotion.** Auch wurzellose Gefühle, die in große (unbewusste) Tiefen und in den (Ur) »Schlamm« vordringen.

Der Lichtkanal – ❸

Verbindung nach oben und unten. Kanal zwischen Himmel und Erde / Wasser muss gepflegt werden. Geistige Einsichten, Begeisterung. (vgl. Lichtschacht auf *Der Magus*). **Aber auch:** Seelengespenster.

Die Horizontlinie – ❹

Fast nahtlose Übergänge zwischen bewussten und unbewussten Seelenklängen (vgl. auch alle anderen Kelchkarten). Spiegelung des Leitsatzes: **»Wie unten – so oben«.**

Die Wasser- und Druckwelle

Hell, stark und kraftvoll: **Die alles durchdringende Kraft des Wasserelements** zeigt sich hier. Diese kann sich positiv oder negativ, auf jeden Fall jedoch mitreißend manifestieren.

Die Netzstruktur – ❺

Resonanzfläche. Verständnis zwischen Innen- und Außenwelt, Wasser- bzw. Gefühlskreislauf, der uns innen und außen umschließt. Spiegelung: **»Wie innen – so außen«.**

Der Pokal mit Griffen

Kelche als Pokale = Triumph der Seele. Auch Trophäe, Ersatzbefriedigung, Verwechslung mit echten, frei fließenden Gefühlen. **Griffe: Chance** und Aufgabe, die eigenen Gefühle und ihre Bedeutung **zu begreifen!**

Der blaurote Hintergrund

Blau und rot stehen für die **Gabe der Leidenschaft,** die die Seele zum Schwingen bringt, bis sie förmlich überfließt – im positiven oder negativen Sinne.

Ass der Kelche

Ein Geschenk des Lebens: Der Kelch symbolisiert das seelische Eigenleben eines Menschen, das Fassungsvermögen der Seele, Wünsche, Ängste und alle Gefühle. Die netzförmigen Wellen stehen für den großen Wasserkreislauf, für die ozeanischen Gefühle, für unsere Verbundenheit mit allem.

Hoch soll leben, was uns fühlen und fließen lässt!

■ Grundbedeutung

Die Kelche sind die Gefäße, in denen sich unsere Gefühle gleichsam niederschlagen: Hier geht es um seelische Bedürfnisse, das Verlangen und den Glauben, um alles, was uns innerlich erfüllt und bewegt. Entscheidend ist, dass es *fließt*. Schlüsselbegriff ist die Seele, die im Wasser gereinigt und geläutert wird. Mit dem Ass bietet sich dazu ein elementarer Zugang! Greifen Sie zu!

■ Spirituelle Erfahrung

Sich taufen lassen. Sich wandeln und ein neues Leben beginnen!

■ Als Tageskarte

Bereinigen Sie, was Ihre Gefühle trübt. Klären Sie Ihre Emotionen.

■ Als Prognose / Tendenz

Jede Kelch-Karte stellt ein Angebot dar, etwas zu empfangen (passiv) oder loszulassen (aktiv). Wenn es fließt, finden Sie die gesuchte Antwort.

■ Für Liebe und Beziehung

Wir sind wie das große Meer und ein einzelner Kelch: verbunden mit allem, doch auch frei und eigenständig. Diese Pole sorgen für Spannung und Erlösung, auch in Ihren Beziehungen.

■ Für Erfolg und Glück im Leben

Jetzt ist nicht die Stunde großer Versprechungen oder Verheißungen, sondern der persönlichen Aufrichtigkeit.

Die 10 wichtigsten Symbole

Die überfließenden Kelche

Emotionaler Überfluss oder überflüssige Emotionen. Die Kelche machen Gefühle fassbar. Gefühle darstellen und ausdrücken. Gefahr der Oberflächlichkeit (Kelche befinden sich auf der Wasseroberfläche).

Die Lotusblüten – ❶

Dagegen und in Ergänzung betonen die beiden Lotusblüten: **Entwicklung, Wachstum, Tiefe, Verankerung und Höhe, Entwicklung.** Übereinander als Symbol für Hierarchie, Verbindung von Stärke und Schwäche.

Die Fische – ❷

Verquickt und verflochten als **Symbol für Gemeinschaft und Gemeinsamkeit.** Aufgabe ist es, Grundgefühle zu unterscheiden und unter einen Hut zu bekommen. Glück, Fülle, Überschwang

Springbrunnen / Quelle

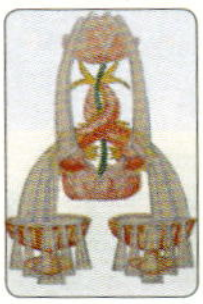

Nicht versiegende, überfließende **Emotionen und Inspiration. Positiv:** Das Teilen persönlicher Gefühle mit der Außenwelt. **Negativ:** Eigene Gefühle anderen aufdrängen.

Die Wasserkaskade – ❸

Überfließende emotionale Wasser. **Positiv:** Herzerfrischend, belebend und inspirierend. **Negativ:** abgestandener »Abfluss« überflüssiger Gefühle.

Das grüne stille Gewässer

Ruhe, Innehalten, Innenschau. Möglichkeit, die Bedürfnisse der Seele zu begreifen. Introvertiertheit. Wasserspiegel (wie *Königin der Kelche*): Offenheit (nach außen), Abgeschlossenheit (nach innen).

Die Welle

Die Ruhe ist trügerisch und kann jederzeit von einem Sturm der Emotionen aufgewühlt werden. **Stille Wasser sind tief** (vgl. *Prinz* und *Ritter der Kelche)*.

Der blaue Himmel

Blaue Blume, »Blues«, »blaues Blut«, himmelblau. **Positiv:** Heiterkeit, Sehnsucht, weite Seele. **Negativ:** »Blauäugigkeit«, Rausch. »Blau machen«, jemanden anhimmeln, das Blaue vom Himmel herunter schwindeln.

Venus-Symbol – ❹

Göttin Venus lehrt uns **mit Leib und Seele lieben, geben und nehmen.** Sie nimmt teil, ist großzügig und voll Sinn für das Schöne. Aber auch selbstgefällig, gierig und emotional und materiell fordernd.

Tierkreiszeichen Krebs – ❺

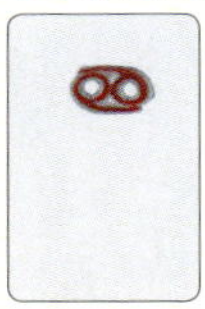

»Harte Schale, weicher Kern.« Der gefühlvolle, nährende Krebs spiegelt **Seelenleben und Empfindsamkeiten.** Durch sein »Hin und her« auch Launen, Empfindlichkeiten. Er erzählt von Herkunft und Heimat.

Zwei Kelche

Zwei Kelche betonen die Polaritäten des Seelenlebens – Sympathie und Antipathie, Wünsche und Ängste, Zuwendung und Ablehnung. Die berühmten »zwei Seelen in der Brust« muss auch jede/r für sich unterscheiden und unter einen Hut bekommen.

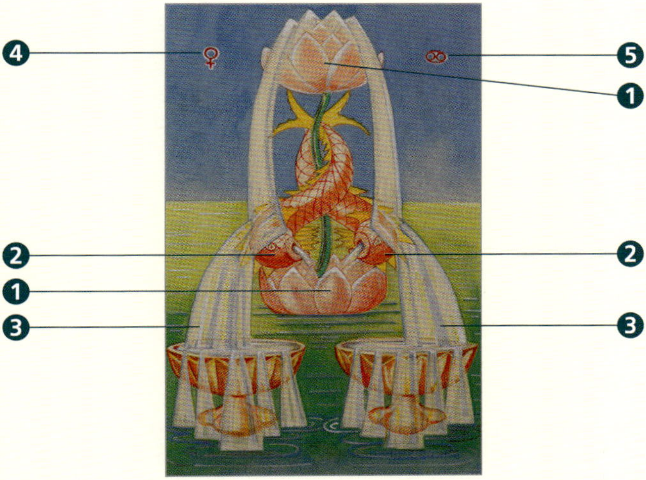

»Liebe und andere Katastrophen« – emotionale Riesenkräfte im Guten wie im Schlechten!

■ Grundbedeutung

Zwei Kelche stehen für Grundenergien, für wichtige Gefühle, die sich widersprechen oder ergänzen. Das bezieht sich auf eher alltägliche Absichten.

Schon *ein* einzelner Kelch kann sehr verschiedene Inhalte transportieren: Wein oder Wasser, ein kostbares Nass oder ein furchtbares Gift. Die Tatsache allein, dass die Gefühle hier üppig fließen, ist noch keine Gewähr! Auf den Inhalt kommt es an. Und auf die Freiheit, immer wieder selbst zu wählen.

■ Spirituelle Erfahrung

Die erste große Liebe …

■ Als Tageskarte

Mit großen Emotionen gekonnt umzugehen – das ist eine Lebensaufgabe, die sich jeden Tag neu stellt.

■ Als Prognose / Tendenz

Der bewusste Umgang mit Gefühlen und Bedürfnissen ist in jeder Hinsicht entscheidend.

■ Für Liebe und Beziehung

Lassen Sie Ihrer Seele Flügel wachsen … durch eigene oder gemeinsame Unternehmungen, eine Aussprache, einen Abschied, eine Versöhnung …

■ Für Erfolg und Glück im Leben

Geteilte Freude ist doppelte Freude. Geteiltes Leid ist halbes Leid.

Die 10 wichtigsten Symbole

Die überfließenden Kelche

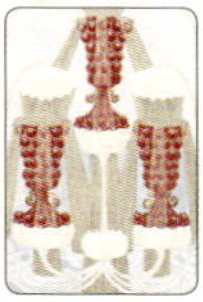

Reiche und (über-) reichlich fließende Gefühle. **Positiv:** freudig, glücklich, harmonisch. **Negativ:** roh, verletzt, verletzend. **Emotionsdusche:** seelische Erfrischung oder unangenehme Abschreckung.

Die Granatapfelkerne – ❶

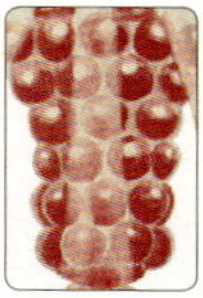

Das Innerste wird nach Außen ausgedrückt: Genuss und Fruchtbarkeit, Lust, Verführung und Verführbarkeit. Verweist auf den Mythos von Kore, Hades und Demeter und den Abstieg in die »eigene« Unterwelt.

Die drei Kreise der Stängel – ❷

Gefühle müssen unterschieden werden (siehe Ringe beim *Ass der Kelche)*. Trennung von sinnvollen und sinnlosen Wünschen und Ängsten. Verbindung von Körper, Geist und Seele (= Merkur, der Weltenwanderer).

Die Anordnung im Dreieck

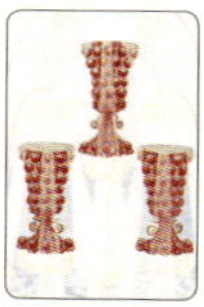

Aus eins mach zwei – scheinbar eindeutige Wünsche oder Ängste unterscheiden lernen: Welche tun gut, welche nicht? Und ***aus zwei mach eins*** – scheinbar gegensätzliche Emotionen auf einen Nenner bringen.

Die acht Lotusblüten – ❸

Nicht verwurzelt, Gefahr bodenloser Seelen(er)regung und Abstieg in große (unbewusste) Tiefen und in den eigenen (Ur-) »Schlamm«. **Möglichkeit, Spiritualität und Emotion in Gleichklang zu bringen.**

Schlauch / Stängel

Hier: in sich geschlossener Wasserkreislauf = **seelische Gefangenschaft, Kreisen ums Thema,** ständige Wiederholung von Gefühlen und Emotionen. **Auch:** »runde Sache«, seelische Ganzheit, persönliche Integrität.

Das blaue stille Gewässer

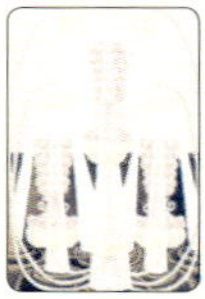

(Wunsch nach) Harmonie und Frieden, Ruhe und scheinbare Fröhlichkeit (oder sogar Rausch) an der Oberfläche. Emotionale Regungen (positiv und negativ) spielen sich in der Tiefe ab.

Der graue Himmel

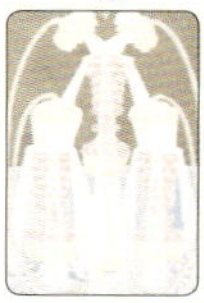

Einerseits: **Neutralität, Gleichmut und Toleranz.** Auf der anderen Seite: **Gleichgültigkeit und Unbewusstheit.** Auch Farbe des Unscheinbaren und des Schattens im Sinne des Unmerklichen und Unbewussten.

Merkur-Symbol – ❹

Kommunikation, Flexibilität und Genialität. Intelligenz im Zeichen Krebs – hier: emotionale Intelligenz. Sein Symbol vereinigt Kreuz, Kreis / Sonne und Halbkreis / Mond = Einheit von Körper, Geist und Seele.

Tierkreiszeichen Krebs – ❺

»Harte Schale, weicher Kern.« Der gefühlvolle, nährende Krebs spiegelt Seelenleben und Empfindsamkeiten. Durch sein »Hin und her« auch Launen, Empfindlichkeiten. Er erzählt von Herkunft und Heimat.

Drei Kelche

Zu einem fruchtbaren Seelenleben gehören Austausch, Gemeinsamkeit und Selbstständigkeit in einer Gruppe. Aber auch der Dreiklang von Körper, Geist und Seele in einem Menschen. Die Erhöhung, die Anmut der Seele ist die positive Verheißung der Karte – der Hochmut der Gefühle die Warnung!

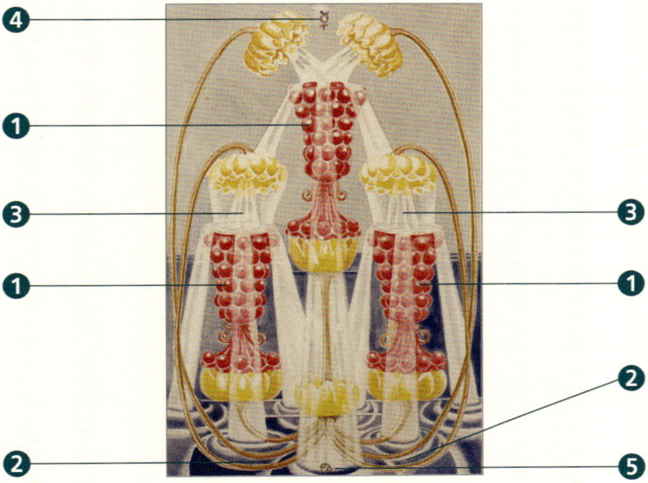

Aller guten Dinge sind drei!

■ Grundbedeutung

Alles hängt von der »Wasserqualität« ab. Wo verletzte Gefühle fließen, ist das Maß schnell voll! Eine Vermischung, ein *Wir-Gefühl* kann zwar animierend wirken, doch es besteht die Gefahr, dass der oder die einzelne darin buchstäblich untergeht. Außerdem kann die Karte auch *gemischte Gefühle* zeigen. Dann regiert der Kompromiss, aus heiß und kalt wird lauwarm. Im positiven Sinne bedeutet die Karte fruchtbare Gefühle und *begriffene Bedürfnisse*. Sie bewirken, dass jede/r Beteiligte sich in seinem Kern bestätigt fühlt.

■ Spirituelle Erfahrung

Eine gelungene Feier. Verwandlung des Alltags in ein Fest!

■ Als Tageskarte

Scheuen Sie sich nicht vor »emotionalen« Reaktionen. Gehen Sie auf andere zu, oder grenzen Sie sich von ihnen ab, auch wenn es Ihnen noch ungewohnt erscheint.

■ Als Prognose / Tendenz

Das Leben wird zum Fest, wenn viele Gefühle gemeinsam fruchtbar werden!

■ Für Liebe und Beziehung

Ein richtiges Wort zur richtigen Zeit wirkt Wunder. Sprechen Sie aus, was Sie fühlen! Trauen Sie sich!

■ Für Erfolg und Glück im Leben

Eine glückliche Karte, wenn wir sie als Sinnbild der emotionalen Intelligenz sehen. Bewusste Emotionen sind fruchtbare Emotionen.

Die 10 wichtigsten Symbole

Die goldenen, gravierten Kelche – ❶

Entwickeltes, ausgearbeitetes, **aber** auch zivilisiertes, **gebändigtes Gefühlsleben.** Gold: Sonne, Bewusst-Sein, das Höchste und Heilige, aber auch Sinnsuche und Neid, Überheblichkeit und Gier.

Der quadratische Sockel – ❷

Stabile emotionale Grundlage. Der Mensch in seiner erlebbaren, seelischen Ganzheit (alle vier Elemente aktiviert), aber auch: kantig, »square« (rechteckig, spießig, langweilig, vierschrötig).

Die Griffe an den Kelchen – ❸

Kelche als Pokale = Triumph der Seele. Auch Trophäe, Ersatzbefriedigung = Verwechslung mit echten, frei fließenden Gefühlen. **Griffe:** Chance und Aufgabe, die eigenen Gefühle und ihre Bedeutung zu begreifen!

Der entfaltete Lotus – ❹

Mögliche Gefühlsreife, fordert zur Übernahme von Verantwortung für das eigene Gefühlsleben auf. **Aber auch:** erhöhte Position = Warnung vor überhöhten Gefühlen und vor seelischer Arroganz.

Die Wurzeln – ❺

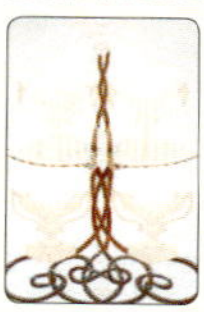

Nur bei dieser Karte vollständig erkennbar! Wasser wird aufgefangen und reell verankert. Seelische Ganzheit. ***Alles* mit ganzer Seele machen:** Aufgehen der eigenen Blüten ebenso wie der eigenen Dummheiten.

Die Lemniskate

Grundlegende Verschlingung. **Unendlichkeit und Ewigkeit von Gefühlen. Aber auch:** ständiger Kreislauf der emotionalen Wiederholung. Daraus entstehende Sterilität.

Wasser- / Licht-Kreislauf – ❻

Nur hier vollständige Aufnahme der Strahlen von den Kelchen! Kreis offen und geschlossen. **Seelische Ganzheit!** Geschlossenes System. **Positiv:** selbst gesteuert und erhaltend. **Negativ:** abgeschlossen, intolerant.

Der graue Himmel

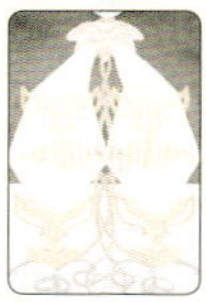

Einerseits **Neutralität, Gleichmut und Toleranz.** Auf der anderen Seite **Gleichgültigkeit und Unbewusstheit.** Auch Farbe des Unscheinbaren und des Schattens im Sinne des Unmerklichen und Unbewussten.

Mondsichel / Mond-Symbol – ❼

Gefühlswelt, Seele, Psyche, Ahnung, Wunsch, Angst. Nacht, das Unbewusste. Mond: Herrscher des Krebs: seelische Ganzheit! **Negativ:** Abschottung. Selbstverliebt. **Positiv:** Immunität, begriffener Eigen-Sinn.

Tierkreiszeichen Krebs – ❽

»Harte Schale, weicher Kern.« Der gefühlvolle, nährende Krebs spiegelt Seelenleben und Empfindsamkeiten. Durch sein »Hin und her« auch Launen, Empfindlichkeiten. Er erzählt von Herkunft und Heimat.

Vier Kelche

Symmetrie bei den vier Kelchen. Der Zufluss zu den Kelchen erfolgt über eine Seerose, deren ornamentale Stängel und Wurzeln einen inneren Austausch mit dem zu Grunde liegenden großen Wasser möglich machen. Nur diese Kelch-Karte zeigt das komplette Wurzelwerk!

Zurück zu den Wurzeln!

■ Grundbedeutung

Seelische Fassung. Ihre Gefühle wirken in alle Himmelsrichtungen. Was passiert, geschieht mit ganzer Seele. Ist jemand zum Beispiel launisch ist, so ist er *ganz* launisch. Im schlimmen Fall eine unselige Besessenheit: Ein und dasselbe Gefühl wird in alle möglichen Richtungen *übertragen* und »ausgewalzt«. Überall findet man die Gefühle wieder, von denen man ausgegangen war. Im positiven Sinne die erfreuliche Fähigkeit, im eigenen Rhythmus zu leben. Sie finden sich *überall* zurecht und fühlen sich wohl.

■ Spirituelle Erfahrung

Gnade und Dankbarkeit erfahren! Kraft aus der Begegnung mit der Natur, mit einem Baum schöpfen!

■ Als Tageskarte

Gehen Sie Ihren Gefühlen auf den Grund. Lassen Sie die Seele baumeln. Ziehen Sie klare Schlüsse. Lassen Sie sich nicht drängeln.

■ Als Prognose / Tendenz

In der Meditation, in der Stille finden sie Wörter und Worte für Erfahrungen und Eindrücke, bei denen Sie bislang sprachlos waren.

■ Für Liebe und Beziehung

Wer hoch hinaus will, muss tief in sich gehen! Das gilt auch für die Höhen und Tiefen der Liebe.

■ Für Erfolg und Glück im Leben

Manchmal hat man für etwas »nur« persönliche Gründe. Hier führen genau diese zum Ziel und zum Glück!

Die 10 wichtigsten Symbole

Die leeren Kelche – ❶

Nur bei dieser Karte sind alle Kelche leer. **Negativ:** innere Leere, seelische Ebbe, emotionaler Mangel. **Positiv:** vollständige, größtmögliche Offenheit und Empfänglichkeit für Neues. Offenbarung.

Kelche / Stängel als Pentagramm

Nach unten gerichtet: **Notwendigkeit der Erdung** und der materiellen Integration von Gefühlen und seelischen Erfahrungen. Quintessenz. Gefahr, sich oder andere »herunterzuziehen«.

Stängel in Schmetterlingsform – ❷

Steht für **Wandlung, Reife, Transformation.** Stirb und Werde! (Phönix-Prinzip). Versprechen neuer oder wiedergefundener Leichtigkeit nach Überwindung von Veränderungsprozessen.

Die welkenden Blütenblätter

Gefühle sind überreif und müssen ausgedrückt werden. Notwendigkeit des Wandelns und des Loslassens. Aber auch verdrängte und daher erstorbene Wahrheiten.

Zwei Blätter – ❸

»Des Menschen Wille ist sein Himmelreich«: In (positiven oder negativen) Gefühlstiefen fest verwurzelt und zum Himmel ausgerichtet. **Positiv:** Schutzschild, Abschirmung. **Negativ:** Blockade, Abschottung.

Die Stängel in Herzform

Hohe Emotionalität: **Herz ist Trumpf.** Aber auch **Mars-Energie:** Vital, aktiv, aber auch aggressiv und wütend. Antrieb und bewusster Wille.

Der rote Himmel

Machtvolle, intensive Gefühle. Aufbruchsstimmung. Sonnenuntergang oder Morgenröte, Sonnenaufgang. Abschied von toten Gefühlen. Reinigendes oder zerstörendes Fegefeuer, Götter- oder Götzendämmerung.

Der grünbraune Grund

(Brackige) Erde, Acker. Trockenheit oder Sumpf: **Trockenheit:** Ebbe und Offenheit wie bei den leeren Kelchen. **Sumpf:** Fruchtbarkeit, den Acker trockenlegen, Zeit für einen neuen Frühling.

Mars-Symbol – ❹

Mars stärkt die Durchsetzungskraft, gibt Mut und ergreift (auch sexuell) die Initiative. Er ist Frühlingsgott und Kriegsgott: **ungeduldig, kämpferisch, zerstörend und / oder befreiend!**

Skorpion-Symbol – ❺

Intensität, Leidenschaft, Tiefe, Verlangen, aber auch Überwindung von Begehren, Tod und Wiedergeburt. **Auch:** Verbohrtheit, Festklammern, sehr verletzend oder sehr beschützend und tragend.

Fünf Kelche

Die Kelche sind leer. Große Ebbe: Das Land ist ausgetrocknet. Oder aber Land und Kelche sind optimal offen für Neues. Die Blüten welken, doch die zwei Blätter der Seerose schützen wie Schirme und bilden zugleich ein Herzornament. Die Stängel formen ein Pentagramm und einen Schmetterling.

Ein roter Himmel: »Die Engel backen ... !«

■ Grundbedeutung

Die Quintessenz des Wasserelements: Nur wer sich wandelt, bleibt sich treu. Darauf verweist der Schmetterling im Bild. Dieser Wandel bringt einen den Übergang in ein unbekanntes Neues mit sich.

Vielleicht begegnen Ihnen zuvor unbeachtete Gefühle: Trauer, Wut, Reue und manches andere. Doch auch ungekannte Freude, neue Hoffnung, ungewohnte (seelische) Kraft und Ausdauer können sich einstellen, weil das Neue, das beginnt, alte, tiefe Wünsche erfüllt.

■ Spirituelle Erfahrung

Eine Metamorphose – eine Wandlungsphase, eine Tunnelstrecke des Lebens – der Anfang einer neuen Lebensstufe.

■ Als Tageskarte

Laufen Sie vor (Ihren) Gefühlen nicht weg. Nach diesem Neuanfang sehnen Sie sich schon lange.

■ Als Prognose / Tendenz

Sie schenken sich und anderen »reinen Wein« ein! Es ist besser, eine Wahrheit »spät« zu akzeptieren als gar nicht.

■ Für Liebe und Beziehung

Trauer, Wut, Groll, Gram und andere Emotionen treten in diesem Bild in den Vordergrund, wenn sie bisher zu kurz gekommen sind. Holen Sie fehlende Auseinandersetzungen nach!

■ Für Erfolg und Glück im Leben

Ent-Täuschung: Das Ende einer Täuschung, deren Lektion Sie gelernt haben, setzt enorme Energien frei.

Die 10 wichtigsten Symbole

Die durchscheinenden Kelche – ❶

Transparente, durchlässige Gefühle, Emotionen sind nicht gefestigt oder noch brüchig. Durchsichtige Emotionen = **nicht versteckte, offen gezeigte Gefühle.**

Die Schleifen in den Kelchen I – ❷

Verschlungene Emotionen, zu lösende oder zu knüpfende (seelische) Knoten, **Verwicklungen der Liebe und des Lebens.** Das unendlich geflochtene Band der DNS-Kette, Kette der Evolution.

Die Schleifen in den Kelchen II

Schlangen = Sexualität, niedere Instinkte, plattes Kriechertum. Sich in Höhen und Tiefen windendes Bewusstsein. Verführung oder Anstiftung zur Wahrheit. Aber auch Weisheit, Wandlung, Häutung, Entwicklung.

Sockel aus Kugeln / Beeren – ❸

Kleiner, labiler Standfuß = **wenig Standfestigkeit** (vgl. Sockel der *Vier Kelche).* Besondere **Zerbrechlichkeit,** filigrane Kostbarkeit. Anspielung auf Granatäpfelkerne der *Drei Kelche.*

Die Lotusblüten – ❹

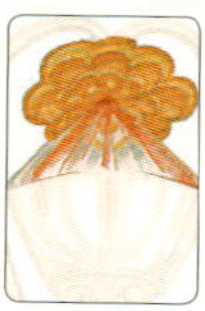

Die Blumen füllen die Kelche oder speisen sie. Geschlossenes System von Blüten, Wasser und Kelchen (vgl. *Vier Kelche).* **Positiv:** gefasste Emotionen und (seelische) Bedürfnisse. **Negativ:** hermetisch abgeschlossen.

Die verflochtenen Blumenstiele – ❺

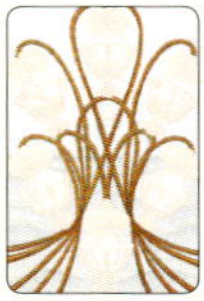

Verbindung, Verflechtung, Verquickung = komplexe Angelegenheit. Seelische Komplexe oder innere Vielfalt. Außerdem nach unten kein Ende absehbar. **Negativ:** fehlende Verwurzelung. **Positiv:** tiefe Gefühle.

Der graue Himmel

Offen für vieles. **Positiv:** Neutralität, Leichtigkeit, Unvoreingenommenheit, weite Seele. **Negativ:** Teilnahmslosigkeit, Gleichgültigkeit, Unbestimmtheit.

Wasserwellen / -ebenen

Vielschichtige Persönlichkeit. Vom Wasser geprägt und durchdrungen. **Auch:** unterschwellige Schichten sind in Bewegung (positiv oder negativ) und können jederzeit an die Oberfläche treiben.

Sonnen-Symbol – ❻

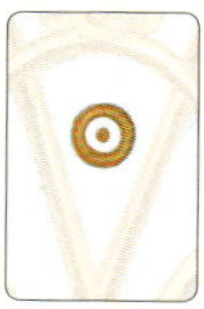

Die Sonne leuchtet uns auf der Suche nach unserer Identität. Sie steht für Bewusstheit, Wachheit, Tag, persönliches Ziel, Geburt, Neuanfang, Kreislauf, Mittelpunkt.

Skorpion-Symbol – ❼

Intensität, Leidenschaft, Tiefe, Verlangen, aber auch Überwindung von Begehren, Tod und Wiedergeburt. **Auch:** Verbohrtheit, Festklammern, sehr verletzend oder sehr beschützend und tragend.

Sechs Kelche

Ist es Land oder Wasser, über dem die Kelche schweben? Wie Lichtampeln oder Glocken hängen die sechs Kelche an mannigfachen Verbindungen. Verschlungen und vernetzt sind die Kelche. Es geht um komplexe Gefühle. Alles hängt zusammen. Wenn sich hier etwas wandelt, dann vieles auf einmal.

Ein Schaltkreis, ein Komplex von Gefühlen …

■ **Grundbedeutung**

Die ganze Wahrheit. Alte Träume und tiefe Wünsche machen sich bemerkbar – vielleicht auf Umwegen oder in Gestalt von unerwarteten Begebenheiten. Ihnen wird bewusst, dass weit zurückliegende Ereignisse noch lebendig sind und Ihr heutiges Leben beeinflussen. Auch weit vorausreichende Erwartungen können den Augenblick sehr bestimmen. Möglicherweise treten vermehrt Träume und Tagträume auf, vielleicht Unruhe oder Schlaflosigkeit, eventuell auch ein Gefühl von Ohnmacht oder Aufregung …

■ **Spirituelle Erfahrung**

Sich verlieben, eine Therapie abschließen, einen Jungbrunnen erleben!

■ **Als Tageskarte**

Ein geschützter Raum, in dem man auch seine Verletzlichkeit zeigen kann. Setzen Sie sich behutsam mit emotionalen Erfahrungen auseinander.

■ **Als Prognose / Tendenz**

Sie erweitern Ihr Verständnis. Sie verfügen heute über *mehr Alternativen* als in Ihrer Kindheit.

■ **Für Liebe und Beziehung**

Verabschieden Sie sich von kindlichen Reaktionsweisen und tun Sie, was Sie als erwachsene Frau oder erwachsener Mann schon lange tun wollten!

■ **Für Erfolg und Glück im Leben**

Nutzen Sie die Gunst der Stunde, um alte Ängste abzulegen und wichtige Wünsche zu erfüllen.

Die 10 wichtigsten Symbole

Die überfließenden Kelche – ❶

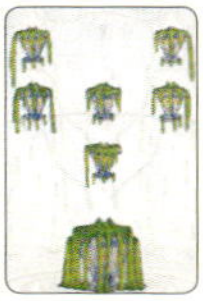

Reiche, überfließende Gefühle. Negativ: nicht fassbar, können nicht vollständig aufgefangen werden. **Positiv:** Was über–flüssig ist, tropft ab. Das Wesentliche bleibt im Kelch zurück. Gefilterte Gefühle!

Die lila Stängel – ❷

Lila = Grenzerfahrung (ultraviolett, Grenze der Sichtbarkeit): Emanzipation, Frauen-Power (siehe Venus). **Verbindung von blau und rot:** Gefühl und Stärke/Wille. Wunsch oder Notwendigkeit seelischer Transformation.

Das Stängelgerüst – ❸

Negativ: ausgedünntes Wurzelwerk lässt auf Vereinfachung und Ausdünnung der Gefühlswelt schließen. **Positiv:** Skelettierung, Abstraktion, notwendige Konzentration auf das Wesentliche.

Die grüngelben Wassertropfen – ❹

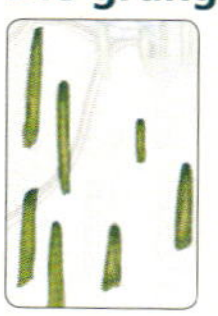

Hinweis auf Neid, Unreife oder seelisches Gift, aber auch auf frisches Wachstum und eine lebendige Natur, die sich ihr Recht verschafft. **Giftiger oder heilender Zaubertrank:** Die Mischung macht es.

Das Wasser in der Luft

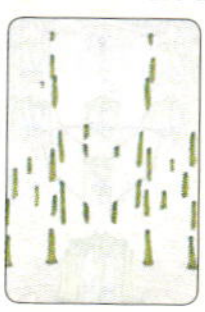

Regen, Reinigung, Filter: Wasser und Luft = bewusster, geistig klärender Umgang mit Gefühlen, mit seelischen Bedürfnissen, Sehnsüchten und Verlangen.

Lilien, nach unten gerichtet – ❺

Reinheit, Unschuld, aber auch Verführung; mit seelischen Abgründen konfrontiert werden. **Auch:** Aufhebung, Bereinigung, Vereinfachung seelischer Abgründe oder Komplikationen.

Der graue Hintergrund

Trübe Gefühle, Trübsal, im Trüben fischen. Aber auch Grau als betonte Neutralität und Unvoreingenommenheit! **Übergang zu »ozeanischen« Gefühlen:** Weite, Tiefe, sich treiben lassen.

Das braune Gewässer

»Naturtrüb«: Sumpfiges, brackiges oder nährstoffreiches Wasser. **Versinken in oder Auftauchen aus der eigenen Gefühlstiefe.** Auch: Geerdete oder bodenständige Emotionen.

Venus-Symbol – ❻

Göttin Venus lehrt uns **mit Leib und Seele lieben, geben und nehmen.** Sie nimmt teil, ist großzügig und voll Sinn für das Schöne. **Aber auch:** selbstgefällig, gierig und emotional und materiell fordernd.

Skorpion-Symbol – ❼

Intensität, Leidenschaft, Tiefe, Verlangen, aber auch Überwindung von Begehren, Tod und Wiedergeburt. **Auch:** Verbohrtheit, Festklammern, sehr verletzend oder sehr beschützend und tragend.

Sieben Kelche

Stellen Sie Ihre Emotionen auf den Prüfstand. Entwickeln Sie Sie Ihren eigenen Maßstab – auch in Liebesdingen und intimen Wünschen. Der Untertitel »Verderbnis« greift nur einen Aspekt heraus: Der englische Titel »debauch« bedeutet auch Schwelgerei, Schlemmerei und Orgie.

Verdorbenes aussieben und meiden!

■ Grundbedeutung

Ein mächtiges Verlangen sorgt dafür, dass gewisse Konventionen (Gewohnheiten, Übereinkünfte) »baden gehen«. Das kann Gift für die Seele sein – und das ist die Warnung dieser Karte. Es kann aber auch Medizin, ein Füllhorn für die Seele sein – nämlich dann, wenn die Konventionen bisher zu engherzig waren – und darin liegt die Ermunterung dieser Karte. Sinnlose Leidenschaften stellen *über-flüssige* Emotionen dar, die Sinn und Sinne betäuben; sinnvolle dagegen schaffen einen *Über-fluß* an Wohlbehagen, der Sinn und Sinne befriedigt.

■ Spirituelle Erfahrung

Unterscheiden lernen, sich nicht selbst vernebeln!

■ Als Tageskarte

Die guten ins Töpfchen, die schlechten ins Kröpfchen – »sieben« Sie Ihre Wünsche und Ängste.

■ Als Prognose / Tendenz

»Qui vivra verra«: Wer leben wird, wird sehen! An den »Früchten« werden Sie erkennen, was für Sie stimmt.

■ Für Liebe und Beziehung

Gehen Sie Ihren Erfahrungen auf den Grund, und folgen Sie den Wünschen, von denen die stärkste Energie ausgeht.

■ Für Erfolg und Glück im Leben

Ihre Wünsche sollen Ihnen und Ihrem Glück dienen und nicht umgekehrt! Ziel der Wunscherfüllung ist es, wunschlos glücklich zu sein …

Die 10 wichtigsten Symbole

Die angeschlagene Kelche – ❶

Die lückenhaften Griffe der Kelche zeigen, dass es hier um Gefühle geht, die nicht einfach zu (be-) greifen und zu (er-) tragen sind. **Positiv:** Zeichen seelischer Erfahrung. – **Aufgabe** der emotionalen Ausgleichung.

Die Wasserströme

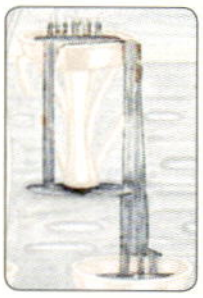

Dosierte Gefühle. **Negativ:** Gefühls-Geiz, seelische Kleinlichkeit. **Positiv:** Sparsamer, ökonomischer Umgang mit Emotionen und seelischen Bedürfnissen. Ausgewogene Gefühle (vier gefüllte und vier leere Kelche).

Das Lotusblatt – ❷

Dient hier als Basis der umzusetzenden, zu transformierenden Gefühle. Die tragende, spirituelle Kraft der »Seelengewächse« auf düsterem Boden. **Aufforderung zur seelischen Balance.**

Die hängenden Blüten – ❸

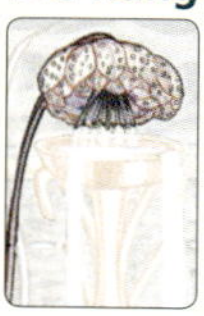

Blüten der Seele, **Fruchtbarkeit der Seele. Gefühlsdusche.** Zwei (vgl. *Zwei Kelche)* als Aufgabe und Fähigkeit, auch in seelischen, intimen und emotionalen Fragen zu unter–scheiden!

Die leeren Kelche – ❹

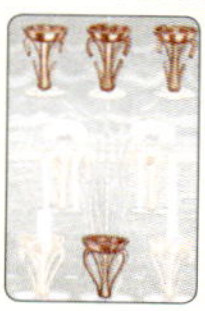

Negativ: innere Leere, seelische Ebbe, emotionaler Mangel. **Positiv:** vollständige, größtmögliche Offenheit und Empfänglichkeit für Neues. Offenbarung. (vgl. *Fünf Kelche*).

Die vollen Kelche – ❺

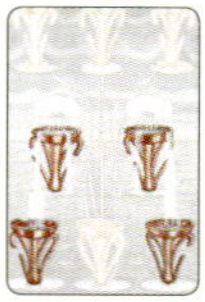

Emotionale und seelische Fülle, die überfließt (vgl. *Drei Kelche*). **Aber auch:** Überflüssige, sinnlose Gefühle, die abfließen müssen.

Der helle Horizont

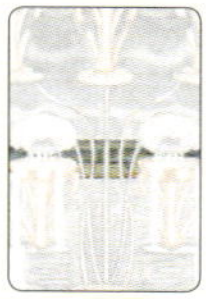

»It' s gonna be a bright bright bright bright sun shiny day«: **Hinterm Horizont geht's weiter! Neue Einsicht, neuer Morgen!** »Gottes Mühlen mahlen langsam« – aber sie mahlen.

Dunkler Himmel / Dunkles Wasser

Ursprüngliche = **belebende oder primitive Gefühle.** Unbewusste oder unbekannte Emotionen zeigen sich auf der bewussten Ebene. Notwendigkeit diese zu sortieren, auszudrücken oder einzuteilen.

Saturn-Symbol – ❻

Saturn diszipliniert, verpflichtet, macht verantwortlich. Macht der Zeit, Begrenzung. »Die Zeit heilt alle Wunden« – Geduld. Auf der Höhe der Zeit, seine Zeit nutzen, die Qualität der Zeit.

Fische-Symbol – ❼

Spiritualität, Glaube, Sehnsucht, Chaos, Passion, Hingabe oder Verweigerung, Erfüllung. **Große Gefühle, »ozeanische« Gefühle,** wie ein Fisch im Wasser, sich freischwimmen, sich wegträumen.

Acht Kelche

Volle und leere Kelche, seelische Erfüllung und Offenheit halten sich hier die Waage: Das Bild einer höheren Ordnung und »Stimmung« der Gefühle. Im guten Sinne hat dies absolut nichts mit »Trägheit« zu tun, aber viel damit, dass Sie sich der tragenden Kraft Ihrer persönlichen Bestimmung anvertrauen.

Prüfen Sie Ihren Glauben – und bauen Sie darauf!

■ Grundbedeutung

Die Macht des Bestehenden im Seelenleben. Die gebrochenen oder lückenhaften Griffe der Kelche deuten auf größere Gefühle, die nicht einfach zu (be)greifen und zu (er)tragen sind. Die Karte handelt von Situationen, wo Sie deutlich spüren, dass »die Macht des Schicksals« Ihr individuelles Fassungsvermögen übersteigt. Dass es Gefühle gibt, die Sie selber nie gehabt haben und vielleicht nie haben werden. Dass Sie sich seelischen Einflüssen und Bestimmungen ausgesetzt sehen, deren Wirksamkeit Sie nicht leugnen oder abstellen können oder wollen.

■ Spirituelle Erfahrung

Die eigene Bestimmung verstehen. Wir finden sie dort, wo es für uns am meisten »stimmt«.

■ Als Tageskarte

»Gottes Mühlen mahlen langsam« – aber sie mahlen! In diesem Sinne: Haben Sie Geduld! Alles hat seine Zeit.

■ Als Prognose / Tendenz

Alles hat seine Zeit. Alles ist wichtig.

■ Für Liebe und Beziehung

Unterstützen Sie sich und Ihren Partner darin, dass jede/r den eigenen Weg geht. Eine große Chance für die Liebe!

■ Für Erfolg und Glück im Leben

»Wer faul ist, ist auch schlau!« – wer dem Fluss der Energien folgt, der oder die strengt sich vergleichsweise am wenigsten an und erreicht am meisten!

Die 10 wichtigsten Symbole

Die lila Kelche – ❶

Lila = Grenzerfahrung (ultraviolett, Grenze der Sichtbarkeit). Erweiterte Wahrnehmung. Lebensweisheit (s. Jupiter). **Blau und rot:** Gefühl und Stärke / Wille. Wunsch / Notwendigkeit seelischer Transformation.

Die Vernetzung – ❷

Überpersönliche Erfüllung. **Stabilität, aber auch Anpassungsdruck und Schematisierung,** Schwierigkeit, einmal »aus der Reihe zu tanzen«. Domino-Effekt. Die (Schein-) Alternative: Alles oder nichts!

Vielfalt und Einheit

Viele Kelche, viele Gefühle, weite Seele. **Aber auch:** ein Kelch gleicht dem anderen. **Negativ:** Einfalt, Kopie immer gleichen Fühlens und Wünschens. **Positiv:** Gesamtkunstwerk, beschwingtes Leben, Komposition.

Wasser- / Lichtstrahlen

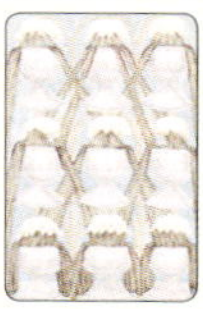

»Alle Brünnlein fließen«: Gefühlskanäle sind voll geöffnet. (vgl. *Vier Kelche* und *Zehn Kelche)* **Positiv:** Offenheit, große Gefühle, »großes Kino«. **Negativ:** emotionaler Überschwang, »baden gehen«, Illusionen.

Die hängenden Lotusblüten – ❸

Symbol der Reinheit, Schönheit und intuitiver Schöpferkraft. Hängend = zugewandt, speist den Kelch oder wird von ihm gespeist (vgl. *Sechs Kelche).*

Die roten Stängel

Kraftvolle, vitale Anbindung an die Materie. Machtvolle, intensive Gefühle unter der Oberfläche. Mars-Themen werden aktiviert.

Der Schwebezustand

Die Kelche stehen auf dem Wasser oder hängen in der Luft. Ob das eine Ermunterung oder eine Warnung darstellt, hängt davon ab, inwieweit man sich auf Wasser und Luft verlassen oder bauen kann.

Der blaue Himmel

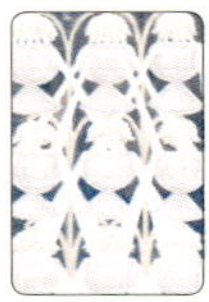

Blau steht für Spiritualität, Kühle und Sehnsucht. Aber auch »blau« im Sinne von Rausch. Im Guten oder im Schlechten kann man hier »sein blaues Wunder erleben«.

Jupiter-Symbol – ❹

Glück, Großzügigkeit, Selbstverantwortung, »sein eigener Meister sein«. **Negativ:** Größenwahn, Selbstherrlichkeit, Selbstgerechtigkeit. **Positiv:** Nicht auf andere warten, Talent für das Schicksal, Geschick.

Fische-Symbol – ❺

Spiritualität, Glaube, Sehnsucht, Chaos, Passion, Hingabe oder Verweigerung, Erfüllung. **Große Gefühle, »ozeanische« Gefühle,** wie ein Fisch im Wasser, sich freischwimmen, sich wegträumen.

Neun Kelche

Hier geht es nicht um einen, zwei oder drei Kelche, sondern um die Kelche – Gefühle, Verlangen und Glaube – in großer Fülle. Ihr gesamter Gefühlshaushalt kommt ins Bild. Ihnen stehen viele Quellen zur Verfügung. Sortieren Sie sie, und schöpfen Sie die guten aus.

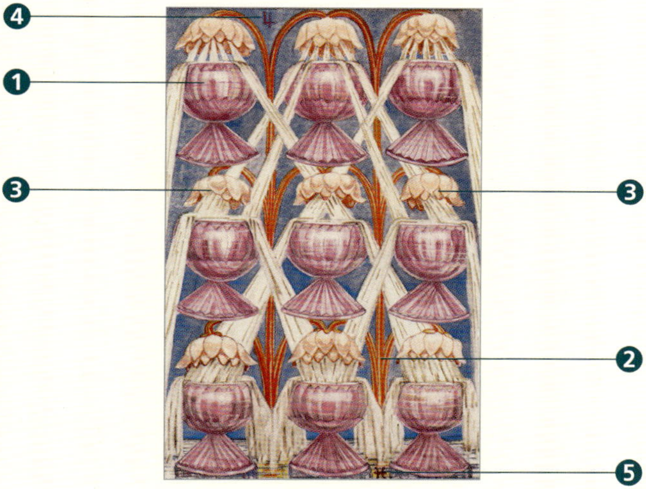

Ein Meer (»mehr«) von Gefühlen.

■ Grundbedeutung

Viele Gefühle zu haben, ist ein Geschenk, eine Gnade, die viele Menschen erst einmal dankend ablehnen. Lassen Sie sich durch den aufgedruckten Titel *Freude* oder *Glückseligkeit* (im Englischen *happiness*) nicht zu voreiligen Schlussfolgerungen veranlassen. Dagegen steht z.B. die verbreitete Meinung, *zu viele Gefühle* brächten Unglück (vgl. den Bestseller-Titel »Frauen, die zuviel lieben«). Vom Bild her ist klar, dass hier »alle Brünnlein« fließen. Diese zu managen, ist kreatives Lebens-Design.

■ Spirituelle Erfahrung

»Alles an dir ist wertvoll, wenn du es nur besitzt« (Sheldon B. Kopp).

■ Als Tageskarte

Schauen Sie hin, was in Ihnen lebt. Sie müssen ja nicht alles nach außen bringen!

■ Als Prognose / Tendenz

Zufriedenheit, Genuss, Ruhe und Harmonie erwachsen Ihnen daraus, dass Sie »Ja« zu sich sagen.

■ Für Liebe und Beziehung

Es geht nicht nur um *Ihre* Gefühle! Manchmal sitzen wir da, starr, wie festgeklebt; manchmal machen wir uns Sorgen ohne Ende. Lassen Sie es fließen! Bleiben Sie der Liebe treu. Unternehmen Sie etwas Schönes gemeinsam!

■ Für Erfolg und Glück im Leben

Sie sind ein Glückskind: Sie trauen sich.

Die 10 wichtigsten Symbole

Der Lebensbaum

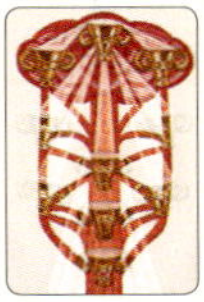

Anordnung der Kelche widerspiegelt eine geordnete Gefühlswelt, klare ausbalancierte Strukturen, Kelche erfüllen ihre Rolle in einem System. **Vollständigkeit, aber auch Schematismus.**

Die goldenen Kelche – ❶

Lebenskunst vereint sich mit Seelenkunst. Gold steht für Sonne, Bewusst-Sein, das Höchste und Heilige, aber auch Sinnsuche und Neid, Überheblichkeit und Gier.

Die gefüllten Kelche

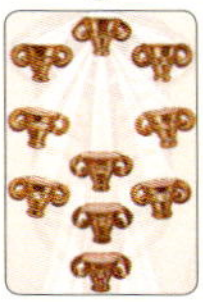

Im positiven Fall signalisiert diese Karte wunderbare Erlebnisse und Ereignisse. Große Leidenschaften erheben und erfüllen Ihr Leben. Sie sind wie ein Kraftfeld, in dem Sie selbst und andere sich wohl fühlen.

Die Widderhörner – ❷

Neuer Zyklus (Widder als Frühlingspunkt) beginnt. Die **Aufforderung, Pionierarbeit zu leisten und Mut zu beweisen.** Aber auch: Warnung vor »Kaiser«-Allüren, Starrheit und Egoismus.

Wasser- / Lichtstrahlen

»Alle Brünnlein fließen«: Gefühlskanäle sind voll geöffnet. (vgl. *Vier Kelche* und *Neun Kelche)* **Positiv:** Offenheit, große Gefühle, »großes Kino«. **Negativ:** emotionaler Überschwang, »baden gehen«, Illusionen.

Rotes Geflecht / Kanäle – ❸

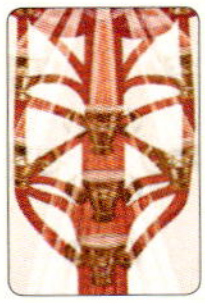

Gefühlskorsett, strenge Kanalisation der Gefühle, Gefahr der Ritualisierung von Gefühl. Aber auch: **kraftvolle, vitale Anbindung an die Materie.** Machtvolle, intensive Gefühle. Mars-Themen werden aktiviert.

Wolkenstruktur / Oberhaupt – ❹

Verkopfte Gefühle, die sich im negativen Falle auf Biegen und Brechen durchsetzen wollen. Mit dem Kopf durch die Wand. **Positiv:** Schutzschirm (vgl. Farbgebung und Widderthemen des *Kaisers*).

Der orangerote Hintergrund

Große Energie und Kraft werden verarbeitet und transformiert. **Aufbruch- und Aufbaustimmung.** Reinigendes oder zerstörendes Fegefeuer, Götter- oder Götzendämmerung.

Mars-Symbol – ❺

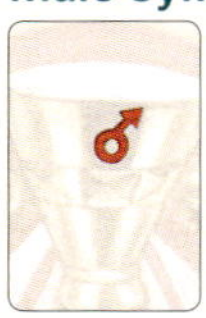

Mars stärkt die Durchsetzungskraft, gibt Mut und ergreift (auch sexuell) die Initiative. Er ist Frühlingsgott und Kriegsgott: ungeduldig, kämpferisch, zerstörend und / oder befreiend!

Fische-Symbol – ❻

Spiritualität, Glaube, Sehnsucht, Chaos, Passion, Hingabe oder Verweigerung, Erfüllung. **Große Gefühle, »ozeanische« Gefühle,** wie ein Fisch im Wasser, sich freischwimmen, sich wegträumen.

Zehn Kelche

»Große Gefühle« betreffen Einstellungen, die sehr weitreichend sind, weil sie sich auf eine lange Lebensspanne beziehen. Bei diesen Gefühlen stecken Sie immer mittendrin. Wie man einen Menschen nicht erst auf Probe lieben kann, so fallen bei den großen Träumen Deutung und Praxis zusammen.

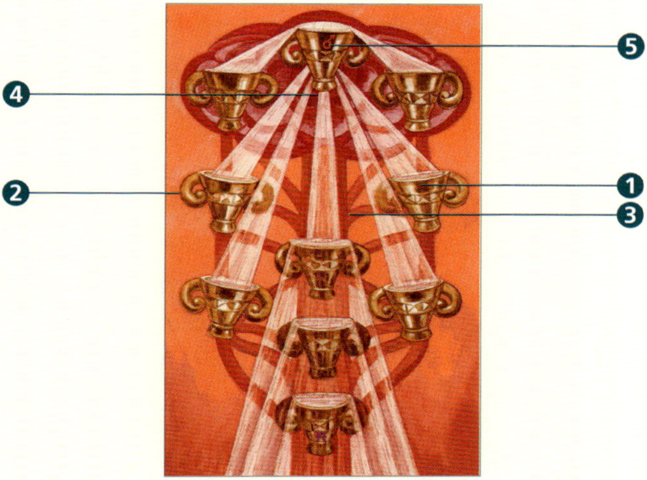

Große Leidenschaften erheben und erfüllen Ihr Leben.

■ Grundbedeutung

Die Totalität der Gefühle. Reiche Gefühle bringen nicht selten Weichheit oder emotionale Kurzschlüsse mit sich. Gegenreaktionen führen leicht in dogmatische Steifheit oder strikte »Kanalisierung« der Gefühle. Im positiven Fall jedoch signalisiert diese Karte wunderbare Erlebnisse und Ereignisse. Sie sind wie ein Kraftfeld, in dem Sie selbst und andere sich wohl fühlen.

Wachsen Sie daran, sich und Ihr Leben als *Gesamtkunstwerk* zu gestalten. Die großen Leidenschaften zu befriedigender Erfüllung zu führen, ist eine »Kulturarbeit«, in der Sie selbst als aktiver Teil enthalten sind.

■ Spirituelle Erfahrung

Hoch-Zeit, Trauung, Liebesbündnis …

■ Als Tageskarte

Haben Sie keine Angst vor großen Emotionen und kühnen Träumen! Vorsicht, Harmoniesucht!

■ Als Prognose / Tendenz

Die Sortierung von Wünschen und Ängsten wird Ihnen helfen. Es sind vier Schritte erforderlich …

■ Für Liebe und Beziehung

… sinnvolle Wünsche erfüllen und sinnlose Wünsche aufgeben, außerdem

■ Für Erfolg und Glück im Leben

… berechtigte Ängste ernst nehmen und Vorsorge treffen sowie unberechtigte Ängste erkennen und sausen lassen.

Die 10 wichtigsten Symbole

Die langhaarige Frauengestalt – ❶

Sie strahlt Macht und Souveränität, aber auch Abgehobenheit und Gefahren aus. Das lange Haar: **Vitalität, Lebenskraft.** Es warnt vor Eitelkeit und einer Tendenz, »etwas an den Haaren herbeizuziehen«.

Das durchsichtige Kettenhemd – ❷

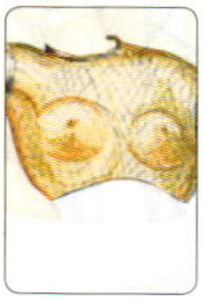

Der Schutzpanzer einer Walküre. Einerseits erotische Extravaganz, andererseits **Defensive und mögliche Gefühlskälte.** Halb nackt und halb gepanzert steht auch für Halbwahrheiten.

Der Korsettgürtel – ❸

Betonung der Mitte, der Verbindung von Leib und Seele. **Positiv:** Der Venus-Gürtel wie bei der *Kaiserin.* **Negativ:** Festsitzende Gedankenmuster, die wenig Luft zum Atmen lassen. Unterdrückung des Bauchgefühls.

Der Wolkenthron – ❹

Symbol der Beherrschung der Luftwelt. Hier kann **Entfremdung vom Weltlichen und Abgehobenheit** entstehen. Wer an der Nahtstelle zwischen Himmel und Erde, Mensch und Kosmos thront hat aber auch **Überblick**.

Der Schwertarm – ❺

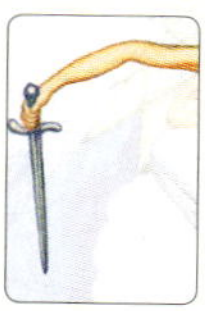

Der Arm wirkt überstreckt, das Schwert sehr schwer (vgl. *Prinzessin der Schwerter).* **Gedanken müssen geübt werden.** Die nach unten weisende Schwertspitze kann diese auf dem Boden der Tatsachen verankert.

Der Kopf mit Bart – ❻

»Headhunter«: Kopfgeldjägerin geistigen Eigentums oder Sich stützen auf Ahnenwissen. Spielt auf abgeschlagenen Kopf des Johannes oder Holofernes an: **Grausamkeit. Aber auch:** Demaskierung, Blick hinter Kulissen.

Der Kopf auf der Krone – ❼

Der Engel- oder Kinderkopf steht für kommende Generationen, die über den bisherigen geistigen Horizont weisen. **Anregung, über sich hinaus zu denken.** Der »Kindskopf« bedeutet auch **Willkür und Naivität.**

Die drei Köpfe

Bartgesicht – Königin – »Milchgesicht«: Wechsel und bewusste Zusammenarbeit zwischen den Generationen. **Vergangenheit, Gegenwart, Zukunft. Es, Ich und Über-Ich.**

Die Strahlenkrone

Die gelb-blauen Zacken symbolisieren bisherige (verfestigte) Gedanken. **Möglichkeit zur höheren Erkenntnis** durch Betonung des Kopfes. **Aber auch:** Begrenzung des persönlichen Denkens.

Der stürmische Wolkenhimmel

Gefühl von stürmischer, **lebensbejahender Freiheit** und Angst vor der Grenzenlosigkeit der eigenen Gedankenwelt. **Himmelblau als Farbe der Sehnsucht und Entgrenzung, der Romantiker und – der Trinker.**

Königin der Schwerter

Sie gleichen dieser Königin. Die Karte unterstreicht Ihre königliche Würde und Ihre weibliche Seite! Sie entwickeln einen königlichen, meisterhaften Umgang mit den Luftkräften. Ihr ganzes Können als Mensch mit neuen Ideen, gutem Vorstellungsvermögen und Liebe zur Gerechtigkeit ist gefragt.

»Über den Wolken …«

■ Grundbedeutung

Die Meisterin der Grundwerte und der klaren, aber liebevollen Grenzen: »Was ist wichtig, was wiegt im Leben? Wofür will ich leben?« – Wie jede Hofkarte zeigt diese Königin ein Idealbild, einen souveränen Umgang mit dem betreffenden Element, hier mit den Schwertern (Luft, Worte, Gedanken, Urteile). Sie sind wie diese Königin, oder so können Sie werden! Und / oder Sie treffen auf einen Menschen in Ihrem Leben, der dieser *Königin* entspricht.

■ Spirituelle Erfahrung

Qual und Gunst der Wahl, Gewissensprüfung, Entscheidung zum Guten, Trennung von Fesseln.

■ Als Tageskarte

Sorgen Sie für Klarheit in Ihren Entscheidungen und in Ihrem Verhalten. Durchdenken Sie Ihren Standpunkt, und vertreten Sie ihn mit Witz und Selbstverständlichkeit!

■ Als Prognose / Tendenz

Eine Karte des Abbaus von Ängsten und der neuen Chancen in der Liebe.

■ Für Liebe und Beziehung

Verstehen Sie, was das Herz begehrt! Verfeinern Sie Liebe, Lust und Leidenschaft mit Raffinesse und Herzensgüte.

■ Für Erfolg und Glück im Leben

Ohne Eifer, ohne Zorn und ohne Buhlen um Anerkennung … leben Sie ganz entspannt, und entfalten Sie Ihre Begabung, eine präzise Arbeit abzuliefern!

Die 10 wichtigsten Symbole

Der Schwertkämpfer – ❶

Herrscher der Gedankenwelt, Drahtzieher von Marionetten. **Willkürlich:** Schwertarm als grausame Verlängerung unbewusster Impulse. **Weise:** Brechung und Aufarbeitung des Unbewussten. Freiheit, Bewusst-Sein.

Die geometrischen Strukturen – ❷

In Bildgestaltung: Berechnung, Planung, Durchdenken, Vorausdenken, Logik, Grammatik. **Negativ:** Voreingenommenheit, gefilterte Wahrnehmung. **Positiv:** Strukturiertes Vorgehen, Systematik, Gewissenhaftigkeit.

Die Sichel – ❸

Liegt in der Zügelhand, links. Fruchtbare Geisteswaffe. **Symbol der Ernte:** Reife Gedanken können geschnitten und geerntet werden. **Zeichen für Zeit,** für Zeitlichkeit und Vergänglichkeit (vgl. die Sense des *Todes*).

Die grünen Gestalten – ❹

Luftgeister, Elfen oder Feen. **Negativ:** Gedanken an Leine legen. **Positiv:** Kommunikation mit eigenen Gedankenfragmenten. Innerer Dialog kultiviert Gewissen. **Grün:** Unreife und Jugendfrische, Natürlichkeit.

Leinen / Fäden – ❺

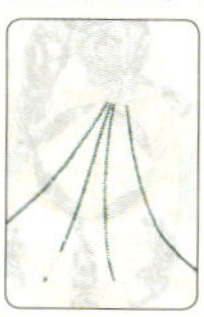

Sinnbild für Nerven und Nervenbahnen: **Sensibilität und Reizbarkeit**. Mit ihnen bündelt der Prinz seine Gedanken, macht sie begreifbar. Fäden spannen Gedanken aber auch vor den Karren.

Der Wagen

Bewegung oder Stillstand des Denkens? Anspielung auf Trumpf VII: Der Luftwagen bewegt sich nur bei Konzentration und klarem Fokus der Gedanken.

Die Fußbremse – ❻

Auf der linken, empfangenden Seite. »Niedere Triebe« oder **schlechte Gewohnheiten bremsen das gedankliche Weiterkommen. Aber auch:** »Niedere Triebe« werden abgeschliffen und poliert.

Die grüne Kugel – ❼

Notwendigkeit ausgewogener Gedankengänge. **Balance und andere Themen der Ausgleichung.** Das Moos- / Smaragdgrün steht für Natürlichkeit, Vegetation, Emotionalität, Tiefe, aber auch Trägheit.

Die Doppelpyramide – ❽

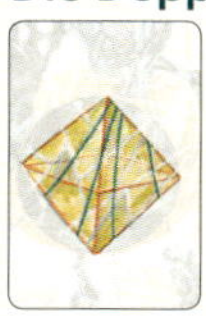

Gedankliche Brillanz und Klarheit, aber auch: Glashaus, Verhärtung von Gedanken. Pyramide in der Kugel: Quadratur des Kreises. Kreiselkompass. (vgl. *Ausgleichung*).

Die gelben Kugeln

Stehen für Akzeptanz und kontinuierliche Durchspielung aller gesammelten Erfahrungen. Gelb Farbe als Ausdruck von Bewusstsein und Lebensfreude, aber auch Neid und geistige Dissonanz. Hinweis auf Sinnsuche.

Prinz der Schwerter

Sie gleichen diesem Prinzen. Die Karte unterstreicht Ihre königliche Würde und zugleich Ihre männliche Seite! Sie besitzen und entwickeln einen überlegenen Umgang mit den Luftkräften des Lebens. Ihr ganzes Potential als Mensch mit Sinn für Unabhängigkeit, Klarheit und Weitblick ist gefragt.

Luftgeister an langer Leine …

■ **Grundbedeutung**

Der Meister des Wissens: »Was weiß ich vom Leben / vom Partner / vom Augenblick? Wie erreiche ich Klarheit?« – Wie jede Hofkarte zeigt dieser Prinz ein Idealbild, einen souveränen Umgang mit dem betreffenden Element, hier mit den Schwertern (Luft, Worte, Gedanken, Urteile). Sie sind wie dieser Prinz, oder so können Sie werden! Und / oder Sie treffen auf einen Menschen in Ihrem Leben, der diesem *Prinzen* entspricht.

■ **Spirituelle Erfahrung**

(Große) Zusammenhänge überblicken. Schweres leicht machen.

■ **Als Tageskarte**

Bringen Sie Ihren Beitrag zu einem besseren Zusammenleben.

■ **Als Prognose / Tendenz**

Diese Karte deutet auf starke geistige Kräfte, auf mentale, wissens- und gewissensmäßige Energien, die von Ihnen ausgehen und / oder mit denen andere auf Sie einzuwirken versuchen.

■ **Für Liebe und Beziehung**

Weder im berechnenden Spiel noch in intelligenter Unverbindlichkeit erreichen Sie, was Sie wirklich brauchen. Halten Sie sich an das, was Sie ehrlich betroffen macht.

■ **Für Erfolg und Glück im Leben**

Erfolg oder Misserfolg hängt davon ab, dass wir uns in Frage stellen und gleichsam von außen betrachten können. Und dass wir verstehen, wie andere sich selbst und wie sie Sie sehen!

Die 10 wichtigsten Symbole

Der grüne Reiter – ❶

Rasanter Geist. **Positiv:** enorme geistige Dynamik, Flexibilität. **Negativ:** Denk-Schnellschüsse, Oberflächlichkeit. **Grün:** Unreife und geistige Frische. »Grüner Mann« (vgl. *Narr, Prinzessin der Schwerter).*

Rüstung / Helm – ❷

Der geschlossene Helm und die enge Rüstung weisen auf konzentrierte, abgeschirmte Gedanken, aber auch einseitige Fokussierung hin. **Positiv:** Schutz vor Ideenraub. **Negativ:** Wissen wird nicht geteilt.

Die Körperhaltung

»Zentaur«-Einheit von Ross und Reiter: **Mensch und Instinkt sind verwachsen.** Sturmflug: **Angriff oder Hingabe.** Wuchtigkeit der Gedanken. Fokus auf den Augenblick, Fanatismus, Jagd auf alles Unbewusste.

Rotoren- oder Libellenflügel – ❸

Auch Koordinatenkreuz. **Denken funktioniert in viele Richtungen, Schnelle Perspektivenwechsel sind möglich.** Aber auch die Gefahr, Gedanken zu sehr zu zerstückeln.

Der sechsstrahlige Stern – ❹

Synthese: Die Möglichkeit, durch Verbindung von unterschiedlichen Gedankensträngen ein großes Ganzes zu schaffen und tief greifende Erkenntnis und Weisheit zu erlangen.

Das rotbraune Pferd

»Denken mit Leidenschaft«: **wildes, ungezügeltes Denken oder Denken mit Liebe und radikaler Leidenschaft.** Der Reiter ist seiner Passion ausgeliefert oder vertraut auf sie, setzt sie gewinnbringend ein.

Schwalben / Vögel – ❺

Vorbote des Frühlings und somit frischer, lebendiger Gedanken. Hochfliegende Gedanken, Abgehobenheit. Erotik, Liebe, Sex. Neue Ideen, die den Reiter stets begleiten und inspirieren oder verwirren.

Die Kondenzstreifen – ❻

Bereits umgesetzte Gedanken hinterlassen Spuren oder nicht realisierte Ideen lösen sich auf in Schall und Rauch.

Das Himmelreich

Der Himmel ist das Reich Gottes, der Götter, des Geistes und der Geister. Außerdem ist er die Heimat des **umsetzbaren Willens** oder **unrealistischer Wunschträume:** »Des Menschen Wille ist sein Himmelreich!«

Der blaue Himmel

Blau steht für Kühle, Coolness, Sehnsucht, Blues, Sentiment, Rausch. **Positiv:** Heiterkeit, Lässigkeit, klarer Wille, klarer Geist. **Negativ:** »Blauäugigkeit«, Rausch. Auch: »blau machen«.

Ritter der Schwerter

Sie gleichen diesem Ritter. Die Karte unterstreicht Ihre Souveränität und zugleich Ihre männliche Seite! Sie besitzen und entwickeln einen meisterhaften, ganzheitlichen Umgang mit den Luftkräften des Lebens. Ihre ganze Konsequenz als Mensch mit viel Neugier, Forschergeist und Scharfsinn ist gefragt.

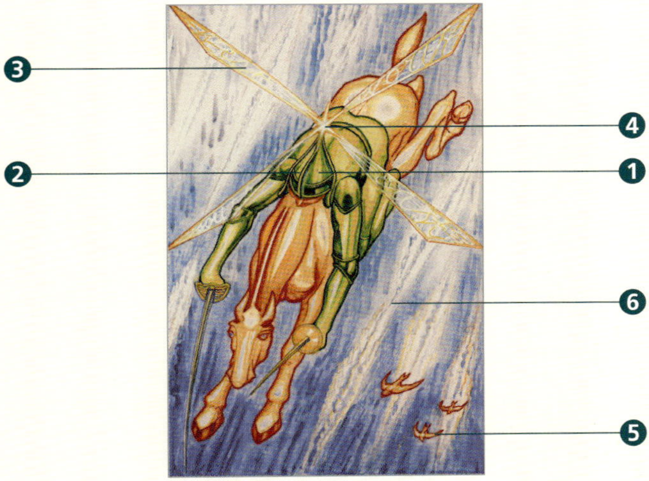

Schneller als der Schatten …

■ Grundbedeutung

Der Meister der Erkenntnisse: »Was steht dahinter? Was gibt es Neues? Was passiert am Ende?« – Wie jede Hofkarte zeigt dieser Ritter ein Idealbild, einen souveränen Umgang mit dem betreffenden Element, hier mit den Schwertern (Luft, Worte, Gedanken, Urteile). Sie sind wie dieser Ritter, oder so können Sie werden! Und / oder Sie treffen auf einen Menschen in Ihrem Leben, der diesem *Ritter* entspricht.

■ Spirituelle Erfahrung

Die Radikalität der wahrhaft Liebenden.

■ Als Tageskarte

Die Ziele müssen Sie »anmachen«. Dann besitzen Sie eine große Kraft, sich ganz zu widmen. So werden Sie viel erleben und sich durchsetzen.

■ Als Prognose / Tendenz

Sie verstecken sich nicht hinter dem, was »man« macht oder sagt. Sie entfalten Ihr Potential.

■ Für Liebe und Beziehung

Sich bewusst für mehr Liebe, Witz und Freude einzusetzen, ist das (An-) Gebot der Stunde. Einfach mehr Zeit, mehr Ideen, mehr Phantasie für Ihre Herzenswünsche!

■ Für Erfolg und Glück im Leben

Lassen Sie Werte-Schubladen hinter sich. Gehen Sie in Ihren Gedanken weiter als sonst. Wagen Sie (mehr) Verbindlichkeit und Konsequenz.

Die 10 wichtigsten Symbole

Die Amazonengestalt – ❶

Diskussionsfreudige Aufklärerin oder Fanatikerin, rebellische Protestantin, **kämpft für ihre Ideale und persönliche Wahrheiten** ohne Rücksicht auf Verluste. Gute Verbündete, schwierige Konkurrentin.

Die grüne Gestalt

Grün steht für **Unreife und geistige Frische,** auch für **Natürlichkeit und fruchtbares Potental.** Der »Grüne Mann« à la Robin Hood (vgl. *Narr, Prinz der Schwerter, Ritter der Schwerter).*

Der Wolkenthron – ❷

Symbol der Beherrschung der Luftwelt. Hier kann **Entfremdung vom Weltlichen und Abgehobenheit** entstehen. Keine Bodenhaftung: Luftschloss, Wolkenkuckucksheim. **Aber auch:** Vordenker, Pionier.

Der Helm mit Maske oder Kopf – ❺

Über-Ich, unbegriffene Gedanken, unbewusste Ziele. **Positiv:** »Das Denken denken«, sich seiner selbst bewusst werden. **Negativ:** ohne bewusste Analyse eigener Motive agieren. Steuerung durchs Über-Ich.

Der Altar – ❸

Opfergaben sind noch nicht oder nicht mehr vorhanden: **Ideale und Gedanken müssen** auf Aktualität, Umsetzbarkeit und Authentizität **hinterfragt werden** oder Denken ohne Aberglaube, **Freidenkertum**.

Der stürmische Himmel

Unkonventionelles, freies, abenteuerliches Denken. Sprunghafte Ideen und Assoziationen. Verbale Luftkämpfe. **Ideen werden mit Vehemenz und Engagement vertreten.**

Das Windmühlengebilde

Don Quichotte Thema: Die Mächte der Luft sollen sinnvoll genutzt werden ohne Kräfte zu vergeuden. Mühlen zermahlen nicht perfekte Gedankenkonstrukte und zeigen Begrenzung des persönlichen Denkens.

Die dunklen Wolken

Aufgabe, himmlische Freiheit und irdische Gebundenheit auszusöhnen. Auch: geistiger Smog, ungeklärte Gedanken, »schmutzige Gedanken« oder geerdete Gedanken.

Die Lichtquelle

Die Möglichkeit **tief greifende Erkenntnis** zu erlangen. Die aufgehende oder untergehende Sonne klarer Gedanken. **Frische Inspiration** von Außen.

Regenbogen / Kreisbogen – ❹

Repräsentiert höhere Einheit: **Verbindung von Gott und Mensch, von Theorie und Praxis.** Auch schwungvolles Denken, aber auch: sich im Kreise drehen.

Prinzessin der Schwerter

Sie gleichen dieser Prinzessin. Die Karte unterstreicht Ihre Souveränität und zugleich Ihre jugendlich-junge Seite! Sie besitzen und entwickeln einen meisterlichen, unvorbelasteten Umgang mit den Luftkräften des Lebens. Ihr ganzes Geschick als Mensch mit viel Esprit und Urteilskraft ist gefragt.

Halten Sie sich an das, was Ihnen Klarheit bringt!

■ Grundbedeutung

Die Abenteuer der Ideen und Erkenntnisse: »Was geschieht? Was läuft? Was fällt mir dazu ein?« – Wie jede Hofkarte zeigt diese Prinzessin ein Idealbild, einen souveränen Umgang mit dem betreffenden Element, hier mit den Schwertern (Luft, Worte, Wissen, Gedanken, Urteile). Sie sind wie diese Prinzessin, oder so können Sie werden! Und / oder Sie treffen auf einen Menschen in Ihrem Leben, der dieser *Prinzessin* entspricht.

■ Spirituelle Erfahrung

Sich wundern. Wach sein. Über sich hinaus denken.

■ Als Tageskarte

Verschaffen Sie sich einen Überblick, zeigen Sie Initiative und präsentieren Sie Ihre Gedanken und Vorstellungen.

■ Als Prognose / Tendenz

Diese Karte deutet auf Neuigkeiten, spielerische, experimentelle Gedanken hin. Und sie warnt vor Gutgläubigkeit und Ahnungslosigkeit. Sie meistern das Schwert!

■ Für Liebe und Beziehung

Liebe in jeder Beziehung … Trauen Sie sich etwas! Es gibt mehr Wege und Möglichkeiten als man denkt!

■ Für Erfolg und Glück im Leben

Liebe ist eine Lebenseinstellung! Probieren Sie sie auch im Beruf und im Alltag aus – Sie werden mit dieser Einstellung viel mehr erreichen als ohne!

Die 10 wichtigsten Symbole

Die 22-strahlige Krone – ❶

Positiv: Die Krone der Schöpfung. **Negativ:** Entfremdung von oder Zerstörung der Natur. Bündelung von Einheit und Vielfalt. Erlangen höchster Erkenntnis ist möglich (22 Strahlen = 22 Große Arkana)

Der Doppelgriff – ❷

des Schwertes: **Doppeldeutigkeit der Gedankenwelt. Doppelmoral.** Wer regiert die geistige Waffe? (vgl. Schwert auf der *Ausgleichung)*

Die Schlange – ❸

Vermittlerin zwischen Geist und Instinkt, Himmel und Erde. **Positiv:** Weisheit und Erkenntnisfähigkeit. **Negativ:** Falschheit, Hinterlist und Verführung. Zusammengerollt auch Symbol zyklischen Denkens.

Die Sonne

Aufgehend oder untergehend. **Symbol des logischen Verstandes** und der Möglichkeit klaren Denkens und der objektiven Analyse. **Auch:** Atomare Explosion, Overkill als Inbegriff der Zerstörungen des Geistes.

Die Mondsichel – ❹

Auf- und absteigend (vgl. *Der Mond).* **Dunkle und helle Seite der Seele,** der Psyche, der Nacht, des Unbewussten, der seelischen/persönlichen Bedürfnisse. Diese müssen ins Bewusstsein gehoben werden.

Die drei Kugeln

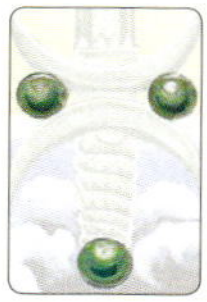

am Schwertgriff. Weitere Mondsymbole, aber auch Erdsymbol. Steht für die notwendige **Bearbeitung und mögliche Aufhebung von Gegensätzen,** wenn die Gedanken »ergriffen« werden.

Thelema I – ❺

Altgriechisch: **Wille, Wollen, Gebot, Gelüst, Wohlgefallen.** Die Schwerter, die Waffen des Geistes können grausam sein, wenn sie der verlängerte Arm unbewusster Gelüste und der Willkür sind. Dagegen wirken …

Thelema II

… sie befreiend, wenn sie zur Erfüllung von Wünschen und zur Aufhebung von Ängsten verhelfen: **Lernen, Glück, Bewusst-Sein.** – Der Begriff Thelema geht auf die Bibel und besonders auf François Rabelais zurück.

Das Wolkenmeer

Negativ: Abgehobenheit, Fehlen von Bodenständigkeit und Erdverbundenheit, substanzloses Wolkenschloss. **Positiv:** Überblick, Himmelreich, »Wolke 9«, »siebter Himmel«.

All / Sternenhimmel

Größe, Gnade, Weite. Im Bewusstsein eine **Verbindung** schaffen **von Unendlichkeit und Zeitlichkeit, von Ewigkeit und Tagesaufgaben.** Absolutes Denken und bedingtes Handeln. »Global denken – vor Ort handeln.«

Ass der Schwerter

Ein Geschenk des Lebens: Das Schwert symbolisiert die geistige Unabhängigkeit, die Trennschärfe des Geistes, unserer Worte, Gedanken und Urteile. Das Schwert symbolisiert die menschliche Evolution in der Spannbreite zwischen Krönung und Gefährdung der Schöpfung.

Hoch soll leben, was uns stark und frei sein lässt!

■ Grundbedeutung

Die Schwerter sind »die Waffen des Geistes«, Worte, Gedanken und Urteile: Hier geht es um geistige Arbeit, um Erkennen, Verstehen und Lernen, um alles, was das Leben letztlich leichter macht. Entscheidend ist, dass etwas *klar* ist oder klar wird. Schlüsselbegriff ist der Geist, der sich vom bloßen Verstand dadurch unterscheidet, dass er (der Geist) auch zum Wesen, zur Essenz eines Menschen oder eines Sachverhalts vordringen kann! Mit dem Ass bietet sich dazu ein elementarer Zugang! Greifen Sie zu!

■ Spirituelle Erfahrung

Durch Liebe und Bewusstsein alte Verletzungen heilen!

■ Als Tageskarte

Erheben Sie sich, richten Sie sich auf. Genießen Sie eine neue Klarheit!

■ Als Prognose / Tendenz

Sie bekommen die Chance, bisher undefinierte Wünsche und Ängste zu klären und besser zu leben.

■ Für Liebe und Beziehung

»Die Augen der Liebe sind die Augen des Geistes« (W. Shakespeare). Ein geistvolles Leben ist ein Leben in und mit bewusster Liebe.

■ Für Erfolg und Glück im Leben

Sie besitzen und Sie brauchen ein gutes Denkvermögen und einen kraftvollen, langen Atem. Gehirnjogging und Körpertraining unterstützen Ihre Ritterlichkeit.

Die 10 wichtigsten Symbole

Gekreuzte große Schwerter – ❶

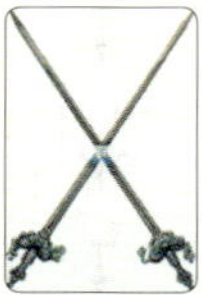

Verbindung von oben und unten, von linker und rechter Körper- oder Gehirnhälfte. **Ein Gedanke wird von einem anderen »gekreuzt«** = konstruktive oder destruktive Auseinandersetzung.

Die ziselierten Griffe mit 4 Engeln

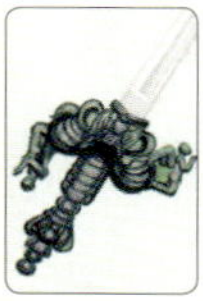

Kunstvolle oder gekünstelte Gedanken. **Engel als Schutzsymbol der Vierheit** (z.B. Elemente, Evangelisten, Himmelsrichtungen, Jahreszeiten). Auch beseeltes Denken.

Die zwei kleinen Schwerter – ❷

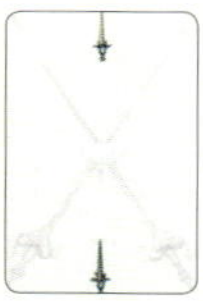

»Ableger«, Produkt des Dialogs. **Verdoppelung von Themenenergie und -inhalt.** Verleiht der Karte etwas Geheimnisvolles, Rätselhaftes, denn Doppelung der Kartenzahl nur hier.

Die weißblaue (Lotos-) Blume – ❸

Symbol für die Emotionalität des Denkens. Herz oder Mitte einer Person. **Schönheit und Wahrheit. Aber auch:** Flüchtigkeit eines Augenblicks oder mancher Gedanken.

Das Rosenkreuz

Aufforderung, wach für den Augenblick zu sein und ihn mit Herz und Verstand zu erfahren. Keimzelle des Bewusstseins. Denken durchdringt Gefühl.

Windmühle / Windspiel – ❹

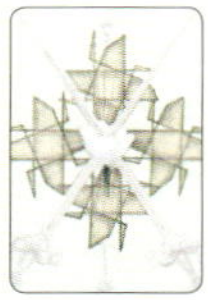

Luftschloss, »Luftnummer«. **Komplexe Vielfalt,** Verschachtelung und Allseitigkeit geistiger Arbeit und Energie. »Ventilierung« des Denkens, **gedanklich flexibel.** Gefahr, »sein Fähnchen nach dem Wind zu hängen«.

Der Farbverlauf hell – dunkel

Dämmerung, **geistiger Übergang oder gedankliche Gratwanderung.** Ab- oder Auftauchen in oder aus tiefere(n) Bewusstseinsschichten.

Der grüne Hintergrund

Frische, neue Gedanken. Natur und Geist: Grüne Natur vereinigt sich mit gelber Geistesklarheit: Oder Unreife (unausgegoren, »grün hinter den Ohren«) vereinigt sich mit Neid und fahler Giftigkeit.

Mond-Symbol – ❺

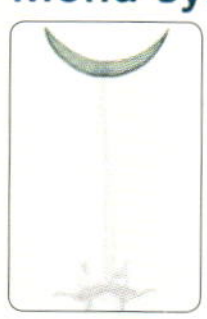

Der Mond beleuchtet die Nacht und Gefühlswelt. **Ahnungen, Empfänglichkeit, Anpassungsfähigkeit,** fließendes Selbstgefühl. **Aber auch:** Überempfindlichkeit, Unsicherheit, ungenaue Selbstwahrnehmung.

Waage-Symbol – ❻

Die Waage wiegt, vergleicht, unterscheidet, verbindet, bringt auf einen Nenner, bringt ins Lot ... **Negativ:** Abwägendes, berechnendes Handeln. **Positiv:** Diplomatisches Vorgehen. Auch: »Was wiegt im Leben?«

Zwei Schwerter

Die »zwei« Schwerter tauchen hier zweimal auf, so dass sich insgesamt vier Schwerter ergeben. Ein Phänomen, das dieser Karte etwas Geheimnisvolles und Rätselhaftes verleiht. Die weißblaue Blume in der Bildmitte bezeichnet das »Herz«, die Mitte einer Person und / oder eines Augenblicks.

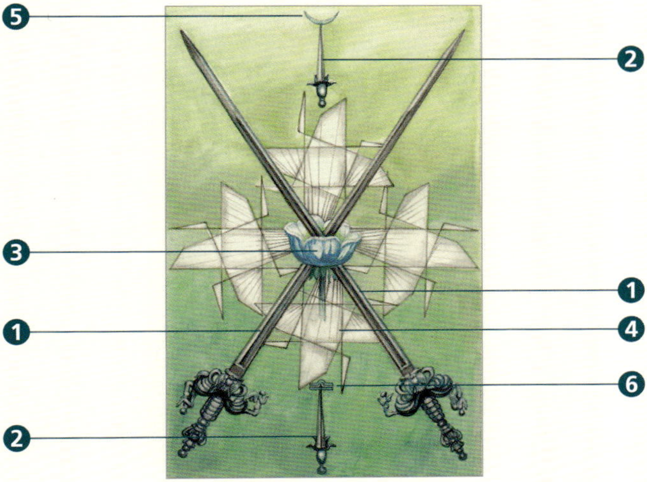

»Man sieht nur mit dem Herzen gut«
(A. de Saint-Exupéry)

■ Grundbedeutung

Die beiden großen Schwerter lassen sich als Verbindung von oben und unten, von links und rechts im Menschen verstehen. Die weißblaue Blume bezeichnet das »Herz«, die Mitte der Person. Und zugleich beschreibt die Blume den Augenblick, der aufblüht und verwelkt. Die Schwerter mit der Blume sind eine andere Darstellung des Rosenkreuzes und des Lotus, der im Herzen erblüht. *Wach sein für den Augenblick ist die Keimzelle des Bewusstseins.*

■ Spirituelle Erfahrung

Zwischen Tag und Traum … an einer Nahtstelle von Seele und Verstand.

■ Als Tageskarte

Flüchten Sie nicht in Unklarheiten. Erweitern Sie Ihren Horizont, gehen Sie in sich, um über das Vordergründige hinauszuschauen.

■ Als Prognose / Tendenz

Die Wirklichkeit besteht nicht nur aus Einbahnstraßen oder Einweg-Lösungen.

■ Für Liebe und Beziehung

Bringen Sie Ihre Phantasie ins Spiel, und entwickeln Sie Ihre Vorstellungskraft. So vertreiben Sie den »Grauschleier«, auch aus Ihrer Partnerschaft.

■ Für Erfolg und Glück im Leben

Bewahren Sie sich diesen Platz an der Nahtstelle von Bewusstem und Unbewusstem, dann werden Sie keinen Mangel an neuen Ideen und kreativen Lösungen erleiden!

Die 10 wichtigsten Symbole

Das große Schwert – ❶

Der Griff mit Monden und Schlange erinnert an das »Thelema-Schwert« (vgl. *Ass der Schwerter, Ausgleichung)* und die damit verbundenen Themen. **Kraft des Bewusstseins oder Leitidee.**

Das Krummschwert – ❷

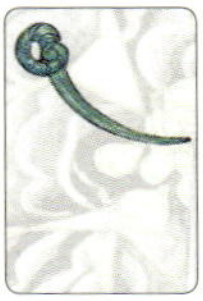

Herausfordernde, attackierende oder vermittelnde Gedanken. Linke und rechte Gehirnhälften ver- und bearbeiten derzeitig anstehende Ereignisse. **Nervenstränge der Augen. Sinnseindrücken hin zum Gehirn.**

Der gewundene Griff – ❸

Anspielung auf Gehirnwindungen (vgl. den Kartenhintergrund), die unsere Gedanken bearbeiten, um sie zu be-»greifen«. **Aber auch:** gewundene, verdrehte Gedankengänge.

Die Spiegelscherben – ❹

Die geometrischen Puzzleteile stellen bestimmte **Bewusstseinsinhalte oder Gedankensplitter** dar. Fragmentierte, analysierte Gedanken. **Zerstörte Konzepte.**

Die Wellen oder Wolken – ❺

Auch: Schnitt durch ein Gehirn. Bild des Denkens und des Bewusstseins. **Negativ:** unklare, trübe Gedankenströme. **Positiv:** Verbindung von Sinnen und Sinn. Erfahrungen auf einen Begriff bringen.

Die gelbe Blüte – ❻

Auch: facettenreiche, vielblättrige Rosette als die gemeinsame Mitte oder **Schnittstelle der verschiedenen Gedankenschwerter.** Gelb steht dabei für Bewusstsein und Lebensfreude, aber auch geistige Dissonanz.

Die fallenden Blätter

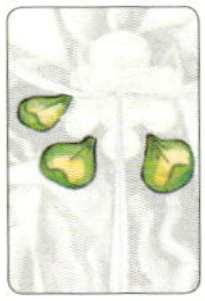

Veraltete oder überreife Gedankenkonstrukte und Emotionen werden abgestoßen. Transformation der Gedanken. Reduktion auf das Wesentliche, den Kern eines Gedanken oder einer Aussage.

Der schwarze Hintergrund

Das Innere eines Sachverhaltes. »Black Box«. **Negativ:** Blindheit für gedankliche Alternativen, starke Verankerung in der Materie. **Positiv:** Unbewusstes Potential, das jederzeit abgerufen werden kann.

Saturn-Symbol – ❼

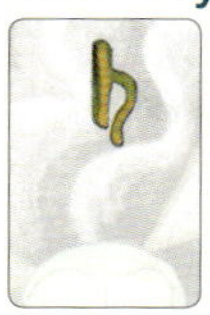

Saturn diszipliniert, verpflichtet, macht verantwortlich. **Positiv:** Geduld, Struktur, Organisation, Stabilität. **Negativ:** Selbsteinschränkung, Rigidität, Gefühlskälte, defensive Haltung und Ängstlichkeit.

Waage-Symbol – ❽

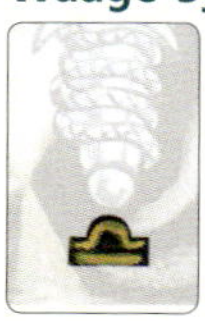

Die Waage wiegt, vergleicht, unterscheidet, verbindet, bringt auf einen Nenner, bringt ins Lot ... **Negativ:** Abwägendes, berechnendes Handeln. **Positiv:** Diplomatisches Vorgehen. **Auch:** »Was wiegt im Leben?«

Drei Schwerter

Die Spitzen dreier Schwerter treffen sich in einer Blüte. Das Dunkelgrau zeigt Muster, Wellen und Splitter, die man als Gehirnwellen und Gedankenfetzen deuten kann. Das Bild zeigt gleichsam einen Querschnitt durchs Gehirn: die Verarbeitung von Sinneseindrücken zu Wahrnehmung und Erkenntnis.

Erfahrungen und Gedanken fügen sich zusammen …

■ Grundbedeutung

Die verschiedenen Spiegelstücke oder geometrischen Teile in Blaugrau zeigen Bewusstseinsinhalte oder Gedankensplitter. Die beiden gekrümmten Schwerter stellen gleichsam die Nerven dar, die von den Augen und von den Sinneseindrücken insgesamt zum Gehirn führen. Linkes Auge und rechtes Auge zusammen ergeben ein ganzes Bild. Dabei existiert eine kleine, feine Lücke, der blinde Fleck, der nur durch die Kraft des Bewusstseins (hier das dritte Schwert) überbrückt wird.

So gibt die Karte ein Bild der Bewusstseinsarbeit, der Verbindung verschiedener Bereiche des Denkens und / oder von Körper und Geist.

■ Spirituelle Erfahrung

Verstehen, was die Welt im Innersten zusammenhält …

■ Als Tageskarte

Durchleuchten Sie Ihre Erinnerungen und Erwartungen. Wer Anteil nimmt, hat mehr vom Leben.

■ Als Prognose / Tendenz

»Mach' aus deinem Herzen keine Mördergrube.« Wunden heilen, wenn man sich um sie kümmert.

■ Für Liebe und Beziehung

Geben Sie der Liebe eine Chance, auch der Liebe zur Wahrheit und Ehrlichkeit.

■ Für Erfolg und Glück im Leben

Kümmern statt Kummer!

Die 10 wichtigsten Symbole

Die Schwertformation

Anspielung auf die vier Bewusstseinszustände (Körper, Geist, Seele, Wille) **und die vier Elemente** (Feuer, Luft, Wasser, Erde). **Positiv:** gedankliches Gleichgewicht. **Negativ:** geistige Patt-Situation.

Der gebogene Schwertgriff – ❸

Anspielung an die Mondsichel (vgl. »Thelema-Schwert« auf dem *Ass* und der *Drei Schwerter)* und die damit verbundenen Themen. **Unbewusste Gedankenbereiche, die es zu beleuchten gilt.**

Das Mandala – ❶

Erblühte Quintessenz auf dem Gedankenkreuz. Kristallklarer Geist, der sich nach allen Seiten öffnet. Einbildungskraft. Kraftvolle Gedanken. **Ausdruck von Vollendung, die erreicht oder gesucht wird.**

Rose / Rosette – ❷

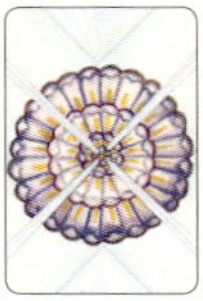

Auch: facettenreiche, vielblättrige Rosette. Gemeinsame gedankliche Mitte der Schwerter. **Ruhiges oder ruhendes Gewissen.**

Das Andreaskreuz

Fixierung, »Festnageln« von Ideen. **Negativ:** Schematismus, Blockade, Patt. **Positiv:** Ordnung, Systematik, Berücksichtigung des Gegenteils, Aufhebung von Gegensätzen.

Der grüngelbe Korridor – ❹

Enorme geistige Spannung, vielleicht auch geistige Unreife. **Knisternde Energie.** Gefahr, keine gedankliche Einheit zu schaffen, sondern einzelne Gedanken zu isolieren.

Die gelbe Sternstruktur

Geistiges Gewitter oder Wetterleuchten. Zu verarbeitende Gedanken oder Ideen. Gefahr der Zerstreuung. **Aber auch:** Fantasie und Einbildungskraft. Gehirnwellen. Kaskaden geistiger Energie.

Der blaugelbe Hintergrund

Vielfalt des Geistes, intellektuelle Aktivität, vielfältige Gehirnströmungen. Möglichkeit des Bewusstwerdungs- oder Bildungsprozesses.

Jupiter-Symbol – ❺

Jupiter fördert **Großzügigkeit und Vertrauen.** Er schafft Empfänglichkeit für höhere Eingebungen und stimmt optimistisch. Warnung vor blindem Vertrauen, Faulheit und Verantwortungslosigkeit.

Waage-Symbol – ❻

Die Waage wiegt, vergleicht, unterscheidet, verbindet, bringt auf einen Nenner, bringt ins Lot ... **Negativ:** Abwägendes, berechnendes Handeln. **Positiv:** Diplomatisches Vorgehen. **Auch:** »Was wiegt im Leben?«

Vier Schwerter

Vier Schwerter liegen in einer kristallförmigen Figur, die an die vier Zylinder eines Motors erinnert. Bei Nutzung aller geistigen Energien kann ein ruhiger, runder Lauf in unser Leben kommen, und was gestern noch chaotisch war, wird heute zu einer knisternden, doch geordneten Sternen-Energie.

Hier geht es um mehr als Waffenruhe: Um ein ruhiges Gewissen …

■ Grundbedeutung

Das Mandala ist Inbegriff eines kristallklaren Geistes, der seinen Frieden findet, weil er sich nach allen Seiten hin betätigen kann, weil er lebt und pulsiert. Es ist wie ein Bild gut funktionierender Gehirnwellen, die sich zu stets wechselnden Mustern verdichten.

Positiv: Immer wieder neu aus vielen Erfahrungen, eigenen wie fremden, sich *ein* einheitliches Bild zu machen.

■ Spirituelle Erfahrung

Befriedigung, Tiefenentspannung, Klartraum, Geistreise …

■ Als Tageskarte

Gönnen Sie sich Ruhe! Nutzen Sie Ihr geistiges Potential, aktivieren Sie brachliegende geistige Möglichkeiten. Sie haben einige »Nüsse« zu knacken!

■ Als Prognose / Tendenz

Sie sind in der Lage, auch große Widersprüche zu meistern und schwierige Gegensätze aufzuklären. Entspannen Sie sich, damit Ihr Geist sich konzentrieren und schärfen kann.

■ Für Liebe und Beziehung

Sorgen Sie für Entspannung, nach innen wie nach außen, indem Sie Neid, Eifersucht und jeden allzu großen Eifer loslassen.

■ Für Erfolg und Glück im Leben

Lassen Sie Ihren Geist in alle Richtungen arbeiten. In Ihren aktuellen Fragen schlummern große Gedanken!

Die 10 wichtigsten Symbole

Gebogene, schartige Schwerter – ❶

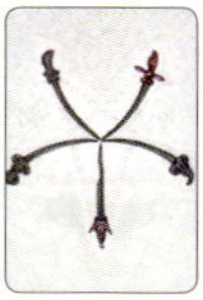

Gerüst, Technik des Denkprozesses. **Negativ:** angeschlagen, geschwächt, Schwächung der Geisteskräfte. **Positiv:** (gebraucht beim Verarbeiten von Erfahrungen) erfahren, bewusst, versiert.

Roter Tropfen / Edelsteine – ❷

Feinstoffliche Wirkung geistiger Arbeit. **Positiv:** Herzblut, das Ideen gewidmet wird. Fruchtbares Produkt eines gedanklichen Prozesses. **Negativ:** Verletzung und Leid. Opfer.

Das Pentagramm

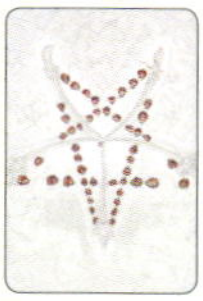

Nach unten gerichteter fünf zackiger Stern: **Zeichen der Materialisierung.** Notwendigkeit, Gefühle und seelische Erfahrungen zu erden und in den Alltag zu integrieren.

Der Fisch – ❸

Fruchtbarkeitssymbol. Positiv: Zeichen der Erlösung und des gedanklichen »Sich-frei-schwimmens«. **Negativ:** schwer fassbares Denken, Unentschiedenheit und Traumtänzertum.

Die Schlange – ❹

Vermittlerin zwischen Geist und Instinkt, Himmel und Erde. **Positiv:** Weisheit und Erkenntnisfähigkeit. **Negativ:** Falschheit, Hinterlist und Verführung. Zusammengerollt auch Symbol zyklischen Denkens.

Das Widderhorn – ❺

Neuer Zyklus (Widder als Frühlingspunkt) **beginnt.** Die Aufforderung, Pionierarbeit zu leisten und Mut zu beweisen. **Aber auch:** Warnung vor »Kaiser«-Allüren, Starrheit und Egoismus.

Das Schneckenhaus – ❻

Eine Schnecke ist immer bei sich zu Hause. **Geborgenheit. Rückzug.** Aber auch: **Neuanfang.** Aufforderung, auch manchmal aus sich heraus zu gehen und mutig für Ideale zu kämpfen.

Die Krone – ❼

Positiv: Die Krone der Schöpfung. **Negativ:** Entfremdung von oder Zerstörung der Natur. Bündelung von Einheit und Vielfalt. Erlangen höchster Erkenntnis ist möglich.

Venus-Symbol – ❽

Göttin Venus lehrt uns zu lieben, zu geben und zu nehmen. Sie nimmt teil, ist großzügig und voll Sinn für das Schöne. Sie ist aber auch selbstgefällig, gierig und emotional und materiell fordernd.

Wassermann-Symbol – ❾

Der individuelle Wassermann steht für negative und positive Revolutionen. Er ist **freiheitsliebend, originell und ohne Vorurteile.** Gleichzeitig ist er ungeduldig, unnahbar und wenig empathisch.

Fünf Schwerter

Fünf Schwerter: verbogen, angeschlagen, aber auch gebraucht: reich an Erfahrung. Blutstropfen verbinden sie: Verletzung und Leid. Aber auch: mit Herzblut werden Waffen des Geistes geführt. Diese bilden einen Fünfstern, Spitze nach unten: Negative Energie. Aber auch: Rückbindung von Geist an Materie.

Die Quintessenz der Schwerter: Aus Erfahrungen lernen!

■ Grundbedeutung

Blutstropfen verbinden die Schwerter. Sie zeugen von Verletzung und Leid; aber auch: Hier werden mit Herzblut die Waffen des Geistes geführt. Die roten Tröpfchen zeigen die »feinstoffliche« Wirkung des Geistes: Die fünf Schwerter stellen quasi das Gerüst, die Techniken der geistigen Arbeit dar. Der Sinn des Ganzen, der »Geist«, der zwischen den Zeilen oder inmitten der Buchstaben wohnt, wird durch die roten Tropfen oder Edelsteine dargestellt; er vollendet erst das Werk der Schwerter.

■ Spirituelle Erfahrung

Befreiung von unglücklichen Gewohnheiten, vom Wiederholungszwang unbewusster Emotionen.

■ Als Tageskarte

Suchen Sie nach dem Sinn von Siegen und Niederlagen. Nutzen Sie die Waffen des Geistes als Mittel der Heilung.

■ Als Prognose / Tendenz

Es ist nie zu spät und selten zu früh, Erfahrungen zu verarbeiten und daraus zu lernen. Sie werden viel gewinnen.

■ Für Liebe und Beziehung

Lassen Sie sich von Schwierigkeiten nicht »herunterziehen«. Stehen Sie zu Klarheit und Aufrichtigkeit.

■ Für Erfolg und Glück im Leben

Machen Sie Ihr Wissen fruchtbar. Schützen Sie sich vor leeren Versprechungen und grundlosen Vermutungen.

Die 10 wichtigsten Symbole

Das Rosenkreuz – ❶

Verbindung von Lebensfreude und Sinnsuche (gelb) mit Liebe und Willen (rot). Bewusstseinstechnik, Vermittlung, Ermittlung von Erfahrungen. Geistige Auswertung, Analyse und somit Bewusstseinsbildung.

Die goldenen Schwertgriffe – ❷

Möglichkeit der Bewusstwerdung. Geistige Transformation. **Selbst erworbenes und integriertes Wissen, da es »begriffen« wurde.**

Die Schwertformation

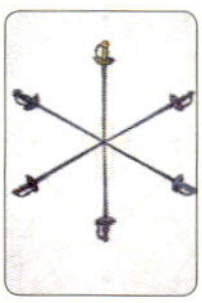

Balance, »Patt-Situation«. Schwerter entstehen aus oder befruchten die Rose. **Negativ:** Schematismus, Blockade, Patt. **Positiv:** Ordnung, Systematik, Berücksichtigung des Gegenteils, Aufhebung von Gegensätzen.

Das Quadrat – ❸

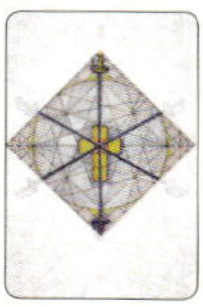

Abgesteckter Rahmen (konventionellen Denkens), der von den befruchteten oder fruchtbaren Schwertern gesprengt wird. **Horizonterweiterung ist möglich.**

Der Kreis – ❹

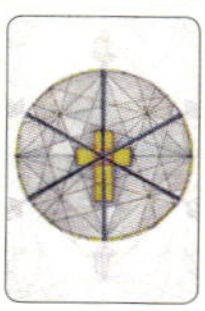

Die Quadratur des Kreises. Die mögliche Versöhnung von Gegensätzen. Die Ansammlung verschiedener Gedankenstränge fügt sich zu einem runden Ganzen.

Die Netzstruktur

Geistige Vernetzung, Brainstorming und Ideenvielfalt. **Aber auch, »ins Netz gehen«:** sich in gedanklichen Abstraktionen und zu vielen Einfällen verfangen oder verheddern.

Die origamiartigen Windspiele – ❺

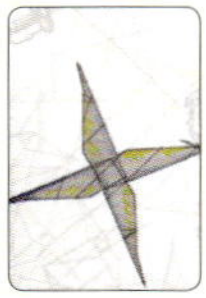

»Ventilierung« des Denkens. **Positiv:** Gedankliche Flexibilität und große geistige Kraft. **Negativ:** Gefahr, »sein Fähnchen nach dem Wind zu hängen«. Keine Beständigkeit und Bodenhaftung.

Der gräuliche Hintergrund

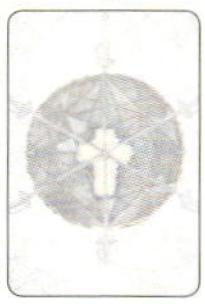

Ein offener Luftraum zeigt die allgemeine Wirkung des Unbewussten. Grau steht für **Neutralität, Gleichmut und Toleranz**. Aber auch für Gleichgültigkeit, Unscheinbarkeit und Unbewusstheit.

Merkur-Symbol – ❻

Merkur ist kreativ und geschickt. Er handelt mit **Intelligenz, Vernunft und Unterscheidungsfähigkeit im Dienst höherer Ideale.** Manchmal missbraucht er seine Talente, ist nur rational und auch amoralisch.

Wassermann-Symbol – ❼

Der individuelle Wassermann steht für negative und positive Revolutionen. Er ist **freiheitsliebend, originell und ohne Vorurteile.** Gleichzeitig ist er ungeduldig, unnahbar und wenig empathisch.

Sechs Schwerter

Ein Rosenkreuz, aus dessen Mitte sechs Schwerter wachsen oder in dessen Mitte sechs Schwerter zielen. Das Innere nach Außen zu bringen und vielfältige Erfahrungen und Wissensgebiete aufzunehmen und zu verarbeiten, das stellt sich hier als eine fruchtbare, äußerst lohnende Aufgabe dar – …

Auch das Gegenteil ist wahr, auch die gegenläufige Richtung ist zu beachten.

■ Grundbedeutung

Die Schwerter im Bild lassen sich u. a. wie Injektionsnadeln verstehen. Wehren Sie sich dagegen, wenn Ihnen irgendwer etwas Unverträgliches eintrichtern will. Und freuen Sie sich auf verträgliche Einflüsse, auf »Impfungen«, die Ihre Immunität erhöhen und den Wirkungskreis vergrößern!

Ein Bewusstsein, das etwas taugt, dringt zu Ihren wirklichen Bedürfnissen vor und hilft Ihnen, Ihre Bedürfnisse und Absichten immer besser zu begreifen und in die Hand zu nehmen.

■ Spirituelle Erfahrung

Grunderfahrungen wie Liebe, Tod, Fülle oder Leere.

■ Als Tageskarte

Seien Sie *gründlich* in Ihren Auseinandersetzungen. Bringen Sie Ihre Bedürfnisse anderen ordentlich »rüber«!

■ Als Prognose / Tendenz

»Wenn du weißt, was du tust, kannst du tun, was du willst« (Moshé Feldenkrais). Die Verheißung des Bildes ist ein funktionierendes Bewusstsein, und …

■ Für Liebe und Beziehung

… dieses ist daran zu erkennen, dass Sie sich »im Fluss« befinden, dass es in Ihnen und zwischen Ihnen und Ihren Mitmenschen fließt und …

■ Für Erfolg und Glück im Leben

… dass Sie im »Strom« der Zeit und der Ereignisse einen eigenen Kurs zu steuern wissen.

Die 10 wichtigsten Symbole

Die violettgrauen Schwerter

Spirituelle Geisteswaffen rüsten zum dynamischen Wettkampf. **Grenzerfahrungen** (violett) **zwischen Herz, Wille, Wut** (rot) **und Coolness, Sehnsucht, Rausch** (blau). Noch ist nichts entschieden (grau).

Das große Schwert – ❶

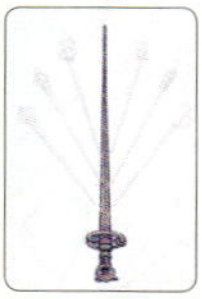

Leitgedanke. »Baum«-stamm, und gemeinsame Mitte eines verästelten und verzweigten Denkens. Gibt **klare Struktur** vor und weist die **Richtung geistiger und persönlicher Entwicklung.**

Die sechs kleinen Schwerter – ❷

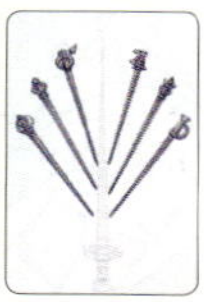

Die kleinen Gedankenschwerter halten das große Schwert in Schach oder werden von ihm in Schach gehalten. **Unterschiedliche Ideen und Gedanken werden zusammengebracht.**

Alle sieben Schwerter

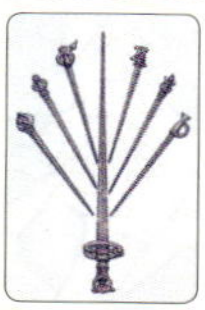

Als *ein* Muster zeigen die sieben Schwerter in ihrer Gesamtheit: **Auch die Gegenseite muss bedacht und berücksichtigt werden.** Die Einbeziehung gegenläufiger Erwägungen ergänzt und stärkt die eigene Position.

Die Planetengriffe – ❸

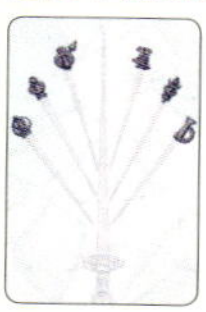

Verbund der sieben klassischen oder persönlichen Planeten: Mond, Venus, Mars, Jupiter, Merkur, Saturn (kleine Schwerter) und Sonne (großes Schwert). **Kosmische Dimension des Denkens.**

Der Ringgriff – ❹

Stilisierte Schlange (Vgl. »Thelema«-Schwert auf *Ass* und *Drei der Schwerter).* Ego. Bewusste Gedanken. **Sich gedanklich im Kreise drehen oder ganzheitliches Denken ermöglichen.**

Das Windspiel

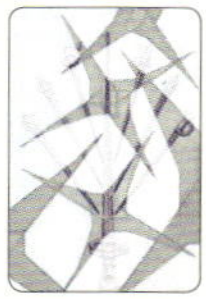

»Ventilierung« des Denkens. **Positiv:** Gedankliche Flexibilität und große geistige Kraft. **Negativ:** Gefahr, »sein Fähnchen nach dem Wind zu hängen«. Keine Beständigkeit und Bodenhaftung.

Der blassblaue Hintergrund

Luftigkeit der Gedanken. Spiritualität. Aber auch: Wunschdenken (»des Menschen Wille ist sein Himmelreich!«) und Verklärung bestimmter Themen und Denkmuster.

Mond-Symbol – ❺

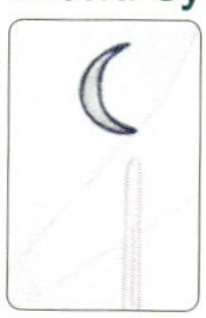

Der Mond beleuchtet die Nacht und Gefühlswelt. **Ahnungen, Empfänglichkeit, Anpassungsfähigkeit,** fließendes Selbstgefühl, aber auch **Überempfindlichkeit, Unsicherheit, ungenaue Selbstwahrnehmung.**

Wassermann-Symbol – ❻

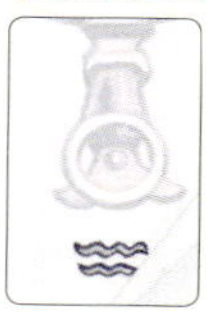

Der individuelle Wassermann steht für negative und positive Revolutionen. Er ist **freiheitsliebend, originell und ohne Vorurteile.** Gleichzeitig ist er ungeduldig, unnahbar und wenig empathisch.

Sieben Schwerter

Sechs kleine Schwerter halten das eine große in Schach. Oder: das große Schwert integriert in sich die sechs kleinen Schwerter. Dann ergibt sich eine Struktur, die der eines Baumes gleicht. Es wird ein verästeltes und verzweigtes Denken angezeigt, das dennoch eine klare Richtung kennt …

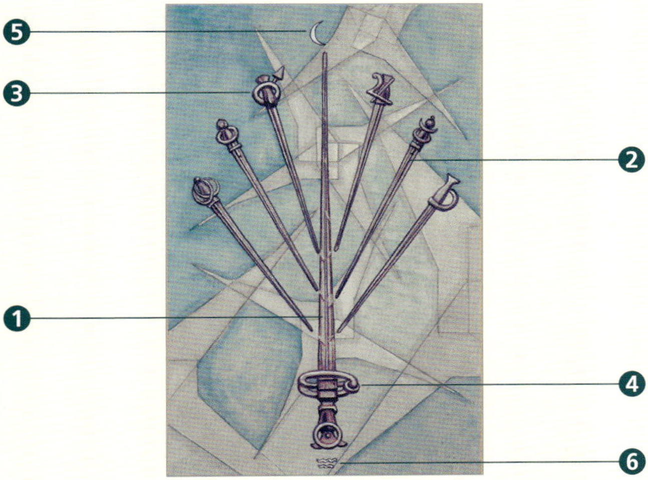

… der Gleichklang eines ganzheitlichen Denkens, bei dem Herz und Verstand ineinander übergehen.

■ Grundbedeutung

Die Schwerter stellen eine (geistige und persönliche) Entwicklung dar, die durch die Bearbeitung von Widersprüchen Schönheit und Deutlichkeit schafft!

Wer meint, das eine, große Schwert werde durch die sechs kleinen niedergehalten, braucht die Karte nur umzudrehen. Dann sieht man, wie die sechs kleinen Schwerter dem einen großen zuarbeiten! – Diese Kippfigur betrifft im übrigen die Botschaft des gesamten Bildes: Den Sinn des Paradoxen!

■ Spirituelle Erfahrung

Selbstzweifel und alte Muster hinter sich lassen … den Sinn persönlicher Rätsel verstehen … eine wichtige Lösung finden!

■ Als Tageskarte

Diese Karte fordert Sie zu einer Überprüfung Ihrer Selbstverständlichkeiten auf: Warum so? Es geht auch anders!

■ Als Prognose / Tendenz

Der Untertitel ist irreführend! Ab bestimmten Quantitäten ändern sich die Qualitäten. Eine »Enantiodromie« nennt man dies seit der Antike: Es gibt Umschlagspunkte, wo die ganze Sache kippt! Und das kann sehr heilsam sein!

■ Für Liebe und Beziehung

Erlauben Sie sich und auch anderen, etwas »Unvernünftiges« zu tun.

■ Für Erfolg und Glück im Leben

Haben Sie Mut zu Ihren Träumen - und die Kraft, sich den ungelösten Rätseln in Ihrem Leben zu stellen.

Die 10 wichtigsten Symbole

Das Bild im Ganzen

»Interference«, der englische Kartentitel, heißt »Einmischung«, »Störung«; aber die Grundbedeutung von Interferenz ist neutral: etwas »dazwischen tragen«, **Ereignisse überlagern sich – negativ oder positiv.**

Die großen Schwerter – ❶

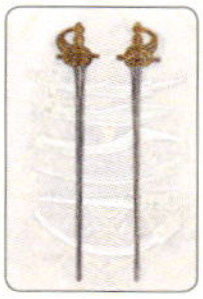

Zwei starke Hauptgedanken, die Struktur geben. Sie verbinden (Leiter) oder blockieren (Barriere) die anderen Schwerter. Haben einen störenden oder befördernden Einfluss. **Auch:** Hauptwiderspruch.

Die kleinen Krummsäbel – ❷

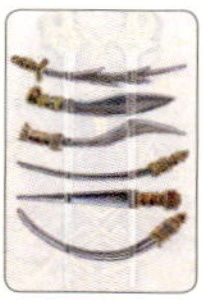

Lernaufgaben, verschiedene Denkmuster und -strukturen. Die Querlage zur Richtung der großen Schwerter steht für Widrigkeiten oder Fundamente. **Auch:** Schwellen, gedankliche Ebenen, Schrittweises Vorgehen.

Die Griffe und Formen

Formen der Schwerter: unterschiedliche Einflüsse und Erfahrungen. Energien verschiedener Epochen und Kulturen, die sich vermischen, ergänzen und gegenseitig den Horizont erweitern.

Struktur / Gitter I

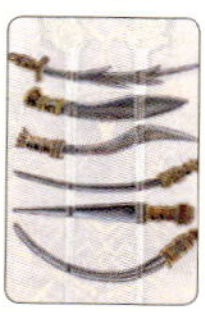

Struktur der Schwerter: geistige Schienen, Schwellen, Geleise, Bewusstseinsstufen, Stufen und Schritte der Erkenntnis, Auf- und Absteigen = **Verbindung von Abstraktem mit Konkretem.**

Struktur / Gitter II

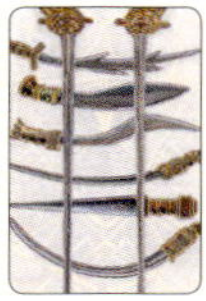

Struktur der Schwerter: geistiges Raster, Gitter, Netz, Gewebe oder Matrix. Grammatik. **»Schubladen« des Denkens und der Vorstellung.**

Hellrote Splitter / Spitzen – ❸

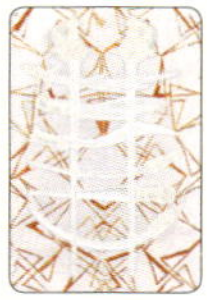

Neu zu ordnende Gedankenfragmente und -strukturen. Mit dem Herzen denken: **Negativ:** die Schwerter als verlängerter Arm von Launen, Willkür. **Positiv:** die Schwerter als Befreiung aus Abhängigkeit und Trott.

Der violettrote Hintergrund

Intensität der Geistesmacht, Grenzerfahrungen zwischen dem Sichtbaren und dem Unsichtbaren, **»Das Denken denken«,** sich seiner selbst bewusst werden. **Auch:** geistiger Smog, nicht entstörte Gedanken.

Jupiter-Symbol – ❹

Jupiter fördert Großzügigkeit und Vertrauen. Er schafft Empfänglichkeit für höhere Eingebungen und stimmt optimistisch. **Aber auch:** Warnung vor blindem Vertrauen, Faulheit und Verantwortungslosigkeit.

Zwillinge-Symbol – ❺

Zwillinge bezweifeln, agieren und denken flink. Objektive Betrachtungsweise hilft Vor- und Nachteile erkennen. **Positiv:** vielseitig, sachlich, wissbegierig. **Negativ:** oberflächlich, beeinflussbar, spöttisch.

Acht Schwerter

Da die Schwerter vor allem die Waffen des Geistes bedeuten, lässt sich das Bild u. a. als vernetztes Denken, als Denk- und Sprachmuster oder als Modell von über- oder nacheinander gelagerten Bewusstseinsstufen verstehen. Viele Einflüsse und Erfahrungen sollen geordnet und bewältigt werden.

Mit den Schwertern Wege und Brücken bauen!

■ Grundbedeutung

Interferenz, die Überlagerung geistiger Energien: Wie ein nicht-entstörtes Gerät in Ihrem Haus den Radioempfang zunichte macht, so gibt es auch Menschen, in deren (geistiger) Nähe es Ihnen schwer fällt, einen klaren Gedanken zu fassen. Und umgekehrt: Da sind Menschen, in deren Nähe es Ihnen einfach gut geht. Diese setzen in Ihnen scheinbar unglaubliche Energien frei. Solche Muster spielen sich auch innerhalb der eigenen Person ab: Kopf und Füße, Denken und Tun können sich stören oder zu Höchstleistungen ergänzen.

■ Spirituelle Erfahrung

Persönliche Grenzen akzeptieren – geistige Beschränkungen aufheben!

■ Als Tageskarte

In Ihrer aktuellen Lage hilft weder der Augenschein, noch gewohnheitsmäßiges Handeln, noch ein instinktiver Wille weiter.

■ Als Prognose / Tendenz

Ungeeignete Überzeugungen blockieren, taugliche befreien und bestärken.

■ Für Liebe und Beziehung

Hier zeichnet sich ein Abschied von Wolkenschlössern sowie von kindischen Befangenheiten ab.

■ Für Erfolg und Glück im Leben

Vertrauen Sie Ihrer eigenen Logik, lösen Sie hindernde Verpflichtungen auf, seien Sie sich selbst und anderen gegenüber konsequent!

Die 10 wichtigsten Symbole

Die Länge der Schwerter

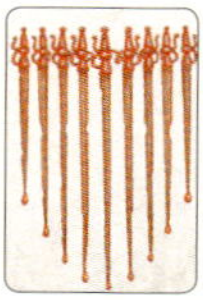

Unterschiedliche Gedankenstränge streben in eine Richtung. Manche sind stärker, manche weniger stark ausformuliert oder durchdacht.

Die roten Griffe

Willensstärke, Potential für Wut und Aggressionsbereitschaft. Nach unten gerichtet, um das Unbewusste zu durchdringen und aufzuhellen. **(Generell gilt für alle Schwerter: Griff = Begriff.)**

Die schartigen Klingen – ❶

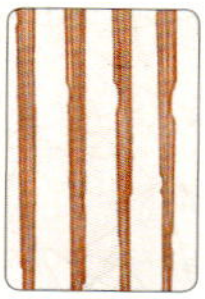

Abwetzung der Gedanken durch (Ab-) Nutzung. **Negativ:** angeschlagen, geschwächt, Schwächung der Geisteskräfte. **Positiv:** (gebraucht beim Verarbeiten von Erfahrungen) erfahren, bewusst, versiert.

Die parallele Anordnung – ❷

Negativ: Gleichgeschaltetes, eindimensionales Denken. Nicht originell. **Positiv:** Struktur. Gedanken haben nachhaltige Konsequenzen und verlaufen in die gleiche Richtung, ziehen an einem Strang.

Die roten Tropfen – ❸

Blutstropfen, Gedanken, die im Blute liegen. **Positiv:** Herzblut, das Ideen gewidmet wird. Fruchtbares Produkt eines gedanklichen Prozesses. **Negativ:** Verletzung und Leid. Opfer.

Die gelben Tropfen – ❹

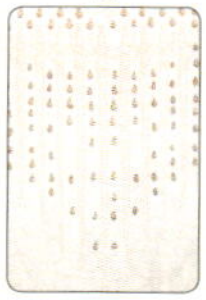

Positiv: Goldtropfen. **Negativ:** Eitrige Tropfen. Es besteht Entgiftungsmöglichkeit, wenn ungesunde Gedanken quälen. Auch: Möglichkeit von Regeneration und frische Ideen.

Das Windspiel – ❺

»Windmills of your mind«. **Positiv:** Gedankliche Flexibilität, geistige Kraft. **Negativ:** Gefahr, »durchzudrehen«. Bodenlose und unbeständige Gedanken.

Der Hintergrund

Gräulichrot schattierter Hintergrund: **Unbewusste Aggressionen und latente Wut** ebenso wie **unbewusste Herzensenergie und Willenskraft.** Gedanken sind vernebelt und müssen aufgefrischt werden.

Mars-Symbol – ❻

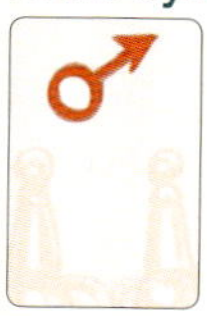

Mars stärkt die Durchsetzungskraft, gibt Mut und ergreift (auch sexuell) **die Initiative.** »Erlöst« hilft er zu verdientem Erfolg. **Aber auch:** Ungeduld, Willkür, Gewalttätigkeit; Missbrauch von Gewalt.

Zwillinge-Symbol – ❼

Zwillinge bezweifeln, agieren und denken flink. Objektive Betrachtungsweise hilft Vor- und Nachteile erkennen. **Positiv:** vielseitig, sachlich, wissbegierig. **Negativ:** oberflächlich, beeinflussbar, spöttisch.

Neun Schwerter

Von den Schwertern tropft »noch« Blut; das ist die schlechte Nachricht. Die Schwerter gehen in Fleisch und Blut über; das ist die erfreuliche Botschaft. Die parallele Anordnung der Schwerter warnt vor einer Gleichschaltung, vor Einbahnstrassen des Denkens. Sie steht aber auch für einen Gleichklang …

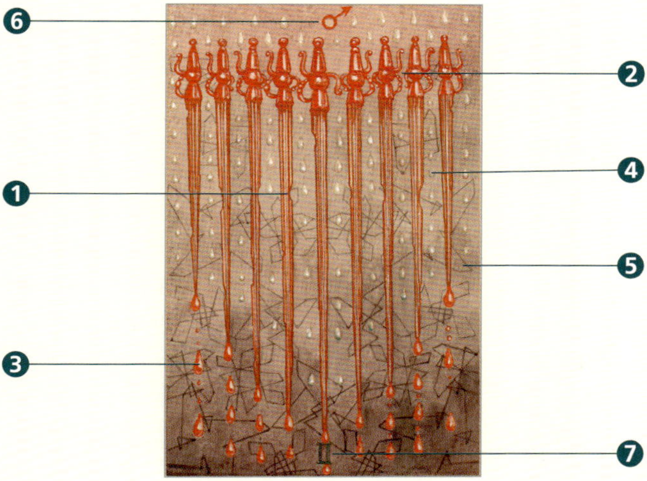

Erschrecken oder erhellendes Erwachen …

■ Grundbedeutung

Lassen Sie sich durch eventuelle „blutige« Assoziationen nicht beirren. (Der Titel »Grausamkeit« ist ohnehin irreführend). Das Bild stellt nicht mehr und nicht weniger dar, als dass auf breiter Front die Gedanken recht unmittelbar und direkt mit dem in Kontakt stehen, was im Blute liegt.

Nur wenn Gedanken und Vorstellungen auch in praktische Aktion umgesetzt und mit persönlicher Betroffenheit getestet werden, stellt sich heraus, welche etwas taugen – was sie *wirklich* bedeuten.

■ Spirituelle Erfahrung

Erwachen, Gotteserfahrung, über sich hinaus denken.

■ Als Tageskarte

Stärken Sie Ihre Verantwortung, Ihre Geduld und Ihr Gottvertrauen! Lassen Sie sich von vorübergehenden Blockaden oder Schwierigkeiten nicht allzu sehr beeindrucken.

■ Als Prognose / Tendenz

»Wer seine Lage erkannt hat, wie soll der aufzuhalten sein ...« (B. Brecht).

■ Für Liebe und Beziehung

Betreten Sie geistiges Neuland. Ihre Seele soll blühen und wachsen. Es gibt so viele Menschen, die auf Ihre Liebe warten und die Ihnen Liebe schenken möchten.

■ Für Erfolg und Glück im Leben

Zählen Sie also eins und eins zusammen! Setzen Sie sich mit den anstehenden Widersprüchen auseinander.

Die 10 wichtigsten Symbole

Der Lebensbaum

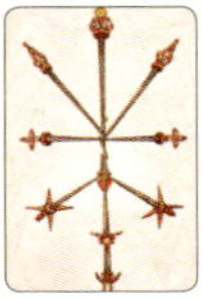

Anordnung der Schwerter widerspiegelt eine geordnete Geisteswelt. **Klare ausbalancierte Strukturen.** Schwerter erfüllen ihre Rolle in einem System. **Vollständigkeit, aber auch Schematismus.**

Die gebrochenen Schwerter

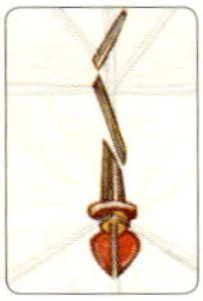

Negativ: angeschlagen, geschwächt, Brechung der Geisteskräfte. **Positiv:** (gebraucht beim Verarbeiten von Erfahrungen) erfahren, bewusst, versiert, Brechung des Egos / Egoismus.

Die Lücke in der Mitte – ❶

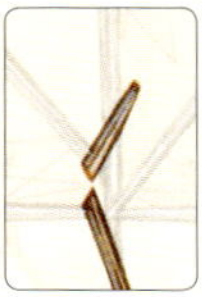

Mut zur Lücke. **Offenheit für Unvorhergesehenes.** Vorurteile haben keinen Bestand. Gedanklich wird umgeschaltet. Fähigkeit der Schwerter (bzw. des Geistes, der Luft), Lücken zu überbrücken.

Das rote Herz – ❷

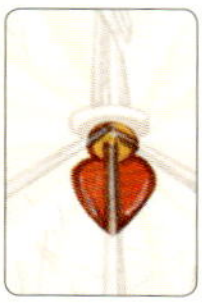

Das Grundthema der Schwerter in voller Konsequenz: Grausam, wenn mit »Schwertern« Herzenswünsche unterdrückt oder aber willkürlich ausgelebt werden. Glücklich, wenn Herzenswünsche geklärt und erfüllt werden.

Sonne / Helle Strahlen

Als Sonnenuntergang: Tod von unfruchtbaren Gedanken; **Krise des nur rationalen Verstandes. Als Sonnenaufgang:** Erkenntnis und neue Befruchtung des Geistes. Neue Leichtigkeit. **Gewissheit neuen Glücks.**

Die Waage – ❸

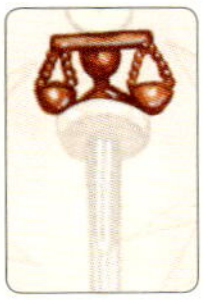

Die Waage wiegt, vergleicht, unterscheidet, verbindet, bringt auf einen Nenner, bringt ins Lot … **Negativ:** Abwägendes, berechnendes Handeln. **Positiv:** Diplomatisches Vorgehen. **Auch:** »Was wiegt im Leben?«

Zirkel / Kreuz – ❹

Koordinatensystem. **Steht für Berechnung, Abmessung und Planung. Aber auch:** geistige Zyklen, im Kreis denken, geistige Fixierung oder Ordnung.

Stern / Perle – ❺

Symbol für den Kosmos (griech: Ordnung, Schönheit). Hoffnung auf neue gedankliche Klarheit und Ganzheit. **Geistiger Reichtum, Reinheit und Reifung.**

Sonnen-Symbol – ❻

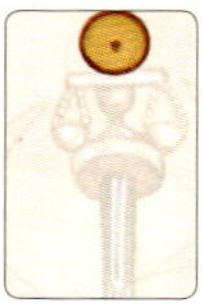

Die Sonne leuchtet uns auf der Suche nach unserer Identität. **Positiv:** Lebensfreude, Selbstsicherheit und Kreativität. **Negativ:** Stolz, Arroganz und übertriebenes Verlangen, etwas Besonderes zu sein.

Zwillinge-Symbol – ❼

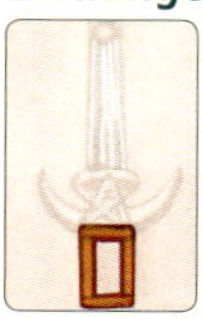

Zwillinge bezweifeln, agieren und denken flink. Objektive Betrachtungsweise hilft Vor- und Nachteile erkennen. **Positiv:** vielseitig, sachlich, wissbegierig. **Negativ:** oberflächlich, beeinflussbar, spöttisch.

Zehn Schwerter

Die Schwerter sind teilweise angeschlagen, manchen ist die Spitze abgebrochen. Das bedeutet, sie sind gebraucht und benutzt worden. Sie haben ihren Dienst erfüllt. Die Schwertknäufe markieren die zehn Stationen des kabbalistischen Lebensbaumes, ein Symbol der Ganzheit, der Vollendung des Denkens.

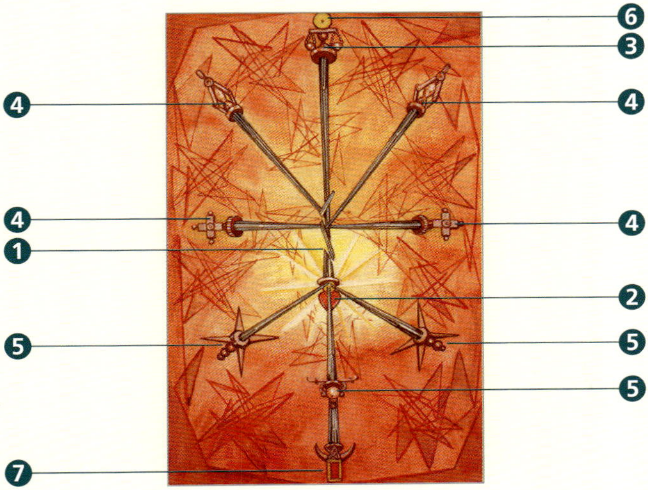

»Herz ist Trumpf!«

■ Grundbedeutung

So oder so geht hier die Saat des Geistes auf. Im negativen Sinne bedeuten die Schwerter als Waffen des Geistes *immer* ein Sinnbild des zerstörerischen Geistes, der Entfremdung von der Natur. Diese verletzende Seite der Schwerter kulminiert in dieser Karte. – Positiv gesehen: Als Gipfel der Erkenntnis zeigt die Karte keinen weisen Menschen, keinen Guru oder Philosophenkönig auf seinem Thron. Sondern im Gegenteil stellt dieses Bild das *Ende aller Vorbilder* dar.

■ Spirituelle Erfahrung

»Es ist was es ist sagt die Liebe« (Erich Fried).

■ Als Tageskarte

Hinterm Horizont geht weiter! Beenden Sie das bisherige Vorgehen. Neue Wege und Möglichkeiten sind schon da!

■ Als Prognose / Tendenz

»Triffst du Buddha unterwegs, töte Buddha«. Die geistige Überwindung von Vorbildern und Idolen: Es geht auch völlig anders, als bisher vorgestellt!

■ Für Liebe und Beziehung

Es beginnt etwas Neues, auch in puncto Liebe und Beziehung. Hüten Sie sich vor voreiligen Beurteilungen.

■ Für Erfolg und Glück im Leben

Mit »Seelenruhe und Geistesgegenwart« (Ingrid Riedel) erreichen Sie am meisten. Atmen Sie gut durch!

Die 10 wichtigsten Symbole

Die beschäftigte Frau – ❶

Das weggewandte Gesicht **warnt davor, Wesentliches oder sich selbst aus dem Blick zu verlieren.** Auch: wenig Selbstachtung, Selbstbeachtung. Jedoch **Ermutigung**, sich den vorliegenden Aufgaben zuzuwenden.

Das geschwungene Horn – ❷

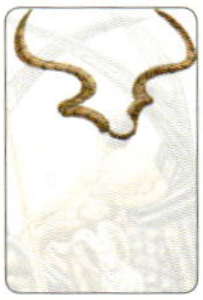

Königin als Gipfelstürmerin. **Potenz und große Gedankenkraft. Aber auch:** »Meckerziege«, Bockshorn, »Null Bock«-Mentalität und die Versuchung, den »Bock zum Gärtner« zu machen oder jemanden zu hörnen.

Das Reptilienkleid – ❸

Naturverbundenheit. Sinnlichkeit. Sexualität. Symbol für die Schlange: Bewusster Umgang mit Bedürfnissen und Instinkten, mit Verlockungen und Verführungen, Wegen und Abwegen.

Pinien- oder Tannenpanzer / Kopfbedeckung

Die Königin kann sich jederzeit verteidigen oder verschanzt sich hinter ihrem Panzer. Trägt **Fruchtbarkeit** am Leib oder zur Schau. Verbindung zur Pflanzenwelt, **im Einklang mit der Natur.**

Das Kristallzepter – ❹

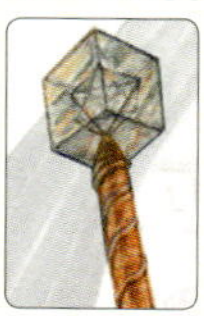

Tiefe nach unten nicht sichtbar: das Innere der Erde – die Kristallwelt – wird nach außen gekehrt und zeigt seine klare Schönheit: Der innere Diamant. **Kreative Kraft, Durchgeistigung, Durchleuchtung.**

Ananas- / Pinienthron – ❺

Fruchtbare Basis. Die Macht der Natur. Eine »öde« Lebenssituation kann in eine blühende, erfrischende Oase gewandelt werden. Ananas gilt als »Königin« der Früchte und als Zeichen der Gastfreundschaft.

Die Scheibe – ❻

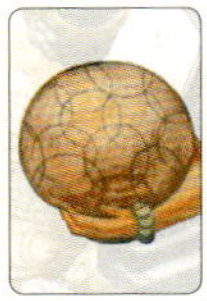

Auch Ball oder Kugel. Besteht aus vielen kleinen Scheiben, aus leeren Kreisen (vgl. *Zehn Scheiben)*: Symbol für die **Vielfalt der Materie** und für die **Notwendigkeit, nicht ausgearbeitete Talente zu prägen.**

Die Wüste

Anstrengende Wanderschaft und Suche. **Überwindung von Durststrecken.** Symbol der Transformation. **Notwendigkeit der Kultivierung.** Es gilt, die Wüste in einen Garten zu verwandeln. Leben wird zur Kunst.

Der Weg / Fluss

Die Wüste lebt. Strecke, die wir zurücklegen müssen oder die noch vor uns liegt. Herausforderungen, die Vergangenheit und Zukunft miteinander verbinden. **Verschlungene Wege = auf Umwegen zum Ziel.**

Der Stein- oder Ziegenbock

Naturkraft, Gipfelerlebnis: Spitzenleistungen oder Erfahrung der Gipfel als Verbindung von Himmel und Erde. Astrologischer Steinbock als Höllenfürst, Weihnachtskind und Himmelsstürmer.

Königin der Scheiben

Sie gleichen dieser Königin. Die Karte unterstreicht Ihre königliche Würde und zugleich Ihre weibliche Seite! Sie besitzen und entwickeln einen königlichen, meisterhaften Umgang mit den Erdkräften des Lebens. Ihr ganzes Können als Mensch mit viel Talent, Realismus und Fürsorge ist gefragt.

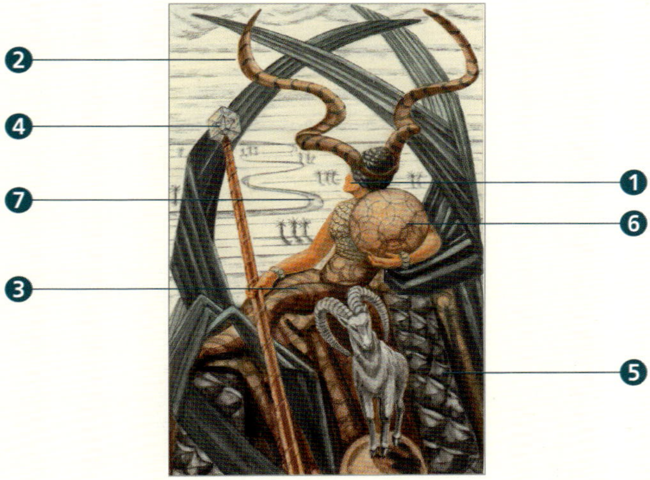

Die Heimat des Steinbocks ist die Höhe der Berge, in der Himmel und Erde einander berühren.

■ Grundbedeutung

Die Meisterin der Grundbedürfnisse: »Was brauche ich? Wovon will ich leben?« – Wie jede Hofkarte zeigt diese Königin ein Idealbild, einen souveränen Umgang mit dem betreffenden Element, hier mit den Scheiben (Erde, Materie, Geld, Talent, Körper). Sie sind wie diese Königin, oder so können Sie werden! Und / oder Sie treffen auf einen Menschen in Ihrem Leben, der dieser *Königin* entspricht.

■ Spirituelle Erfahrung

Das Wunder des Lebens, den Reichtum der Schöpfung in den Dingen des Alltags entdecken!

■ Als Tageskarte

»Tue zuerst das Notwendige, dann das Mögliche, und plötzlich schaffst du das Unmögliche« (Sprichwort).

■ Als Prognose / Tendenz

Die »Königin der Scheiben« bezeichnet eine Kraft in uns, die uns zu Gipfelerlebnissen und Spitzenleistungen trägt!

■ Für Liebe und Beziehung

Liebe und Respekt für das Wesentliche verwandeln den schnöden Alltag in einen Rosengarten!

■ Für Erfolg und Glück im Leben

Möglicherweise gehören besondere Anstrengungen dazu, »nach oben« zu gelangen. Vielleicht müssen Sie aber auch erst einmal von Ihrem Sockel herunter kommen!

Die 10 wichtigsten Symbole

Der nackte Wagenlenker – ❶

Haut ist stärker betont als bei anderen Prinzen. **Unverhüllte Wahrheit.** Natürlichkeit und Offenheit, Sinnlichkeit und Geschlechtlichkeit oder Bloßstellung und Schamlosigkeit. Haut zu Markte tragen oder retten.

Der Stier – ❷

(Klassisches) Zugtier. Symbol der **Ausdauer**, der **Bedächtigkeit** und der **Erdverbundenheit**. In Verbindung mit der Nacktheit des Wagenlenkers **Hinweis auf Körperlichkeit, Substanzielles und Sinnesfreuden.**

Der hochgereckte Schwanz – ❸

Phallus. Potenzsymbol: **Sexualität, Lust, Genuss,** Produktivität und Fruchtbarkeit im übertragenen wie im konkreten Sinne. Triebhaftigkeit. Der Stier ist kein Ochse!

Die lockeren Zügel

Vertrauen oder Ausgeliefertsein. Es ist unklar, welcher Anteil der Doppelnatur Tier / Mensch die Führung hat. **Gutes Zusammenspiel von Instinkt und Verstand.** »Innere Führung«. Oder Leichtsinn.

Der geflügelte Stierhelm – ❹

Fruchtbare Verbindung von Luft und Erde. Bedächtiger, materieller und realistischer Verstand. **Ideen und Pläne können auf den Boden der Tatsachen gebracht werden.** Ein weiterer Hinweis auf Körperlichkeit.

Die Scheibe / Kugel – ❺

Voller Vermessungslinien, Strukturen und Profile: **Grundriss und Baupläne zur Umsetzung von Gedanken.** Offenheit und Begrenzung der Scheibe werden dadurch gleichzeitig dargestellt.

Das Zepter mit Kugel und Kreuz – ❻

Parallele zur *Kaiserin* und zum Reichsapfel des *Kaisers*. Hinweis auf Ganzheitlichkeit und Kosmos (Kugel) sowie die Vier Elemente und materielle Macht (Kreuz).

Die Trauben / Beeren – ❼

Hinweis auf den Weinberg: härteste Arbeit, aber auch Fruchtbarkeit und Kultivierung des Bodens. Wein als Zeichen vollendeten Lebensgenusses. Apoll und Dionysos: **Genuss mit Sinn und Sinnen.**

Die Ellipse

Auch: Zwei sich überlappende Kreise, die das ganze Bild umfassen. (vgl. *Der Wagen)*: Aufgabe, **eine »runde Sache« aus der Vielfalt des Lebens zu machen.** Himmel und Erde zusammenfügen.

Frucht und Samen

Die nächste Ernte ist bereits angelegt: Möglichkeiten der Entwicklung von Körperlichkeit und individueller Persönlichkeit. **Talente, die Früchte tragen können,** die ausgeprägt werden sollen.

Prinz der Scheiben

Sie gleichen diesem Prinzen. Die Karte unterstreicht Ihre königliche Würde und zugleich Ihre männliche Seite! Sie entwickeln einen königlichen, genießerischen Umgang mit den Erdkräften. Ihr ganzes Vermögen als Mensch von großer Produktivität, mit viel Geschick und Sinnlichkeit ist gefragt.

Die »Vermessung der Welt« und die Trauben des Lebens …

■ Grundbedeutung

Der Meister des Besitzes: »Was und wie viel habe ich? Was vermag ich? Was hat Bestand?« – Wie jede Hofkarte zeigt dieser Prinz ein Idealbild, einen souveränen Umgang mit dem betreffenden Element, hier mit den Scheiben (Erde, Materie, Geld, Talent, Körper). Sie sind wie dieser Prinz, oder so können Sie werden! Und / oder Sie treffen auf einen Menschen in Ihrem Leben, der diesem *Prinzen* entspricht.

■ Spirituelle Erfahrung

Etwas produzieren, bauen, errichten, das Bestand hat und weiterlebt.

■ Als Tageskarte

Klären Sie Ihre Finanzen. Welche Talente helfen? Gibt es noch unerfüllte Wünsche nach einem produktiven Leben?

■ Als Prognose / Tendenz

Sie selbst sind Ihr Kapital – Acker und Ernte, Weinberg und Wein.

■ Für Liebe und Beziehung

Lassen Sie sich nicht »einmachen«! Werden Sie sich Ihres Werts bewusst. Äußern Sie Ihre Bedürfnisse und setzen Sie sich für deren Verwirklichung ein.

■ Für Erfolg und Glück im Leben

Machen Sie Ihren Selbstwert nicht abhängig von Ihrem Geld oder Ihrer Geltung in der Welt.

Die 10 wichtigsten Symbole

Der schwarze Ritter – ❶

Schwarze Rüstung = (un-)bewusster Schutz oder Abschottung. Schatten- und Erdthemen. Fähigkeit der Abgrenzung. **Festigung von Identität und Charakter.**

Der offene Helm – ❷

Friedfertigkeit. Offen für Eindrücke von außen. Direkter Blick nach vorn: **Bereit, sich mit gegebenen Realitäten auseinanderzusetzen** / von ihnen konfrontiert zu werden.

Die Hirschkrone – ❸

Zeichen des **Schamanen-Priesters** oder Jägers. Aber auch Hinweis auf den **Angeber** oder **»Platzhirsch«**. Gesteigerte Wahrnehmung. Der Hirsch gilt als Symbol der Fruchtbarkeit und als Beschützer des Waldes.

Der Dreschflegel

Es gibt etwas zu ernten (vgl. Sensenmann auf *Der Tod)*: **Hinweis auf Transformation. Aber auch** Symbol des »Flegels«, wenn die starken Kontraste der Karte nicht integriert sind. Warnung vor Opfer- oder Täter-Rolle.

Der direkte Pferdeblick

Der animalische Teil von Ross und Reiter blickt und spricht uns direkt an: Der Ritter kommuniziert mit uns via **Triebe und Instinkte**.

Die Ähren – ❹

Zeichen der **Fruchtbarkeit und Ernte**, Kultivierung der Erde, **Nahrung und Sättigung im konkreten und übertragenen Sinn:** Saatkorn / Ego muss sterben, damit viele neue Körner / bewusstes Ich gedeihen.

Die Scheibe

Auch Schild mit Sonnensymbolik. Nicht nur Dekor, weil Teil der Rüstung. Mensch oder Charakterzug, der ein **sonniges Bewusstsein** entwickelt und **vor den dunklen Seiten des Lebens nicht zurückschreckt.**

Das Energiefeld

Auch: konzentrische Kreise. Aura unbewältigter Widersprüche. **Kontrast zwischen Licht und Finsternis. Positiv:** Goldiges Bewusstsein, Be*sonnen*heit. Ausstrahlung von Kraft und Macht. **Negativ:** Neid, Missgunst.

Das bestellte Feld – ❺

Erntezeit: Der Boden ist bereitet, um sich mit (extremen) Widersprüchen des praktischen Alltagslebens auseinanderzusetzen. **Lebensacker, Feld der Erfahrung, zu bestellendes Feld.**

Der Berg – ❻

Symbol für Naturkraft und **Kreativität, aber auch Begrenzung**. Die Anstrengungen und Herausforderungen, die vor uns liegen und die es zu meistern gilt. **Auf einem Berg sind wir dem Göttlichen nahe.**

Ritter der Scheiben

Sie gleichen diesem Ritter. Die Karte unterstreicht Ihre Souveränität und zugleich Ihre männliche Seite! Sie besitzen und entwickeln einen meisterhaften, ganzheitlichen Umgang mit den Erdkräften des Lebens. Ihr ganzes Können als Mensch mit viel Erfahrung, Sorgfalt und Wirtschaftlichkeit ist gefragt.

Acker der Erfahrung, Acker der Schätze.

■ Grundbedeutung

Der Meister des Wohlseins und der Meisterschaft: »Was bringe ich mit? Was kann ich gut? Was tut mir gut?« – Wie jede Hofkarte zeigt dieser Ritter ein Idealbild, einen souveränen Umgang mit dem betreffenden Element, hier mit den Scheiben (Erde, Materie, Geld, Talent, Körper). Sie sind wie dieser Ritter, oder so können Sie werden! Und / oder Sie treffen auf einen Menschen in Ihrem Leben, der diesem *Ritter* entspricht.

■ Spirituelle Erfahrung

Reifung, Vollendung, Ernte – und die vielen Schritte, Wege und Umwege, die zur Ernte führen.

■ Als Tageskarte

Auch der »Mist«, den wir alle produzieren ist noch nutzbar – als Dünger. Verzeihen Sie sich und anderen, nicht perfekt zu sein.

■ Als Prognose / Tendenz

Durch die Bearbeitung der anstehenden Aufgaben entwickeln Sie Erfahrenheit und Gelassenheit

■ Für Liebe und Beziehung

Scheuen Sie sich nicht vor Auseinandersetzungen zur richtigen Zeit, sondern suchen Sie sie! Sie haben die Fähigkeit, Probleme in Ordnung zu bringen.

■ Für Erfolg und Glück im Leben

Sie können Ihre Mitmenschen nicht ändern, aber sie so nehmen, dass ihre Fähigkeiten gut zur Geltung kommen.

Die 10 wichtigsten Symbole

Die Hörner – ❶

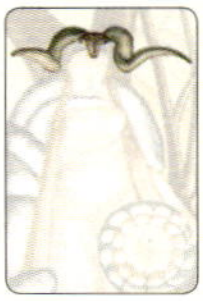

Ursprüngliche Lebenskraft. Hörner, die wir uns noch abzustoßen haben. **Rückbesinnung auf Ur-Instinkte.** Jahreszeitlich der Winteranfang (Steinbock), die dunkelste Zeit des Jahres mit größtem Glanz: Weihnachten!

Die Scheibe – ❷

Auch Schild mit Yin-Yang Symbol. Taoistisches Zeichen für *kosmische Balance* und die **Vereinigung männlicher und weiblicher Anteile** (vgl. *Zwei Scheiben)*. Spielerischer Umgang mit diesem Thema.

Der Diamantenstab – ❸

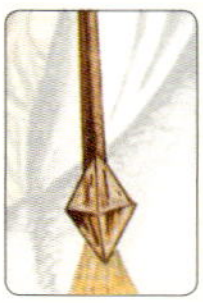

Nach unten gesenkt und Energie ausstrahlend: **befruchtender Same des Lichts, der sich in die Erde senkt.**

Der gewölbte Bauch – ❹

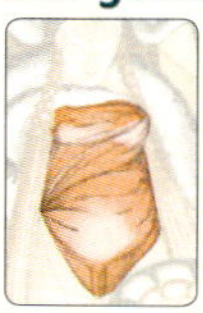

Mögliche Schwangerschaft, vor allem im übertragenen Sinne. **Der Schoß der Erde und der Same des Lichts zeugen neue Möglichkeiten.** Im Winter ruht alles in der Erde. Zeit des stillen Werdens.

Die Bäume

Freier Blick auf erleuchtetes Wurzelwerk: **Verbindung von Himmel und Erde** oder Himmel und Hölle soll bewirkt werden. Wurzeln »schweben« in der Luft – Leichtigkeit, aber auch Leichtfertigkeit.

Der **Erdhügel** – ❺

Erhöhte Perspektive und weite Sicht. **Fester Stand.** Anspielung auf Lippen und Mund des weiblichen Geschlechts: **Schoß der Erde**. Alles Gute kommt aus der Erde. »Von nix kommt nix!«

Das Schafsfell – ❻

Sinnlichkeit, Wärme, Ausnutzung natürlicher Materialien. Verbundenheit mit der Natur und dem Schoß der Erde. Bock als Zeichen der Wintersonnenwende und dem damit verbundenen **Neubeginn**.

Der Altar

Altar, Opfer und Verehrung als Kennzeichen von drei der Prinzessinnen. **Feinstoffliche Energien und die Arbeit mit ihnen.**

Die weißliche Farbe

Die Prinzessin ist fast ganz von ihr umgeben und scheint in ihr verwachsen: Sie ist ein **Sprössling der Erde**. Verbundenheit mit der Geschichte der Erde. **Aufforderung, die eigenen Wurzeln zu ergründen.**

Der Energiewirbel

Tornado-Stimmung, große Konzentration von Energie steht zur Verfügung. Auflösung traditioneller Werte und Gewohnheiten. **Neue Spielregeln können aufgestellt werden.**

Prinzessin der Scheiben

Sie gleichen dieser Prinzessin! Die Karte unterstreicht Ihre Souveränität und zugleich Ihre jugendlich-junge Seite! Sie entwickeln einen meisterlichen, unvorbelasteten Umgang mit den Erdkräften. Ihr ganzes Geschick als Mensch mit viel Humor und Fingerspitzengefühl ist gefragt.

Halten Sie sich an das, was fruchtbar und wertvoll ist!

■ Grundbedeutung

Die Abenteuer der Entdeckung und der Forschung: »Was ist vorhanden? Was kann man daraus machen?« – Wie jede Hofkarte zeigt diese Prinzessin ein Idealbild, einen souveränen Umgang mit dem betreffenden Element, hier mit den Scheiben (Erde, Materie, Geld, Talent, Körper). Sie sind wie diese Prinzessin, oder so können Sie werden! Und / oder Sie treffen auf einen Menschen in Ihrem Leben, der dieser *Prinzessin* entspricht.

■ Spirituelle Erfahrung

Produktiv sein. Etwas finden. Etwas pflanzen. Über sich hinaus wirken.

■ Als Tageskarte

Machen Sie den heutigen Tag zu einem Abenteuer voller Entdeckungen!

■ Als Prognose / Tendenz

Die Scheibe ist ein Geschenk des Lebens, sie spiegelt wieder, dass Sie selbst ein Schatz für sich und ihre Umgebung sind, wenn Sie Ihr Talent begreifen.

■ Für Liebe und Beziehung

Wer jemanden liebt, fördert auch dessen Talente!

■ Für Erfolg und Glück im Leben

Unser Talent gleicht oft dem sprichwörtlichen Gold, das auf der Straße liegt. Es sieht zunächst sehr oft unscheinbar aus.

Die 10 wichtigsten Symbole

Der Zellkern – ❶

Entwicklungspotential, wächst aus dem Zentrum der Münze. Unsterblichkeit der Erde: **Was wir schaffen und formen, was wir bauen und pflanzen, geben wir weiter an unsere Nachkommen.**

Der doppelte Scheibenrand – ❷

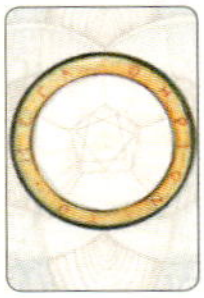

Anspielung auf die Doppelnatur der Erde. **Prägungen, mit denen wir geboren werden, die wir erhalten und die wir selbst durch unsere Talente schaffen.**

Die flügelartigen Ellipsen – ❸

Leichtigkeit der Materie, durch zwei Brennpunkte, also zwei Zentren, ebenfalls Anspielung auf die Doppelnatur des Elements.

Die Fünfecke

Eins nach oben hin zum geistigen Prinzip, eins nach unten hin zum irdischen Prinzip gerichtet. Hinweis auf die **Beseelung der Materie durch das fünfte Element,** die Quintessenz.

Das Siebeneck

Symbol für **Vollendung der Schöpfung,** Erhöhung der persönlichen Mitte, nach oben und unten ausstrahlend

Die Kreise mit I 666 – ❹

Neutestamentarische Zahl des Antichristen, aber auch Erkenntnisse der Genetik, Physik, Chemie. Lebender Code in den Bausteinen der Materie. **Alles Existierende hat einen persönlichen Fingerabdruck.**

TO MEGA THERION

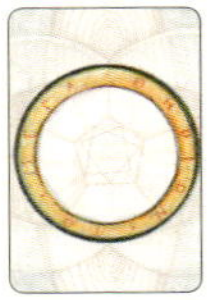

Griechische Aufschrift auf der Scheibe, auf Deutsch: »Das Große Tier« (vgl. Karte *Lust*). Generell gilt: Der Mensch stammt eben auch vom Tier ab. **Wir alle sind »große Tiere«: durch die Evolution groß geworden!**

Federn und Baumschnitt – ❺

Leichtigkeit der Materie und ihre feste Verwurzelung in der Erde. Baumschnitt als Hinweis auf die **Verbindung von Generationen** und die Vererbung unserer zu materialisierenden Themen.

Tannen- oder Pinienzapfen –

Immergrünes, sich erneuerndes Leben. Hinweis auf Tannenbaum und alte Fruchtbarkeitskulte der Kybele und des Dionysos: **Feier der Geburt des Lichts** aus der Dunkelheit.

Der Hintergrund

Vegetatives Dunkel / Grün mit vielen bunten Tupfen. So viel Leben, Licht, Samen und Möglichkeiten hält die Erde, die materielle Welt für uns bereit! Nicht nur der Geist, auch die Materie, ist ewig.

Ass der Scheiben

Die Scheibe symbolisiert Talent und Reichtum – das Materielle, Finanzielle, Körperhafte. In den Scheiben verkörpern sich Natur und Kultur. Sie sind unser Erbe, mit ungelösten Aufgaben und ungenutzten Möglichkeiten!

Hoch soll leben, was uns das Leben schätzen und genießen lässt!

■ Grundbedeutung

Die Scheiben drücken unsere Talente und unseren persönlichen Reichtum aus: Die eine Seite der Medaille sind die Prägungen, die wir mitbekommen haben. Jeder Mensch erbt bestimmte Begabungen und bestimmte Handicaps. Zusammen machen sie die Talente eines Menschen aus. Wenn wir diese nun annehmen, bearbeiten und umScheiben, dann prägen wir selbst etwas: unsere Lebensumstände und die Spuren, die wir hinterlassen werden. Mit dem Ass bietet sich dazu ein elementarer Zugang! Greifen Sie zu!

■ Spirituelle Erfahrung

Aufgabe, Bestimmung, Beitrag begreifen: als Schicksal und Chance!

■ Als Tageskarte

Bringen Sie die Dinge ins Rollen. Machen Sie Ihr »Ding«!

■ Als Prognose / Tendenz

Nur bei Spezialisten wird ein besonderes Talent vermutet. Tatsächlich besitzt jeder Mensch besondere Talente, weil er / sie besondere Erfahrungen und Erwartungen verkörpert.

■ Für Liebe und Beziehung

Lieben heißt, zu einem Menschen mit all seinen Prägungen und Potentialen »Ja« zu sagen.

■ Für Erfolg und Glück im Leben

Es ist Ihre Chance (und Aufgabe), Ihre Lebensumstände selbst zu definieren und die Bedeutung Ihres Daseins neu zu wägen – zu wiegen und zu wagen.

Die 10 wichtigsten Symbole

Die Schlange – ❶

Der sich in den Schwanz beißende Uroborus: **Symbol der Unendlichkeit,** aber auch des **Kreislaufs der Natur.** Achterbahnfahrt. **Als Lemniskate:** unendliche Materie. Wandel, höhere Stufen des Bewusstseins.

Die Krone – ❷

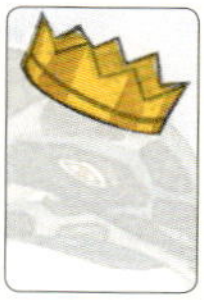

Sitzt leicht schräg: **Negativ:** schief liegendes, einseitiges Ego, das die Widersprüche des Lebens nicht aufarbeiten kann. **Positiv:** bewegliches Ich, das zum bewussten Sein führen kann.

Das offene Auge – ❸

Anspielung auf das »geistige Auge«, **Betonung des Weisheitsaspekts** der geringelten Schlange. Hinweis auf ein **sich entwickelndes Bewusstsein,** dass durch die offene Auseinandersetzung mit Realitäten wächst.

Die doppelte 8

Die Schlange und die blaue 8 hinter ihr vertieft die Darstellung der Unendlichkeit und damit die ewige Bewegung, die ewige Wandlung. **Positiv:** Nichts bleibt wie es ist. Nach Regen kommt Sonnenschein.

Yin und Yang – ❹

Grundpolaritäten. Taoistisches Zeichen für **kosmische Balance** und **die Vereinigung männlicher und weiblicher Anteile** (vgl. *Prinzessin der Scheiben).* Spielerischer Umgang mit diesem Thema.

Schwarzer / weißer Lichttunnel – ❺

Für den Schöpfungsakt notwendige Trennung und Vermischung von Gegenpolen, **Phasen des Lebens und Polaritäten:** Nacht und Tag, Licht und Finsternis.

Die Farbkreise mit Elemente-Symbolen

Alchemistischer Hinweis auf das Vorhandensein und die Vermischung oder die Abgrenzung der vier Elemente. **Roter Kreis** = Feuer, **blauer Kreis** = Wasser, **Gelber Kreis** = Luft, **Grüner Kreis** = Erde.

Der violette Hintergrund

Intensität der Geistesmacht, Grenzerfahrung. Verbindung von Rot und Blau, Kühle und Hitze. **Vereinigung von Gegensätzen und Grundwidersprüchen. Streben nach Spiritualität.**

Jupiter-Symbol – ❻

Glück, »sein eigener Regisseur und Drehbuchautor sein«. **Negativ:** Größenwahn, Selbstherrlichkeit, Selbstgerechtigkeit. **Positiv:** Nicht auf andere warten, Talent für das Schicksal, Geschick.

Steinbock-Symbol – ❼

Ambition, Verantwortung, Tradition. Primitive Naturkraft, Gipfelerlebnis: Spitzenleistungen oder Erfahrung der Gipfel als Verbindung von Himmel und Erde. Wurzeln einer generationslangen Vorgeschichte.

Zwei Scheiben

Widersprüche in die Hand nehmen: Persönliche Stärken und Schwächen, eigene und fremde Probleme, Lustprinzip und Pflichtgefühl, Sonnen- und Schattenseiten. Sie selbst sind wie eine Scheibe: geprägt und prägend. Einerseits sind Sie durch die materiellen Verhältnisse geprägt, andererseits prägen Sie sie.

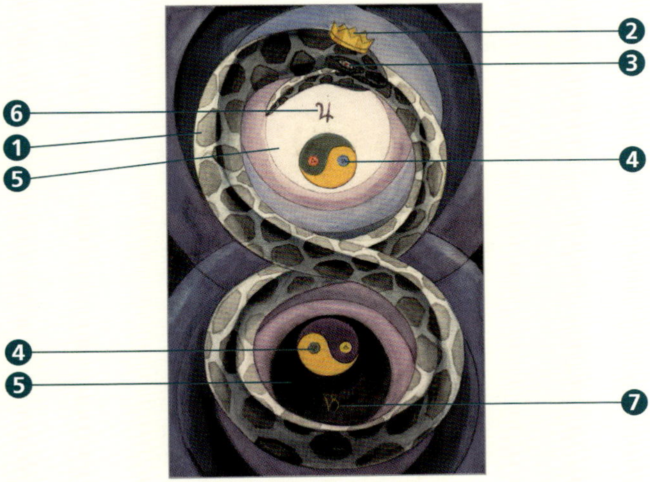

Die »zwei Seiten der Medaille« …

■ Grundbedeutung

Eine Veränderung der Lage. Eine Verlagerung des Lebensschwerpunkts. In Ihrer aktuellen Situation treten neue Fakten, Werte und Ergebnisse auf, die Ihren Standpunkt verschieben. Etwas, das schon vorhanden oder möglich war, tritt jetzt hervor und gewinnt eine besondere Bedeutung. Da hilft weder Pokern noch Hadern mit dem Schicksal. Wenn Sie aber diese Widersprüche anpacken, gelangen Sie in eine glückliche Lage, weil Sie alles Wesentliche in der Hand haben und Ihnen somit nichts Wesentliches im Leben fehlt.

■ Spirituelle Erfahrung

Sie schaffen neue Fakten und gestalten das Gesicht der Erde mit.

■ Als Tageskarte

Sie brauchen (und finden) neue Ergebnisse.

■ Als Prognose / Tendenz

Rechnen Sie mit einigen Verunsicherungen und vorübergehenden Schieflagen, wenn sich Ihr Leben ändert. Wie sonst sollten Sie einen alten Hut ablegen und ein neues Bewusstsein entwickeln?

■ Für Liebe und Beziehung

Was für Sie wertvoll ist, wandelt sich. Geben Sie der Liebe eine neue Variante!

■ Für Erfolg und Glück im Leben

Befreien Sie sich aus vermeintlichen Sachzwängen zu. Sie haben in der Vergangenheit gewählt und sind frei, neu zu wählen..

Die 10 wichtigsten Symbole

Meer oder Nebel – ❶

Urwasser oder Urchaos, aus dem Verborgenes auftaucht oder in das es versinkt. Energien und Sachverhalte werden auf eine breite Grundlage gestellt oder lösen sich in diverse Widersprüche auf.

Die Wellen – ❷

Kreative oder verschlingende Bewegung im Ur-Grund. **Surfen auf den Wellen des alltäglichen »Auf und Ab«** oder davon mitgerissen werden. Rutschbahn / Achterbahn der täglichen Routine.

Die rotbraunen Räder – ❸

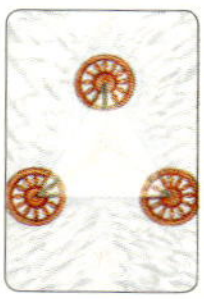

Bewegung des menschlichen Geistes, des Körpers und der Seele und ihr Zusammenspiel. Routine und die Räder der Arbeit. Zusammenarbeit der Generationen.

Die alchemistischen Symbole – ❹

Zeichen für **Schwefel, Salz und Quecksilber,** die drei »philosophischen« Urelemente der Alchemie **zur Schaffung des »Stein der Weisen«.** Gewonnen aus dem Ur-Chaos, werden sie zu geistigem »Gold« verarbeitet.

Die Pyramide I – ❺

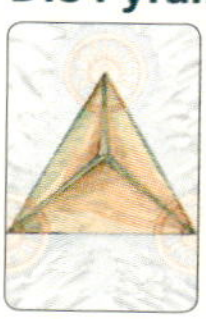

Breite Grundlage und Zuspitzung von Energien auf einen Punkt. Argumente und Handlungen auf erhöhtem Niveau. **Sprung in neuen Dimensionen – von der Zweidimensionalität in die Dreidimensionalität.**

Die Pyramide II

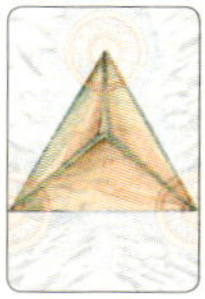

Es geht darum, sein Licht auf den Berg des Bestehenden hinaufzutragen. So leuchtet es für uns selbst und für viele. In so mancher Hinsicht vereinigt die Pyramide Ursprung und Ziel.

Das Weiß an der Pyramide

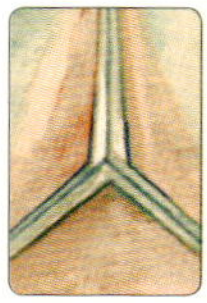

Klare Geisteskraft, Energie auf hohem Niveau, Naivität, ein noch unbeschriebenes Blatt: Anfangszustand. Aber auch Vollendung und Heilung. **Negativ:** Blendung und Leere. **Positiv:** geistiges Neuland.

Koralle

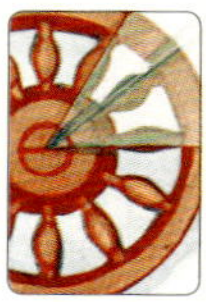

Symbol der Alchemisten, die in der Zeit des Übergangs zwischen Mittelalter und Neuzeit lebten, **für die** aus den Urwassern (Meer) geholte und verfestigte **»Materia prima«,** der alchemistischen Urmaterie.

Mars-Symbol – ❻

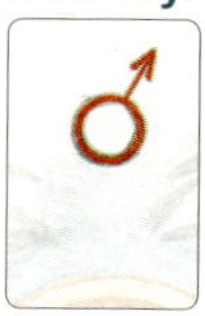

Mars stärkt die **Durchsetzungskraft,** gibt **Mut** und ergreift (auch sexuell) die **Initiative.** Er ist Frühlingsgott und Kriegsgott: ungeduldig, kämpferisch, zerstörend und / oder befreiend!

Steinbock-Symbol – ❼

Ambition, Verantwortung, Tradition. Primitive Naturkraft, Gipfelerlebnis: Spitzenleistungen oder Erfahrung der Gipfel als Verbindung von Himmel und Erde. Das letzte aller Erdzeichen im Jahreslauf…

Drei Scheiben

Hier taucht etwas auf, das in einem Meer oder einem Nebel verborgen war. Aus dem Ur-Grund wurden die drei Urelemente (Schwefel, Salz und Quecksilber) gewonnen, und diese sollten im alchemistischen Großen Werk zum »Gold« oder zum »Stein der Weisen« verarbeitet werden.

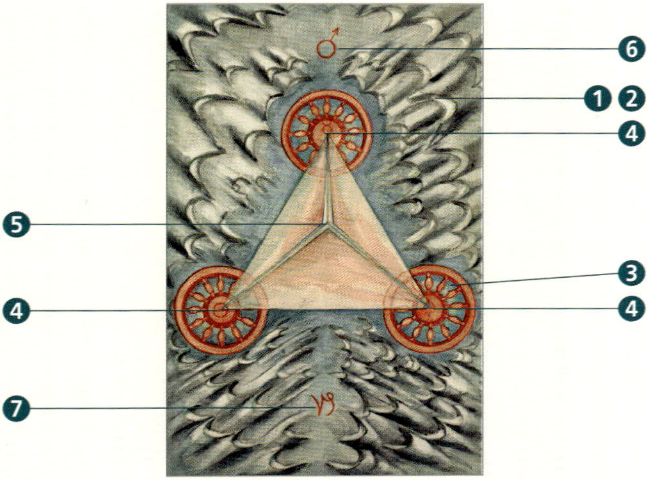

Neue Talente, neue Werte und Aufgaben!

■ Grundbedeutung

Die rotbraunen Rädern tragen die Zeichen für Schwefel, Salz und Quecksilber. Die roten Scheiben erinnern außerdem an die alchemistische »Koralle«, ein Begriff für die aus dem Urwasser geholte Urmaterie. Die Pyramide steht für die Zuspitzung von Energien. Sie stellt zugleich den Sprung in eine neue Dimension dar, vom Dreieck ins Dreidimensionale. Aufs Persönliche übertragen, heißt dies: Man muss und kann einen grundsätzlich neuen Ansatz finden und daraus Werte und Wege in einer neuen Dimension ableiten.

■ Spirituelle Erfahrung

Die richtige Berufung ist eine große, glückliche Leidenschaft …

■ Als Tageskarte

Jeder besitzt Gipfel, die auf ihn warten …

■ Als Prognose / Tendenz

… Selbstverständlich gibt es Berge von unterschiedlicher Höhe. Aber *jeder* Berg hat seine Spitze. Ob Sie *Ihre* Spitze erreichen oder nicht, das ist die entscheidende Frage.

■ Für Liebe und Beziehung

Fragen Sie nicht nur, was Sie selbst wollen; schauen Sie auch, was Gott und die Welt von Ihnen wollen – umso leichter und lohnender wird es für Sie!

■ Für Erfolg und Glück im Leben

Finden Sie die Aufgabe, die Ihre Fähigkeiten am meisten entwickelt und zuspitzt.

Die 10 wichtigsten Symbole

Burg und Magisches Quadrat – ❶

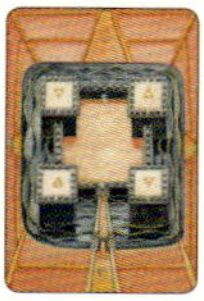

Wasserburg. **Zivilisation und Natur, Kultivierung oder Künstlichkeit / Kunstwerk** (erinnert an Bilder von M. C. Escher und ihre Perspektivwechsel). Persönliche Werte und Talente.

Die vier Elemente – ❷

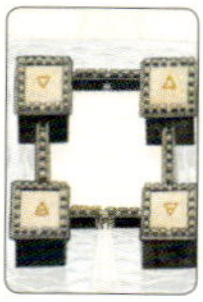

Abgrenzung des Individuums, Schutz und Barriere. Grundvorstellung vom vierteiligen Weltbild der abendländischen Kultur: **vier Jahreszeiten, vier Himmelsrichtungen, vier Temperamente.**

Die Türme mit Elementezeichen

Das Besondere ist, dass hier auf der materiell-praktischen Ebene der Scheiben alle vier Elemente versammelt sind (vgl. auch Karte *Zwei Scheiben*). **Damit ist die Lösung einer besonderen Aufgabe verbunden …**

Das magische Viereck I

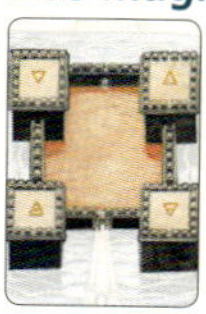

… Nach der Psychologie der vier Elemente, wie sie besonders C.G. Jung entwickelt hat, **beherrscht jeder Mensch eines der vier Elemente aus sich heraus sehr gut, zwei weitere Elemente gut bis mittelmäßig …**

Das magische Viereck II

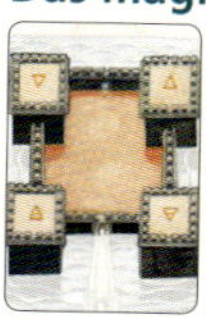

… und ein viertes Element nur in rohen Ansätzen. Es gehören Integration von Schattenseiten und persönliche Verwandlung dazu, alle vier Elemente zu kennen und zu können. **Erst wenn wir alle vier beherrschen, …**

Das magische Viereck III

… verfügen wir über die »Macht«, von der der Untertitel dieser Karte spricht. Hier scheint die Sonne erst dauerhaft, wenn Sie Ihre wesentlichen Talente sämtlich für sich erobert, erprobt und ausgebaut haben.

Das Tor – ❸

Symbol des Übergangs zwischen den Welten und Bewusstseinszuständen: Öffnung nach innen und nach außen, Bereitschaft zur Kommunikation. An den eigenen Talenten festhalten und gleichzeitig jeden Eigensinn aufgeben.

Der gerade Weg – ❹

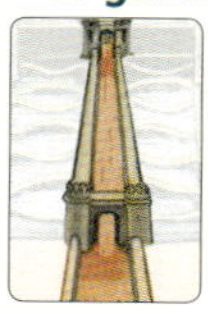

Ein gerader Weg: Wer aus seinen Talenten mehr machen will, muss seine »Eckwerte« kennen. Wer so vorgeht, braucht länger zur »Vorbereitung«, aber er schafft es dann auch bis oben. Oder bis ins Zentrum der »Macht«.

Sonnen-Symbol – ❺

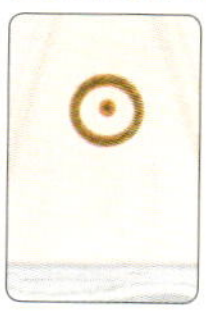

Bewusstheit, Wachheit, aber auch Sinnsuche und Neid, Gold und Gier. **Gefahr:** Der Sonne zu nah zu kommen, kann Verzauberung (Irrsinn) bewirken. **Positiv:** Erhellung der Kehrseiten = zuverlässiges Bewusstsein.

Steinbock-Symbol – ❻

Ambition, Verantwortung, Tradition. **Der Steinbock holt das Licht aus den Tiefen des Winters,** der Dunkelheit. Das ist typisch für ihn. Er sucht und findet die Wurzeln, deren Kraft uns auf den Berg bringt.

Vier Scheiben

Ihr persönlicher Platz an der Sonne! Das Rechteck deutet auf die vier Elemente hin, auf die Himmelsrichtungen und die Richtungen der Welt. Es gibt eine Brücke, ein Tor. Mitten im großen Universum errichten Sie Ihr persönliches Königreich!

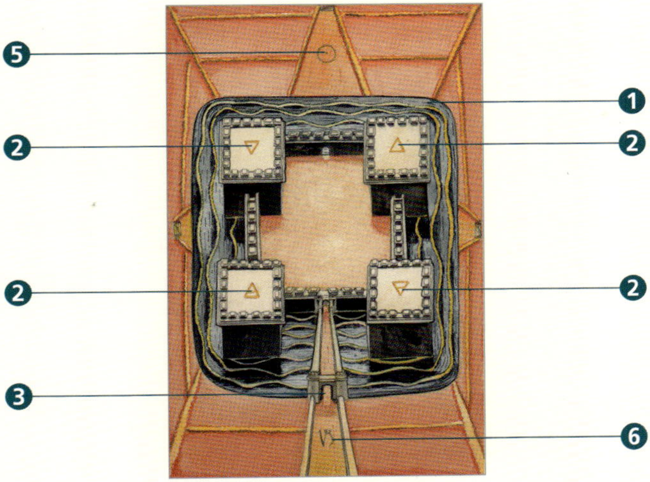

Burg mit Garten oder Wassergraben, Kunstobjekt, Finanzzentrum, Machtbereich …

■ Grundbedeutung

Sie richten sich mit Ihren Talenten in der Welt ein. Die Karte warnt vor faulen Kompromissen oder vor grandiosen Übertreibungen, bei denen Sie Ihre Werte oder Ihre Fähigkeiten entweder aufopfern oder aber anderen aufzwängen. Im positiven Sinne ist dies jedoch eine Karte der glänzenden Ergebnisse. Sie vervollständigen den Rahmen, in dem Sie leben möchten. So sorgen Sie für Verhältnisse, worin sich Ihre Begabungen *ohne* Einschränkungen, aber auch *ohne* Leugnung vorhandener Handicaps auszahlen!

■ Spirituelle Erfahrung

Eine intime Verwobenheit von Person und Sache.

■ Als Tageskarte

Entwickeln Sie Ihre Begabung, Ihr Anliegen. Spielen Sie nicht den Helden oder den Versager.

■ Als Prognose / Tendenz

Manchmal ist es bei dieser Karte wichtig, sich abzugrenzen und »sein eigenes Ding zu machen«. Manchmal, sich zu öffnen und sich besser mitzuteilen.

■ Für Liebe und Beziehung

Liebe bedeutet auch, sich gegenseitig darin zu unterstützen, einen eigenen Geltungsbereich zu besitzen und darin zu thronen!

■ Für Erfolg und Glück im Leben

Nicht Bravheit oder Bosheit bringen Sie voran, sondern der Ausbau, die Verewigung Ihrer besten Talente.

Die 10 wichtigsten Symbole

Scheibenrad / Naben der Räder

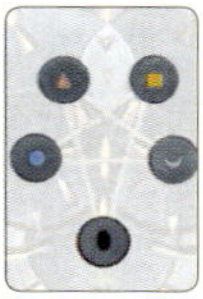

Individuum im Kollektiv; persönliche Talente und Werte, die es zu fördern und einzubringen gilt. Joch, in das wir uns einspannen müssen, wenn wir etwas erreichen wollen.

Die Transmissionsriemen – ❶

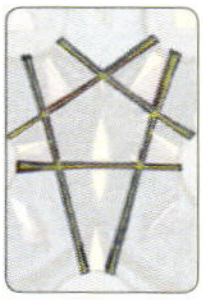

Auch: Energiestrahlen. **Gewollte oder erzwungene Verbindung von Individuum und Kollektiv.** Teamarbeit, Familie, Freundeskreis, Team von Kollegen. An einem Strang ziehen oder zusammengekettet sein.

Das Räderwerk I (blau)

Auch Getriebe, in Bewegung oder im Stillstand: **sinnlose Tretmühle oder perfektes Zusammenspiel unterschiedlicher Kräfte und Energien.** „»Es läuft wie am Schnürchen« oder es muss zum Laufen gebracht werden.

Das Räderwerk II (stahlgrau)

Negativ: Es ist eine Qual, alles am Laufen zu halten. **Lichtstreif:** Leuchtendgelbe (Gedanken-) Blitze symbolisieren zukünftige Besserung, sogar Erfolge.

Die Tattwas-Zeichen – ❷

Sonne, Dreieck, Viereck, Mond, Ellipse als indische Symbole für die fünf Sinne oder Schwingungsebenen. **Fünf verschiedene Ebenen, Aufgaben und Begabungen im eigenen Leben,** die es zu verbinden gilt.

Das Pentagramm

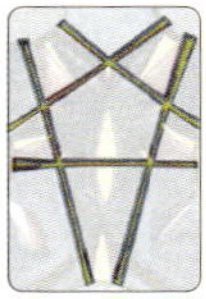

Nach unten gerichtete verlängerte Spitze: **Notwendigkeit der Erdung** und der materiellen Integration von Talenten und eigener Werte. Quintessenz. Gefahr, sich oder andere »herunterzuziehen«.

Der tiefblaue Vordergrund

Mischung aus Erdfarben der vegetativen Natur lassen die Farbe des Geistes und der Spiritualität entstehen. Uns beschäftigen hier **tief liegende, »eingefleischte« Werte und Gewohnheiten.**

Der gelbe Hintergrund

Potential der Zusammenarbeit. Freisetzung geistiger Kräfte. Sonniges, geistiges und bewusstes Lebensgefühl. **Gefahr:** Schattenseiten scheinen aufgehoben. Tatendrang mit Besonnenheit oder mit Neid / Wahn.

Merkur-Symbol – ❸

Merkur ist kreativ und geschickt. **Er handelt mit Intelligenz, Vernunft und Unterscheidungsfähigkeit im Dienst höherer Ideale.** Manchmal missbraucht er seine Talente, ist nur rational und auch amoralisch.

Stier-Symbol – ❹

Persönlicher Absicherung, materiellen Wohlstandes. Genussmensch, der Gemütlichkeit, Sinnlichkeit und Erotik liebt. **Positiv:** geduldig, ausdauernd, praktisch, treu. **Negativ:** gierig, stur, geizig, träge.

Fünf Scheiben

Fünf Scheiben sind durch Transmissionsriemen oder Energiestrahlen miteinander verbunden, die zusammen die Gestalt eines fünfzackigen Sterns einnehmen. Wie ein Räderwerk oder ein großes Getriebe ist dies anzuschauen: Tretmühle und Quälerei – oder: Teamwork, »es läuft wie am Schnürchen«!

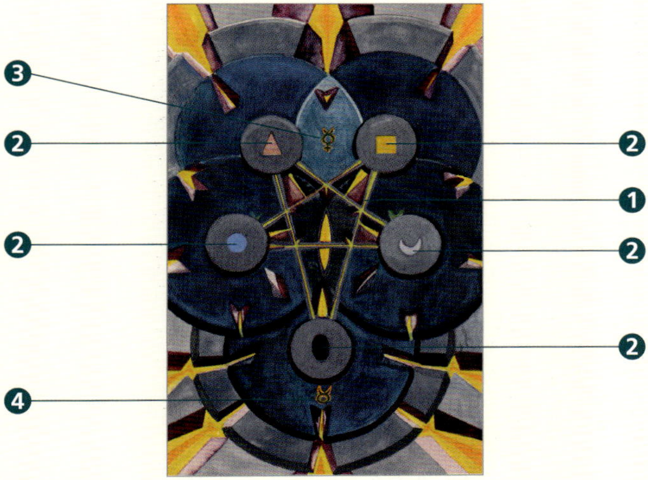

Eine schöne Karte, die wegen ihres Untertitels oft missverstanden wird.

■ Grundbedeutung

Jedes menschliche Vermögen (Besitz und Fähigkeiten) besitzt soviel Wert, wie es dazu beiträgt, vermeidbare Notlagen auszuschließen und unvermeidliche Notlagen lebenswert zu machen. Es gibt Nöte, die durch Katastrophen und Krankheit entstehen, und andere Nöte, die aus unerfüllten Bedürfnissen erwachsen: etwa einen Hunger nach Sinn, einen Durst nach Liebe, eine Sehnsucht nach Heimat. Wo sich die Fülle Ihrer Möglichkeiten mit der Linderung der dringendsten Nöte verbindet, bewirken Ihre Talente am meisten.

■ Spirituelle Erfahrung

»Gib Gott deinen Mangel. Er kennt keinen« (Dorothee Sölle).

■ Als Tageskarte

Wer allein arbeitet, dessen Kräfte addieren sich. Wer mit anderen zusammenarbeitet, dessen Kräfte multiplizieren sich.

■ Als Prognose / Tendenz

Einmal gilt es, sich geschlagen geben zu können; ein Ende anzunehmen; einen Mangel zu ertragen. Zum anderen gilt aber ebenso unabweisbar: Es gibt unnötige Not und zu viel Elend auf der Welt - und im eigenen Haus. Es lohnt sich, dagegen anzugehen.

■ Für Liebe und Beziehung

Weisen Sie unbegründete Ansprüche und sinnlose Opfer zurück.

■ Für Erfolg und Glück im Leben

Erfüllen Sie sinnvolle Verpflichtungen mit leichtem Herzen!

Die 10 wichtigsten Symbole

Der rötlich-weiße Bildkern

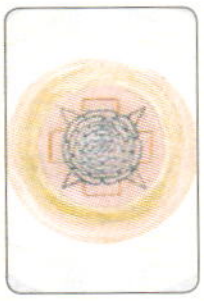

Zusammenhalt der verschiedenen Monde und Eigenschaften, der einen übergeordneten Zusammenhang erstellt. **Innere Quintessenz, innere Einstellung oder persönliche Mitte.**

Der Sechsstern – ❶

Symbol der Vereinigung und Durchdringung von Gegensätzen. Erfolg durch die Fähigkeit, **persönliche Wertvorstellungen in materielle Werte umzumünzen.** Übertragung von innere in äußere Werte.

Das Rosenkreuz – ❷

Reife und Schönheit des bewussten Ichs, das Höhen und Tiefen kennt. Einheit der vier Elemente, aus denen sich die Quintessenz des Lebens entfaltet. **Bewusste Annahme der eigenen Person und des Lebenswegs.**

Scheiben mit Planetensymbolen – ❸

Auch: Sechs Monde. Mond, Merkur, Venus, Mars, Jupiter, Saturn. **Komplette Versammlung aller maßgeblichen, zur Verfügung stehenden Kräfte.** Brücke zwischen Materie und Spiritualität. Geistseele.

Die Planetensymbole II

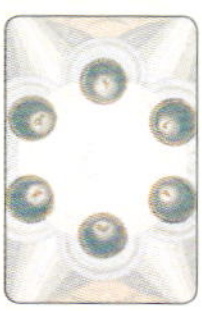

Fehlende Sonne kann fehlendes Bewusstsein bedeuten. Dann regieren Gefühle (Mond), Emotionen (Venus), Selbstinszenierung (Jupiter), Gewohnheiten (Saturn), Impulse (Mars), Reflexe (Merkur) ohne Herz und Verstand.

Der Sonnenkranz – ❹

Symbol des siebten klassischen Planeten und Zeichen geistiger Bewusstheit. **Gefahr:** sich auf den eigenen Nabel zu konzentrieren. Sich für den Nabel der Welt zu halten. Fehlendes Bewusstsein.

Die Farbabstufung

Irdische Themen transformieren oder konzentrieren sich zu geistig-spiritueller Energie oder umgekehrt. Materie und Geist sowie Körper und Geist.

Der rotbraune und blaue Hintergrund

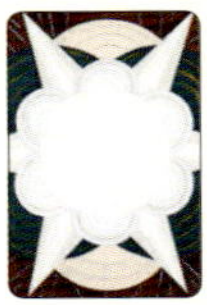

Erdige Farben und Blau: Verbindung vegetativer Natur und spirituellen Potentials. **Herzblut, das für den Erfolg investiert wird. Wille, Tatkraft.**

Mond-Symbol – ❺

Gefühlswelt, Seele, Psyche, Ahnung, Wunsch, Angst. Nacht, das Unbewusste. Mond: Herrscher des Krebs: seelische Ganzheit! **Negativ:** Abschottung. Selbstverliebt. **Positiv:** Immunität, begriffener Eigen–Sinn.

Stier-Symbol – ❻

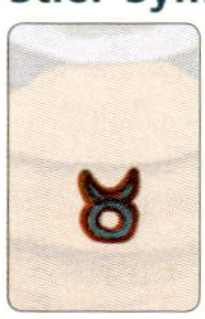

Persönlicher Absicherung, materiellen Wohlstandes. Genussmensch, der Gemütlichkeit, Sinnlichkeit und Erotik liebt. **Positiv:** geduldig, ausdauernd, praktisch, treu. **Negativ:** gierig, stur, geizig, träge.

Sechs Scheiben

Hier geht es um Geben und Nehmen, um die Umsetzung von Bedürfnissen, um Umsatz. Wenn »Scheiben« wirkliche Bedürfnisse zur Geltung bringen, dann gewinnt sowohl derjenige, der sie ausgibt, wie auch derjenige, der sie einnimmt.

Einen Honigmond erleben …

■ Grundbedeutung

Produktive Bedürfnisse. Hier vollzieht sich eine Aufhebung von Geben und Nehmen: Das ist wie ein Honeymoon. Da spielt es grundsätzlich keine Rolle mehr, wer gibt und wer nimmt, weil beides auf dasselbe hinausläuft.

Wenn Sie mit Ihren Talenten (eigene und fremde) Bedürfnisse erfüllen und wenn Sie mit Ihren Bedürfnissen (eigene und fremde) Talente wecken und fördern, entsteht jeweils ein *Zugewinn*: eine typische Win-Win-Situation

■ Spirituelle Erfahrung

Der Wert des Eigenen ist am größten, wenn möglichst viele davon profitieren. In diesem Sinn besitzen Sie nur, was Sie weggeben.

■ Als Tageskarte

Neue Wege zur Verwirklichung der eigenen und zur Befriedigung fremder Bedürfnisse stehen nun auf der Tagesordnung.

■ Als Prognose / Tendenz

Konzentrieren Sie sich darauf, einen Zugewinn zu realisieren, anstatt einen Mangel zu verwalten.

■ Für Liebe und Beziehung

Geben und nehmen: Sie schaffen eine Situation, in der Sie ohne Skrupel nehmen und empfangen können …

■ Für Erfolg und Glück im Leben

… in der Sie schwach sein können, ohne damit Härte oder Häme zu provozieren.

Die 10 wichtigsten Symbole

Das Bild im Ganzen I

Ein Buch mit sieben Siegeln?! Ja, es *gibt* Rätsel in Ihrem Leben und Sie tun gut daran, diese Rätsel anzuerkennen! Rätsel, die den Verlauf, das Gelingen und die Bestimmung Ihres Lebens betreffen!

Das Bild im Ganzen II

Die Dinge klären sich, wenn Sie deren Bedeutung verstehen. Und **die Bedeutung der Dinge erkennen Sie, wenn Sie sich über *die Bedeutung Ihrer Person* (!) in der Familie, im Beruf sowie in der Welt klar werden.**

Dschungel / Geäst – ❷

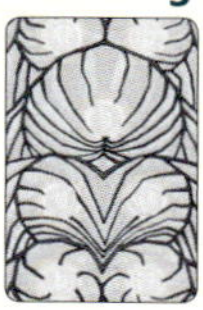

Verwurzelung im Ur-Wald und **in den Ursprüngen der Natur und des Menschen.** Sinnbild für die Gefahr, vom »Hölzchen auf das Stöckchen« zu kommen. Rührt am »Eingemachten«, am Selbstverständlichen.

Die Farbe Blau-Schwarz

Vegetative, teilweise unbewusste Natur. **Blau als Farbe des Geistes und der Spiritualität.** Geistige, seelische Prozesse, die sehr tief ins Körperhafte eingepflanzt sind. Eingefleischte Gewohnheiten.

Der Saturn-Kopf – ❶

Vier Saturn- und drei Stierköpfe, die astrologischen Korrespondenzen dieser Karte. **Verbindung von allgemeinen Grundsätzen (Saturn) und persönlichen Werten und Talenten sowie eigenen Erfahrungen (Stier).**

Der Stier-Kopf – ❸

Saturn in Stier: Das ist auch der *lange Weg der Erfahrung!* Von allen Wegen ist dies der gründlichste und langwierigste. Oft als »Ochsentour« missverstanden: Tatsächlich der Weg, der sich nur auf Erfahrung verlässt!

Der rote Rand

Vitalität und Potenz der Materie. Abgrenzung. Konzentrierte, verdichtete Glut und Energie der Erde. **Negativ:** Beschränktheit, Egozentrik. **Positiv:** Selbst-Bestimmung. Formung des Charakters.

Die Rubeus-Figur

Symbol der Geomantie (vgl. *Acht Scheiben*), das diese Karte mit den Themen von Mars und dem Rubin, dem schützenden »Karfunkelstein« der Sagen und Märchen verbindet.*(Dank für die Info an H. Schmidt, Aachen.)*

Saturn-Symbol – ❹

Verantwortung, Disziplin, Geduld, Strukturen und ihre Umwandlung, Macht der Zeit: Karma und dessen Aufhebung. »Die Zeit heilt alle Wunden«. Die eigene Rolle in der Welt. Ehrlichkeit zu sich selbst.

Stier-Symbol – ❺

Persönliche Absicherung, materieller Wohlstand. Genussmensch, der Gemütlichkeit, Sinnlichkeit und Erotik liebt. **Positiv:** geduldig, ausdauernd, praktisch, treu. **Negativ:** gierig, stur, geizig, träge.

Sieben Scheiben

Ein Buch mit sieben Siegeln. Die bestehenden Ergebnisse oder Aufgaben erscheinen rätselhaft – bis eines Tages der Code geknackt ist und sich der Sesam öffnet! Die Lösung liegt in Prozessen, die ins Vegetative, Körperhafte eingepflanzt sind, tatsächlich in eingefleischten Gewohnheiten.

Ein Buch mit sieben Siegeln …

■ Grundbedeutung

Alle Dinge und Aufgaben haben neben ihrer sachlichen Seite auch eine *persönliche Bedeutung*. Worauf sind Sie stolz? Kränkt Sie etwas? Fehlt etwas? Finden Sie den Unterschied heraus, wo Sie die Dinge anders sehen als andere. Was möchten Sie am liebsten abschaffen? Was möchten Sie pflanzen? Welche Gewohnheiten einrichten?

■ Spirituelle Erfahrung

Um Ihren eigenen Standpunkt auszuloten, müssen Sie den Stand der Dinge wieder und wieder betrachten. Diese aufmerksame, »andächtige« Betrachtung aber ist eine Übersetzung des Wortes »Religion« (lat. »Losbindung« wie auch »wieder und wieder lesen«).

■ Als Tageskarte

In Ihren aktuellen Fragen heißt es: Spuren suchen und Zeichen deuten. Manchmal geben auch Stolpersteine wichtige Hinweise.

■ Als Prognose / Tendenz

Zeit zur Bilanz: Gefühlsmäßige oder gedankliche Klarheit hat nur so viel Wert, wie Sie davon in fruchtbare Resultate umScheiben. Und Ihre Errungenschaften bringen nur Befriedigung, wenn Sie sich darin wiederfinden.

■ Für Liebe und Beziehung

Was möchten Sie wachsen lassen, was Ihren Liebsten und der Welt mitgeben?

■ Für Erfolg und Glück im Leben

Halten Sie sich an die wirklichen Ergebnisse und Voraussetzungen.

Die 10 wichtigsten Symbole

Der Baumstamm

Solide Basis, die Raum für Entwicklung eigener Talente bietet. Daran gedeihen private Vorlieben ebenso wie die Bedürfnisse der Allgemeinheit.

Die grünen Blätter – ❶

Natürlicher Schutz für die gedeihenden Scheibenblüten. Tendenz zur Abkapselung. Möglichkeit, sich »höheren« Notwendigkeiten und Chancen zu verschließen.

Fünfblättrige Scheibenblüten – ❷

Wert der Talente zahlt sich aus. Erblühte Quintessenz, Beseelung der vier Elemente. **Aber auch:** »pfauenhafte« Selbstdarstellung.

Die Sonnenräder – ❸

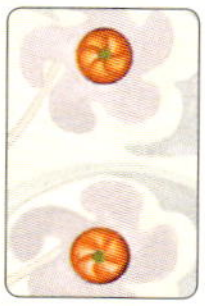

Erwachen geistiger Bewusstheit und persönlicher Identität. Gefahr: sich auf den eigenen Nabel zu konzentrieren. Sich für den Nabel der Welt zu halten. Fehlendes Bewusstsein.

Das Wurzelwerk – ❹

Feste Verankerung in der Realität und Nährung durch Praxisnähe (vgl. die schwebenden Wurzeln auf der *Prinzessin der Scheiben).*

Der grüne Erdboden

Frühlingshafte, saftige Fruchtbarkeit. Unreife und Jugendfrische, Natürlichkeit. Verheißungsvolles Potential, dass aus den Tiefen des Erdelements gehoben werden soll.

Die Populus-Figur

Geomantische Figur (vgl. *Sieben Scheiben)* gemeinsamer fruchtbarer und nährender Zusammenarbeit. **Arbeit im Team und Geselligkeit.**

Der orangegelbe Hintergrund

Fruchtbarkeit und Wohlstand durch ein goldenes Bewusstsein, eitler Sonnenschein ohne Schatten. **Positiv:** Sonniges, geistiges und bewusstes Lebensgefühl und -kraft. **Gefahr:** Schattenseiten scheinen aufgehoben.

Sonnen-Symbol – ❺

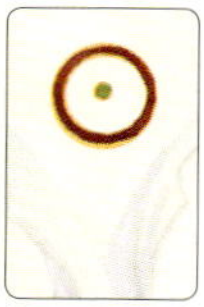

Bewusstheit, Wachheit, aber auch Sinnsuche und Neid, Gold und Gier. **Gefahr:** Der Sonne zu nah zu kommen, kann Verzauberung (Blendung) bewirken. **Positiv:** Erhellung der Kehrseiten = zuverlässiges Bewusstsein.

Jungfrau-Symbol – ❻

Organisationstalent, Perfektionismus und alltäglicher Dienst. Fruchtbarkeit, Ernte und Wachstum. **Positiv:** Analysierend, logisch, pflichtbewusst, bescheiden. **Negativ:** Pedantisch, kühl, nörgelnd, intolerant.

ACHT SCHEIBEN

Die vielen Scheiben stehen für Erfahrung und Meisterschaft, warnen allerdings auch vor Einfallslosigkeit und steter Wiederholung. Zur Meisterschaft gehört, dass Arbeit nicht nur Kraft kostet, sondern auch gibt; dass man zu seinem Stil, seinem Rhythmus findet, zu einem kreativen Dialog von Mensch und Metier.

Eigen-Art und Meisterschaft …

■ Grundbedeutung

Der orangegelbe Hintergrund symbolisiert ein goldenes Bewusstsein, einen Menschen, der seine »Hausaufgaben« macht und seine Probleme zur gegebenen Zeit löst. Finden Sie Ihr Metier, in dem Sie Ihre Talente voll entwickeln können. Betonen Sie den Unterschied. Und machen Sie der Allgemeinheit den Wert Ihrer Vorstellungen und Bedürfnissen in überzeugenden Werken deutlich. Ihre aktuellen Fragen tragen dazu bei, dass Sie Ihre Meisterschaft entwickeln, indem Sie aus den vorhandenen Mitteln das Beste machen.

■ Spirituelle Erfahrung

Gurus produzieren Schüler. Nur (eigene) Übung macht den Meister.

■ Als Tageskarte

Lassen Sie sich nicht für fremde Zwecke verschleißen; finden Sie die Aufgaben, für die Sie wirklich nötig sind!

■ Als Prognose / Tendenz

Der Meister ist der wahre Anfänger, gerade weil er sein Metier kennt, weiß er, dass alle bisherige Erfahrung Geschichte ist.

■ Für Liebe und Beziehung

Liebe ist nicht nur eine Frage des Gefühls, sondern auch der gegenseitigen Unterstützung des Lebenswerks eines jeden Partners.

■ Für Erfolg und Glück im Leben

Sie sind und bleiben der Chef in Ihrem Leben (auch wenn Sie irgendwo angestellt sind), Leiter und Meister in Ihrem Lebenswerk, mit Beharrlichkeit.

Die 10 wichtigsten Symbole

Das Bild im Ganzen I

Wenn Sie diese Karte ziehen, haben Sie eine Wahl! Sie können Ihre Liebe von Ihren Pflichten trennen, aber Sie müssen es nicht. **Menschlichkeit und »Gewinn« müssen keine gegensätzlichen Prinzipien sein.**

Das Bild im Ganzen II

Die Elemente und die Planeten im Bild demonstrieren, wie auch sehr unterschiedliche und eigenständige Persönlichkeiten miteinander und nebeneinander in eine glückliche Verbindung zu bringen sind.

Der Strahlenkranz – ❶

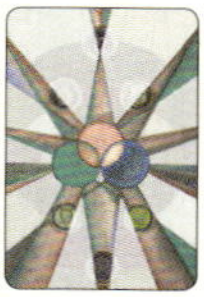

Erwachen geistiger Bewusstheit und persönlicher Identität. Gefahr: sich auf den eigenen Nabel zu konzentrieren. Sich für den Nabel der Welt zu halten. Fehlendes Bewusstsein.

Grün, Blau, Rot – ❷

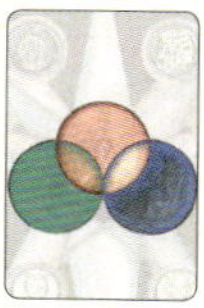

Natur und Geist verbinden sich auf hohen und tiefen Schwingungsebenen oder geraten in Gegensatz, um nötige Einsichten zu gewinnen. **Liebe, Lust und Leidenschaft. Himmel, Welt und Unterwelt.**

Der doppelte Scheibenrand – ❸

Anspielung auf die Doppelnatur der Erde. Prägungen, mit denen wir geboren werden, die wir erhalten und die wir selbst durch unsere Talente schaffen.

Die geprägten Scheiben

Durch Menschen bearbeitete Erde, Erbgut. Prägungen. Ergebnis und Ausgangsmaterial, Produkte und Produktivkräfte. Vorhandene Fakten und alltägliche Sachverhalte.

Die Planetensymbole – ❹

Mond, Merkur, Venus, Mars, Jupiter, Saturn. **Komplette Versammlung aller maßgeblichen, zur Verfügung stehenden Kräfte.** Nur die Sonne und und damit die Kraft des Bewusstseins fehlt (vgl. *Sechs Scheiben).*

Der grünblaue Hintergrund

Fruchtbare Verbindung von vegetativer Natur und spirituellem Geist. Geistige und seelische Prozesse, die tief ins Körperhafte eingepflanzt sind. Eingefleischte Gewohnheiten.

Venus-Symbol – ❺

Göttin Venus lehrt uns zu lieben, zu geben und zu nehmen. Sie nimmt teil, ist großzügig und voll Sinn für das Schöne. Sie ist aber auch selbstgefällig, gierig und emotional und materiell fordernd.

Jungfrau-Symbol – ❻

Organisationstalent, Perfektionismus und alltäglicher Dienst. Fruchtbarkeit, Ernte und Wachstum. **Positiv:** Analysierend, logisch, pflichtbewusst, bescheiden. **Negativ:** Pedantisch, kühl, nörgelnd, intolerant.

Neun Scheiben

Die drei Kreise in Grün, Blau und Rot stellen das Venus-Prinzip dar: Die Verbindung von Leib und Seele in der Liebe! Bei den Planeten auf den Scheiben fehlt die Sonne, die u. a. für Bewusstheit steht. Ist die Liebe »nur« ein Gefühl, eine Emotion, oder ist sie eine bewusste Entscheidung und trägt Sonne in sich?

Wo ist die Sonne?

■ Grundbedeutung

Je mehr Talente und Bedürfnisse bei allen Beteiligten zur Geltung kommen, desto größer ist die praktische Liebe und desto größer ist auch der insgesamt erzielte *Gewinn*! Wenn Sie sich selbst und Ihren Mitmenschen in Achtung und Liebe begegnen, dann entsteht ein Plus, ein größeres Ganzes, in dem viele Menschen aufgehoben sind – mit ihren Stärken und Schwächen, mit Vorzügen und Nachteilen. Einen größeren Gewinn können Sie gar nicht erzielen, und mit einem geringeren sollten Sie sich nicht zufrieden geben!

■ Spirituelle Erfahrung

Erst durch den Schnitt kann die Rose ihre Schönheit entfalten!

■ Als Tageskarte

Wenn Sie lieben und geliebt werden, blühen Sie auf. Warten Sie nicht auf bessere Zeiten!

■ Als Prognose / Tendenz

Wir finden zunächst Lebensgewohnheiten vor, die auch ohne uns existieren würden. Und keineswegs immer werden wir mit Liebe empfangen. Dagegen setzen wir unser eigenes Reich der Liebe, der Fruchtbarkeit und der Schönheit!

■ Für Liebe und Beziehung

Springen Sie über die Schatten von Kleinlichkeit und Eifersucht.

■ Für Erfolg und Glück im Leben

Grenzen Sie sich von sinnlosen Gepflogenheiten ab! Entwickeln Sie sinnvolle Regeln und leben Sie danach!

Die 10 wichtigsten Symbole

Der Lebensbaum

Anordnung der Scheiben widerspiegelt eine geordnete materielle Welt. Klare ausbalancierte Strukturen. Scheiben erfüllen ihre Rolle in einem System. Vollständigkeit, aber auch Schematismus.

Die fehlende Verbindungslinie

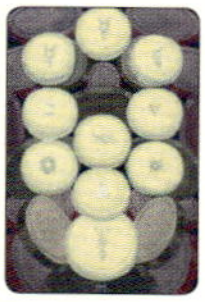

Der große Zusammenhang, mögliches Fehlen des Brückensteins unterschiedlicher Talente. Kette von Generationen, die sich über Verbundenheit nicht klar ist. Können jederzeit neu arrangiert werden.

Die gelbgrüne Scheiben

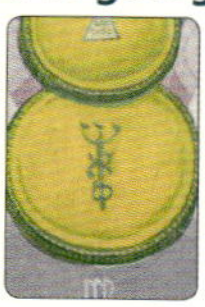

Vegetative Natur ist mit geistigem Licht verbunden. Fruchtbarkeit, Frische. Aber auch Gefahr eines unreifen Bewusstseins. Neid und (Ver)blendung.

Die Prägungen – ❶

Durch Menschen bearbeitete Erde, Erbgut. Prägungen. Ergebnis und Ausgangsmaterial, Produkte und Produktivkräfte. Vorhandene Fakten und alltägliche Sachverhalte.

Die ungeprägte Scheibe

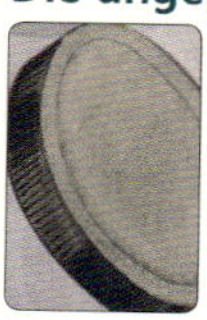

Nicht alles Natürliche kann vom Menschen einen Stempel aufgedrückt bekommen, kann nicht klassifiziert und gekennzeichnet werden.

Die merkurischen Symbole – ❷

Hinweis auf die astrologische Korrespondenz der Karte und praktische Verstandeskraft, alchemistische Anspielung. Prägungen unseres Talents. Chancen und Aufgaben.

Die 10 Münzen

Einzige Karte, auf der die Scheiben als Münzen dargestellt sind: dick, groß, golden. **Positiv:** Reichtum, Wohlstand, Sicherheit. **Negativ:** Geiz, Geld verdrängt alles andere – Ebenezer Scrooge, Dagobert Duck.

Der violette Hintergrund

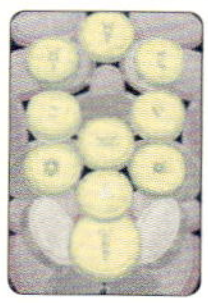

Verbindung von Rot und Blau, Kühle und Hitze. Vereinigung von Gegensätzen und Grundwidersprüchen. Streben nach Spiritualität. Grenzerfahrungen.

Merkur-Symbol – ❸

Merkur ist kreativ und geschickt. **Er handelt mit Intelligenz, Vernunft und Unterscheidungsfähigkeit im Dienst höherer Ideale.** Manchmal missbraucht er seine Talente, ist nur rational und auch amoralisch.

Jungfrau-Symbol – ❹

Organisationstalent, Perfektionismus und alltäglicher Dienst. Fruchtbarkeit, Ernte und Wachstum. **Positiv:** Analysierend, logisch, pflichtbewusst, bescheiden. **Negativ:** Pedantisch, kühl, nörgelnd, intolerant.

Zehn Scheiben

Die zehn Pentakel stellen die Stationen des kabbalistischen Lebensbaumes dar. Allerdings fehlen im Bild die Linien, die Verbindungswege, die die einzelnen Stationen erst zum »Baum« strukturieren. Das Thema: Beziehungslosigkeit trotz aller Fülle – oder Selbstständigkeit in und mit großer Gemeinschaft?

Der größte Reichtum …

■ Grundbedeutung

Der größte Reichtum besteht darin / entsteht daraus, den eigenen Anteil am Weltgeschehen wahrzunehmen. Erfahrungen von Ihnen und anderen fließen zusammen zu einem größeren Ganzen. Sie sehen sich als Teil der Schöpfung, des kosmischen Stroms. Sie wissen, dass Ihr Tun auf dem der Alten aufbaut und dass die Jungen es weiterführen. Zeit ist nur relativ. Nichts geht verloren. Nichts hält Sie davon ab, zu leben und Ihren Puls zu spüren, zu verweilen und zu gehen.

■ Spirituelle Erfahrung

Zeit ist nur relativ.

■ Als Tageskarte

Nehmen Sie sich vieler Menschen und Begebenheiten tagtäglich in Liebe an. So erreichen Sie maximale Ergebnisse.

■ Als Prognose / Tendenz

Wahre oder bewusste Individualität ist nicht im Alleingang möglich. Wenn wir die Brücke zum anderen finden, verschwindet auch die Einsamkeit, dieser Schatten einer fehlenden Individualität. Genauso wie die Gefahr, in der Masse unterzugehen.

■ Für Liebe und Beziehung

Pflegen Sie die Wonnen der Gemeinsamkeit …

■ Für Erfolg und Glück im Leben

… und tragen Sie zu einem Zusammenleben bei, worin jede/r den eigenen Weg mit vielen Freuden verwirklichen kann.

Tarot und Astrologie

Die Astrologie reicht in ihren Ursprüngen mehrere tausend Jahre zurück. Die Tarot-Karten sind dem gegenüber wesentlich jünger, zählen aber auch schon bald 600 Jahre. Doch erst Ende des 19. Jahrhunderts wurde die Verbindung von Tarot und Astrologie zum (in Fachkreisen) beachteten und diskutierten Thema.

Die entscheidende Arbeit für die Kombination der beiden Symbolsprachen leistete der **»Golden-Dawn«-Orden.** Auf diesen geht die heute üblich gewordene Zuordnungsweise der Symbole aus Astrologie und Tarot zurück. »Golden Dawn« heißt »Goldene (Morgen-) Dämmerung / Goldene Morgenröte«. Dieser Orden war eine Rosenkreuzer-Vereinigung in England um die Wende vom 19. ins 20. Jahrhundert.

Die heute am meisten verbreiteten Tarot-Karten, das Rider/Waite-Tarot und das Crowley-Thoth-Tarot, gehen auf Urheber/innen zurück, die zuvor einmal Mitglied im Golden-Dawn-Orden waren: Pamela Colman Smith und Arthur E. Waite sowie Lady Frieda Harris und Aleister Crowley. Bei der Konzeption ihrer Karten folgten beide Produzentenpaare, mit geringen Unterschieden, in der astrologischen Zuordnung dem Muster des Golden-Dawn.

Deshalb finden sich diese Zuordnungen im Rider/Waite-Tarot oftmals direkt im Kartenbild wieder; auf den Crowley-Karten sind diese Zuordnungen fast sämtlich als Zeichen angegeben.

So wird's gemacht

Jedem Tierkreiszeichen und jedem Planeten sind bestimmte Tarot-Karten zugeordnet. So steht etwa für den astrologischen Mond, für das individuelle Reich der Seele und des Unbewussten, die Karte *Die Hohepriesterin*. Und zu den Fischen, diesem Inbegriff des kollektiven Unbewussten und der »ozeanischen Gefühle«, gehört die Karte *Der Mond*.

- In der folgenden Tabelle finden Sie die sechs Tarot-Karten, die zu einem Tierkreiszeichen gehören. Welches Tierkreiszeichen interessiert Sie zur Zeit am meisten? Nehmen Sie die zugehörigen sechs Karten aus Ihrem Tarot-Spiel und betrachten Sie sie aufmerksam. Alle sechs zusammen ergeben ein Bild für die Bedeutung des jeweiligen Tierkreiszeichens.
  Die sechs Karten eines Tierkreiszeichens verkörpern ein bestimmtes Spannungsmuster, das für das Verständnis des Tierkreiszeichens bedeutsam ist.
  Beispiel Widder: Da gibt es innerhalb der sechs Karten den Widerspruch zwischen *Kaiser* und *Turm*, zwischen Aufbau und Abbau von Macht; da ist auch der Gegensatz zwischen *Kaiser* und *Königin der Stäbe*, zwischen männlicher und weiblicher Feuer-Energie, deren Verknüpfung unter anderem im Bild der *Vier Stäbe* enthalten ist.
  Beispiel Skorpion: Tod und Wiedergeburt, das Prinzip »Stirb und Werde« in Gestalt der Karten *Tod* und *Der Äon*.
  Beispiel Zwillinge: Das Spannungsverhältnis zwischen dem Zauber der Liebe einerseits *(Der Magus / Magier, Die Liebenden)* und den Herausforderungen der hohen Schwert-Karten *(Schwerter Acht, Neun, Zehn)* auf der anderen Seite.

- Es hat sich bewährt, diese sechs Bilder einmal oder immer wieder für längere Zeit auszulegen. Meditieren Sie über die Karten zu »Ihrem« Tierkreiszeichen. Jedesmal werden sie mit einer neuen Botschaft zu Ihnen sprechen.

Datum	Tierkreiszeichen	Planet	Große Karte des Tierkreiszeichens
21.3.–20.4.	Widder	Mars	IV – Der Kaiser
21.4.–20.5.	Stier	Venus	V – Der Hierophant/ Der Hohepriester
21.5.–21.6.	Zwillinge	Merkur	VI – Die Liebenden
22.6.–22.7.	Krebs	Mond	VII – Der Wagen
23.7 .–22.8.	Löwe	Sonne	XI – Lust
23.8.–22.9.	Jungfrau	Merkur	IX – Der Eremit
23.9.–22.10.	Waage	Venus	VIII – Ausgleichung
23.10.–21.11.	Skorpion	Pluto	XIII – Tod
22.11.–20.12.	Schütze	Jupiter	XIV – Kunst
21.12.–19.1.	Steinbock	Saturn	XV – Der Teufel
20.1.–18.2.	Wassermann	Uranus	XVII – Der Stern
19.2.–20.3.	Fische	Neptun	XVIII – Der Mond

zugehörige Hofkarte	zugehörige Zahlenkarten	Große Karte des Planeten
Stab-Königin	Stab 2-4	XVI – Der Turm
Prinz der Scheiben	Scheibe 5-7	III – Die Kaiserin
Ritter der Schwerter	Schwert 8-10	I – Der Magus/ Der Magier
Kelch-Königin	Kelch 2-4	II – Die Hohepriesterin
Prinz der Stäbe	Stab 5-7	XIX – Die Sonne
Ritter der Scheiben	Scheibe 8-10	I – Der Magus/ Der Magier
Schwert-Königin	Schwert 2-4	III – Die Kaiserin
Prinz der Kelche	Kelch 5-7	XX – Der Äon
Ritter der Stäbe	Stab 8-10	X – Glück
Königin der Scheiben	Scheibe 2-4	XXI – Das Universum
Prinz der Schwerter	Schwert 5-7	0/XXII – Der Narr
Ritter der Kelche	Kelch 8-10	XII – Der Gehängte

10 aktuelle Bücher der Autoren

J. Fiebig / E. Bürger: **Tarot Basics Waite.** Tarot-Deutung – leicht gemacht. Königsfurt-Urania 2008 (Parallel-Ausgabe des vorliegenden Buchs für das Rider / Waite-Tarot)

E. Bürger / J. Fiebig / Jutta Koch: **Sternstunden mit Tarot.** Ihr persönlicher Weg zum Stern. Königsfurt-Urania 2007 (Diesen Titel gibt es in drei Versionen: »Sternstunden mit dem Waite-Tarot«, »Sternstunden mit dem Crowley-Tarot« und »Sternstunden mit Tarot – Universal (für alle Tarot-Sorten)«. Diese Bände bieten vielfältige Hilfe zur Selbsthilfe. Mit Tages-, Monats- und Jahreskarten.)

Johannes Fiebig: **Visconti-Tarot.** Das erste Tarot der Welt. Lüchow Verlag 2006 (Set mit Buch und Nachdruck der historischen Visconti-Karten)

Johannes Fiebig: **Dalí-Tarot.** 2. Aufl. Königsfurt-Urania 2007 (das Dalí-Tarot ist ein echtes Tarot-Meisterwerk, hier erstmals nahezu komplett entschlüsselt. Erschien aus Anlass des 100. Geburtstags von Salvador Dalí 2004 auch in Spanisch, Englisch, Holländisch und Hebräisch)

E. Bürger / J. Fiebig: **Tarot – Liebe, Glück, Erfolg.** 4. Aufl. Königsfurt-Urania 2008 (ohne Vorkenntnisse sofort Karten legen. Erhältlich als Buch allein oder im Set mit Karten)

E. Bürger / J. Fiebig: **Crowley Tarot – Liebe, Glück, Erfolg.** 2. Aufl. Königsfurt-Urania 2008 (ohne Vorkenntnisse sofort Karten legen. Erhältlich als Buch allein oder im Set mit Karten)

Johannes Fiebig (Hg.): **Abschied vom Ego-Kult.** Königsfurt 2001 (mit Beiträgen von Heiner Keupp, Ulrich Beck, Horst-Eberhard Richter u.v.a. Enthält eine Zusammenfassung der berühmten Studie über die »Kulturell Kreativen« [Paul H. Ray] von Harald Jösten)

E. Bürger / J. Fiebig: **Tarot für Einsteiger.** Heyne 4. Aufl. 2008 (erstmals 1994 erschienen; in viele Sprachen übersetzt; jetzt als Taschenbuch erhältlich – Buch allein oder im Set mit Karten)

E. Bürger / J. Fiebig: **Tarot – Wege des Glücks.** Die Bildersprache des Waite-Tarot. Heyne 2007 (erstmals 1993 erschienen; in div. Sprachen übersetzt; jetzt als Taschenbuch)

E. Bürger / J. Fiebig: **Das große Buch der Tarot-Legemuster.** Heyne 2007 (erstmals 1995 erschienen als »Tarot-Praxis«; in div. Sprachen übersetzt; jetzt als Taschenbuch)